李镇西与新教育丛书

给一点时间，等你长大

李镇西 等著

四川人民出版社

图书在版编目（CIP）数据

给一点时间，等你长大 / 李镇西等著 . -- 成都：四川人民出版社, 2024.7. --ISBN 978-7-220-13685-6

Ⅰ . G4

中国国家版本馆 CIP 数据核字第 2024KP6734 号

GEI YIDIAN SHIJIAN DENG NI ZHANGDA

给一点时间，等你长大

李镇西等 著

出 品 人	黄立新
策划统筹	蔡林君
责任编辑	汤 梅
封面设计	张 科
版式设计	张迪茗
责任校对	周 奇

出版发行	四川人民出版社（成都三色路238号）
网 址	http://www.scpph.com
E-mail	scrmcbs@sina.com
新浪微博	@四川人民出版社
微信公众号	四川人民出版社
发行部业务电话	（028）86361653　86361656
防盗版举报电话	（028）86361661
照　　排	成都木之雨文化传播有限公司
印　　刷	成都蜀通印务有限责任公司
成品尺寸	170mm × 240mm
印　　张	21.75
字　　数	302千字
版　　次	2024 年 7 月第 1 版
印　　次	2024 年 7 月第 1 次印刷
书　　号	ISBN 978-7-220-13685-6
定　　价	68.00 元

■版权所有·侵权必究

本书若出现印装质量问题，请与我社发行部联系调换

电话：（028）86361656

序言

转化后进生是最好的教育科研

李镇西

我多次说过,把难题当课题是最好的教育科研。

而在班主任工作中,最大的难题莫过于转化后进生了。通过对后进生的观察、研究,我们对教育的认识会更加深刻,我们的教育智慧会更加丰富。当然,在这过程中,我们的教育情感也会更加充沛。

1995年9月,我接手了全年级后进生最多的班,不少老师敬佩我,同时也同情我。因为这么多的顽童,真是够我操心的了!但我却认为我"赚"了,因为任何一个后进生都是一个科研对象,而我把全年级最优质的科研对象都集中于我的班上,这不就是"赚"了吗?后来的事实证明,正是在和这个班的顽童打交道的过程中,我的教育越来越走向成熟,我的教育科研成果越来越丰硕。我的几部有影响的书,比如《爱心与教育》《走进心灵》等,都是从这个班获得素材的。我后来成了所谓的"名师",和这个班也有直接关系。

所以我说,后进生是促进教师成长的最好"老师"!

何况,在和后进生打交道的过程中,不仅仅有头疼、焦虑、气愤、失眠,也伴随着特殊的快乐。面对一个后进生,无论多聪明的教育者,也无法预料明天他会给自己惹什么麻烦!也正是在这个意义上,我说过这样一句话:"教育,每天都充满悬念!"这里的"悬念",主要就是我们通常所说的教育的难题。期待着每一天的悬念,进而研究、解决不期而遇的悬念,并享受解开悬念后的喜悦,然后又期待着下一个悬念……如此周而复始,这便是教育过程的无穷魅力!

这就是后进生给我们带来的"教育快感"。

我可以理直气壮地说,只有善于转化后进生的老师,才是真正有爱与智慧的老师,也是真正幸福的老师!

2016年1月起,我带了一个团队,叫"李镇西博士工作站",成员都是有理想有追求的年轻教师,他们以教师为荣,以科研为乐,从不埋怨也从不抱怨。我引导他们多研究后进生,从中获得成就与快乐。

这本书,就是我工作站年轻教师们的小小成果。这种转化后进生的成果是以故事的形式呈现出来的,这些可读性强的故事蕴含着教育智慧。每一个教育者面临的后进生,当然不可能完全一样,但这些故事所传达的理念是具有普遍意义的,有的方法和技巧也是可以借鉴的。

但愿这些故事能够给读者带来启发,更希望更多的教育者能够以转化后进生为最好的教育科研,收获属于自己的教育幸福!

2023年5月26日
于成都天府机场候机室

目 录

001	我转化后进生的秘诀	李镇西
007	爱的传承	李镇西
032	我的欣慰与教育的遗憾	李镇西
051	童心可嘉	李镇西
072	耿梅教我当老师	李镇西
088	像洛桑的天空一样晴朗	陈 华
095	去日儿童终长大	胡 艳
105	好汉元元	张 茂
108	童心换童心	蔡 娜
112	他只是成长中遇到了困难	陈 霖
119	从"走近"到"走开"	范艳丽
123	我与"小马达"的成长故事	苟雪梅
128	钢琴曲背后的牵挂	侯慧萍
135	小刺猬的成长	胡欣怡
142	理解顽童,走近顽童	蒋佳川

147	爱，让我们彼此遇见	康丽娟
153	与众不同的王	李星星
156	解二年级之"寒毒"	李雅蕾
163	顽童"危机"	李云霞
168	"捣蛋鬼"秒变"蜘蛛侠"	廖丽涛
173	一根棒棒糖引发的师生情	林大琼
177	迟开的花朵	刘 静
182	"后进生"的后劲	刘明全
187	"火药桶"变形记	卢晓燕
192	你的笑容终将绽放	卢 玥
202	给一点时间，等你长大	鲁正群
208	感谢出现在我们身边的每一个人	罗 怡
215	从熊孩子到小诗人	罗 艳
225	不打不相识	沈 略
232	愤怒的对话	苏天平
235	老师，幸会！	王慧茹
240	孩子，对不起	王 兮
246	休学归来的"小豆豆"	吴懿曈
251	心有所持，行之安然	许 雯
259	孩子们教我当老师	虞 娟
270	我与我的每日悬念	袁 媛
278	不被看见的孩子	袁志雷

283	家校共育为孩子的成长奠基　赵雪飞
288	"买卖"风波　郑　燕
295	与小汤"斗",其乐无穷　周　强
305	爱上"熊孩子"　朱伶俐
310	用一束微光照亮心灵　何　娟
313	我与齐齐的约定　梁成丽
319	我和我的BOY-3　秦钟文
326	从"乱玩"到"慧玩"　王　莉
332	瑞楠的变化　汪小婧
336	左手孩子,右手家长　李　杰

我转化后进生的秘诀

李镇西

秘诀一：让学生感到整个集体在爱他

教师对后进生真诚的爱，是转化他们的第一剂良药。

后进生几乎是从读小学起就伴随着呵斥、嘲笑、辱骂甚至体罚，因此，教师应怀着强烈的人道主义情怀给他们以心灵的呵护，帮助他们树立起人的尊严。

不要让某个后进生感到只是老师在爱他，而要让他感到是整个集体在爱他。甚至有时候，教师要把自己对后进生的爱隐蔽起来，不动声色地转化为集体对这个学生的爱。

有一年刚开学，我组织学生讨论新学期的打算。这时站在教室门口的我，看到教务主任正远远地向我走来，后面还跟着一个学生，垂头丧气的。走近他便悄悄对我说："我安排了一个留级生在你班上……"

我把这个学生领到教室门口，很兴奋地对同学们说："同学们，今天是新学期第一天，我们班上迎来了一位新同学！"同学们一听我热情洋溢的口吻，立即报以热烈的掌声。

新同学还没有座位，这时候我完全可以动员前排同学："你暂时先和旁边的同学挤着坐一下，把你的课桌和椅子给新同学，让新同学先坐下，好吗？"但这样一来，新同学感受到的只是老师的温暖。我决定让同学们主动让出自己的桌椅，而且要营造一种纷纷让出桌椅的场面。

于是，我自言自语地说："哎呀，新同学还没桌椅呢！"这其实是一句暗示，听见我"叹息"的孩子们都听懂了我的暗示，好几个孩子都举起手来并急切地说："用我的桌椅吧！"说着他们还站了起来。

几个孩子的举动，又"提醒"了其他同学，几乎全班同学都站了起来。我"只好"带着新同学走到了前排一套已经让出来的桌椅前。这场面，显然让新同学非常感动。后来，这个学生在班上很阳光，各方面都有不同程度的进步。

无数事实证明，只有当学生自己有强烈的上进愿望和信心时，他的进步才会出现并得以持久。所以，唤起后进生对自己的信心，是转化后进生的切入口之一。

秘诀二：让孩子发现自己的优点

只有意识到自己有很多优点，他才可能奋发向上。

最近二十年来，每当我接触一个后进生，第一次谈话，往往是问他："你有什么优点？"但很遗憾，几乎所有被我问的孩子都是这样的表现——先是一愣，脸上迷惑，好像在说："什么？我还有优点？"但如果我问："那你有什么缺点呢？"学生则往往不假思索地"一二三四"流畅地说出自己的缺点。

我们的教育就是这样"培养"出只知道自己的缺点却不认为自己有优点的孩子！

学生说不出优点，我自然会启发："怎么可能呢？没有优点的人是没有的。比如，你爱你妈妈吗？"

"爱呀！"学生马上回答道，同时会以一种很奇怪的表情看着我，好像在说："我怎么可能连自己的妈妈都不爱呢？"

我笑了："你看，你有孝心，这不就是优点吗？"

就这样，在我这样的启发下，孩子会慢慢说出诸如"我是自己走路上学的""我在家经常扫地""我肯帮助同学""我乒乓球打得不错""我同情弱者"等等优点。

我们做教师的,正是要善于发现并且首先要引导学生发现他们身上的"美好的萌芽"。

秘诀三:允许学生不断反复

不少老师,尤其是年轻老师见不得后进生反复犯同样的错误。他们往往这样批评:"你不是说要改正吗?怎么今天又犯了?你写的检讨书还在我这儿呢!"

我理解这些老师的心情,我年轻时也见不得学生反复违纪。但是三十年的教育实践告诉我,其实,反复是后进生的特点。仔细想想,优秀生和后进生的区别是什么?是不犯错误吗?不是,优秀学生也犯错误呢!但优秀学生是偶尔犯错误,后进生是经常犯错误。这就是二者的区别。所以,反复应该是后进生的重要特点之一。

明白了这一点,我们做教师的就会理解甚至允许其反复。这不是纵容,而是宽容,更是一种期待。有了这份宽容和期待,我们便会多一份从容与平和,面对后进生我们的眼光会柔和许多,这柔和的眼光会让孩子感受到我们的爱与信任,进而在心里接受而不是排斥老师的帮助。

懂得这个道理后,我从来不要求学生绝对不许犯同样的错误——连大人都很难做到这一点。而是尽量希望学生犯错误的周期长一些,而且越来越长,最后渐渐克服某些坏习惯。

秘诀四:学会正确的表扬和鼓励

我对取消批评,无原则的所谓"赏识教育"一贯持质疑态度。问题不在于该批评还是该表扬,而在于面对具体的学生,我们要研究其缺乏什么,更需要什么。

批评的同时不要放弃表扬。后进生犯了错误,当然该批评,甚至如果犯了严重错误还必须按学校规章制度予以必要的惩罚。但在批评的同时,我们也不要放弃表扬。对这些孩子来说，他们从来不缺批评，而是缺少表扬。难道他们没有值得表扬的地方吗？不是，是我们的偏见妨碍了我们发现他们的优点。

表扬要多多益善。表扬的力量的确是无穷的！一般来说，鼓励和表扬，绝对多多益善。当然我说的是那种实事求是的表扬，而不是牵强附会或虚情假意的所谓"表扬"。

我曾经教过一个班有很多后进生。转化这个班的学生，除了严肃纪律外，我的"法宝"就是表扬。当然，这个表扬也尽可能转化为集体的表扬。

那时候，我每周末都要在全班举行一次"全民公投"，评选出当周进步最大的同学。凡是获得票数前十名的同学，我都要征求科任老师的看法，然后给这十位同学以两个奖励：一是周末带着他们去公园或野外玩，那可是孩子们和我最开心的日子；二是给家长发报喜单。

孩子很开心自不必说——他们很乐意把报喜单给爸爸妈妈签字。家长也很开心，而且感动。他们给我说，孩子打读小学起，就不断挨批评，班主任常常打电话给家长告状，要家长"狠狠管教"一下孩子。如果是班主任请家长"来学校一趟"，那他们更是胆战心惊，十分不愿意去学校但又不得不去。而报喜单对家长来说，是莫大的鼓励。他们会更加积极主动地配合班主任的工作。

秘诀五：暂时降低要求

我这里说的暂时降低要求，指的是无论是行为习惯还是学习成绩，我们对后进生的要求不要一下子提得那么高。如果要求后进生一步登天，那他肯定会丧失信心。相反，适当降低要求，给他们一个"过渡期"，他则可能会跃跃欲试，逐渐进步。

对行为习惯降低要求。

我教高一时发现一个男生吸烟，年轻时候的我肯定会大发雷霆。这个学生说他从小学就吸烟了，已经习惯了。所以，我耐心地和他谈心，让他真正明白中学生吸烟的坏处，首先不是道德上的，而是健康方面的。谈心的过程持续了很长，最后我对他说，我不要求你一次性戒烟，但你得给自己订个计划，每天或每周递减吸烟量。他认真想了想，说第二天告诉我。

第二天，他告诉我，以前是每周两包烟，现在他打算争取每周一包烟；做到之后，再减量，争取每周半包……我同意了。

我说："我不可能每天都守着你，监督你的只能是你的毅力和良心。不过，如果哪一周做到了你的承诺，就告诉我一声，算是给我报喜。如果没做到，不要紧，第二周重新开始。我相信你！"计划开始的第一周周末，他很兴奋地告诉我"做到了"，那一周他只吸了大半包烟。

但是，第二周周末他没来报喜，我知道他没能战胜自己，但我也没找他谈。第三周周末他依然没来报喜，我也依然沉住气等待着。第四周周末他又来报喜了……就这样，经过大半学期的时间，他终于告别了吸烟的恶习。

对学习成绩降低要求。

后进生的学习基础已经极其薄弱，学习习惯也非常糟糕，当然学习兴趣更是荡然无存。在这种情况下，你要求他们马上就冲到前面，不可能。

在拙著《爱心与教育》中，我曾专门谈到如何先降低后进生的学习要求，然后慢慢提高他们的兴趣和信心，进而提升他们的学习方法。

简单地说，我就是根据不同后进生的学习基础和学习成绩，不同程度地降低要求。或减少作业量，减轻作业难度；或根据具体学生的具体情况有针对性布置带有个性特色的作业；或干脆不布置作业，而是叫他抄写有关知识的段落……

关于转化后进生，我要强调的是，任何方法都不能百分之百地解决你所面对的"这一个"学生的问题。所以，转化后进生，主要还得靠自己在实践中探索，在探索中不断总结。

我还想说，转化后进生永远是相对的。所谓"相对"，就是第一，并不是所有的后进生都能够被转化。因为一个人的转化需要包括家庭、社会、学校的各种力量，还有后进生自己的上进心和毅力等。第二，任何一个后进生被转化的程度也不是绝对等同的。有的可以转化得非常优秀，有的可能是成为合格的公民。

我们意识到"转化"是相对的，就能够放弃一些不切实际的理想化的教育目标。当然，对于有责任心的教师来说，我们永远也不会因这种"相对"而放弃或哪怕有一丝一毫地放松我们对这些孩子的责任与努力。

无论如何，做总比不做好。只要有耐心，并且善于思考和总结，几年下来，你绝对就是转化后进生的专家了——要知道转化后进生能够成就一个老师，这可是后进生对你的"培养"和"提升"哟！

爱的传承

李镇西

一

2021年10月18日上午,南京钟山宾馆。

为纪念陶行知130周年诞辰而举办的培养"大先生"研讨会在这里举行。

我刚走进报告厅,一位女教师模样的人走过来说:"李老师,我想和您合个影!"

我当然乐意。经常在外面碰见我的读者这样热情地邀请我合影,我总是很感动。于是我说:"好呀好呀!"

合完影,她说:"李老师,我是您的学生郑姝。"

啊?我脑海中立刻闪过一个可爱小姑娘的面孔,再仔细看看眼前这位女教师,嗯,的确是长大了的郑姝。我情不自禁握住她的手:"是郑姝啊!我差点没把你认出来。你也当老师了?"

她点点头,说:"嗯,是的,我在成都市第十一中学教书。"

我问:"教体育吧?"

"不,我教英语。"她笑了,估计是笑我猜错了。

这再次让我吃惊,她当时在班上是一名体育健将,所以一听说她当老师了,我就顺理成章地认为她应该是一名体育教师。

给一点时间,

蒙你长大

郑姝是我在成都市玉林中学所教初98届（5）班的学生。小学毕业，郑姝以体育特长生的资格考入了玉林中学，当时那一届的特长生共有三十多名，我幸运地成了郑姝的班主任和语文老师。但这次重逢聊起当年，郑姝对我说："我特别庆幸进入玉林中学被幸运地分到了5班。之所以幸运，是因为我遇到了我的引路人——李老师，您！"

师生双方都为遇到对方而感到幸运，这就是彼此的幸福。

二

我问她对当年初中生活印象最深的是什么，郑姝说："是第一次见面时，您说作为见面礼送给我们的一句话——让人们因为我的存在而感到幸福！当然，印象深刻的事还有很多。我们在府南河边种下银杏树，我们在军区大礼堂唱响了我们的班歌，您带着我们背上行囊在蒙蒙春雨中走在乡间的小路上……太多美好的记忆了！"

我的相册里，至今保存着我和她的一张合影。那是在学校运动会上，她参加短跑比赛后拿着获胜奖状和我一起拍的。当时，每次学校开运动会，郑姝都是我班主力。

我至今保留着周应全同学的一篇《在第九届校运会上》的文章。文中关于郑姝有这样的记载："郑姝同学她带病为我班争得女子100米短跑比赛的亚军，女子跳远比赛的冠军，而且还和其他几位女同学组成了'四朵金花'，获得了女子4×200米接力赛的冠军。"

王燕青这样回忆说："一个个子高高、安安静静、大气端庄的女孩子。但是，她居然是一名体育尖子生，中长跑、跳高、跳远都是年级的佼佼者。每年校运动会，郑姝都是我们五班的骄傲，收获奖牌至少三枚。我特别喜欢看她在运动场上的状态，大而有力的步伐，轻盈又极具爆发力的弹跳，一跑一跳中，头顶的马尾辫在空中飞舞，整个人像个小精灵似的，我仿佛看到了飞扬的青春里所有美好的样子。不仅仅是体育突出，郑姝的学习也不赖，英语成绩特别棒，我感觉所有学科里她最爱的就是英语，英语老师也特别疼她。很多年后，知道她成了一名中学英语教师，我一点也不惊讶，觉得挺适合她的。那么好的性格，那么好的脾气，那么顽强的品质，不当老师都可惜咯！总之，少年时代的她，就是一个让人特别放心的孩子，懂事、温柔、细心、刻苦。"

当年的郑姝就这么牛，难怪我听说她当老师了，就想当然地以为她是体育教师。

三

郑姝不仅体育突出，她的学习成绩也不错。王璟同学一提起郑姝，想到的不仅仅她体育棒，还有"学习也很好"。他说："我记得郑姝经常戴起耳机听英语。本来以为她会当体育老师，结果成了英语老师。"看来，误判郑姝的还不只是我一个人。

郑姝的学习成绩好，和她很注重总结学习方法有关。她曾在班上和同学们作交流。我至今还保存着她的交流稿，题目是"各门功课方法不同"——

> 现在，大家都为考试而头疼，考不好试不仅家长老师要批评，而且自己的心里也不好受。下面，我就给同学们介绍几种学习的方法，以便在考试时取得好成绩。
>
> 第一，政治课的学习并不是一味地死记硬背。政治课的作业其实并不多，有时甚至没有，所以上课听讲就很重要，当场就要理解消化。你理解了就可以用自己的语言正确表达出来，不用硬背课本，但书上的专有名词一定得死记硬背，这样一来，考政治就不成问题了，也可以减少复习的负担。
>
> 第二，初二年级新开了物理课，学习新的东西比较多，当堂的内

容一定要记牢,不能往后推,因为物理每天都有新内容,没掌握的知识太多了,后面自然就学不好。老师在课堂上讲了一遍例题,下课后自己不妨再仔细做一遍。这样会加深印象,更好地掌握知识。

第三,语文是最基础的学科,学语文要做到"三多",多看课文里面的生难字词,多看提示和课后注释,多做书上课外的练习和认真写好每一课的预习笔记。语文不仅只是课堂上的知识,还要注重平时的积累。多读读课外书籍,扩大自己的知识面,有时,也可以抽时间看看电视、杂志和报纸,既可休息放松,也能对语文学习有所帮助。

第四,英语和数学自己要多动脑筋,要多做题并掌握一定的做题技巧,像选择题中的"比较法""排除法"等,一定要学会灵活运用。老师在平时分析试卷时都会顺带告诉学生一些好的做题方法,要用心听、记,并运用好这些方法。比如在几何题中,添辅助线是一种重要的手段,在三角形一章中,经常借助造等边三角形的方法来解决一些线段或角相等的问题,应用等边三角形的性质来迁移题设条件及弥补题设之不足,从而达到目的,是一种有效的学习方法!

如果大家都认真地照上面的方法去做了,我想,成绩一定会有所提高的!

郑姝为人朴实,心地善良,从没见过她和哪个同学闹过矛盾。但性格温和的郑姝,担任体育委员时,对同学却很严格。二十多年过去了,戬实同学一回忆起郑姝,便说:"郑姝在我的印象里有些男生的性格,骨子里透着股韧劲儿,平时不怎么爱说话,但做事很认真,工作严肃,主要体现在做体育委员的时候,我们男生都会有些怕她。"但是,戬实也承认:"每当校运会的时候,她就是我们心中的女神,定会为我们五班争得荣誉。"

四

郑姝对我的印象如何呢?

在保存的历届学生资料中,有一篇郑姝当年写我的作文,题目是"语文老师印象记"。文章不长,全文如下——

刚刚踏进玉林中学的大门,我似乎觉得很陌生,接触的是新老师、新同学和新的学习环境。

第一天开学,便有一节是语文课。上课前,大家都在猜想着语文老师的模样究竟怎样,是否很"凶",等等。我也猜想着:这位老师布置的作业多不多?老师严不严格?有没有幽默感?一连串的问题在我的脑子里打着旋儿。一会儿,上课了,我们端坐好,等待着老师的到来……

这时,走进来一位三十岁左右的男教师,个子不高,戴着眼镜,显得他文质彬彬,衣着朴素,看起来与一般人差不多,一进教室便用普通话向大家问好。这时,我猜想他一定是我们的语文老师,起立过后,他向我们介绍他自己:"我姓李,名镇西,大家都叫我——李镇西!"他夸张地读出自己名字,抑扬顿挫的语调引得全班同学哄堂大笑。从此之后,我们的教室里都会传来一阵阵爽朗的笑声,李老师时常把我们逗得哈哈大笑。这就是我对李老师的第一个印象——富有幽默感。

李老师还经常利用语文课的时间给我们讲课外知识,有时还读小说,教我们唱歌,怎样做人,等等。上他的课真是很轻松,他什么都知道,真可谓是"上知天文,下知地理",这就是我对李老师的第二个印象——博学多才,能说会道。

只要你问我们班谁最有威信,大家都会异口同声地说道:"李老师!"的确如此,对我们班最严的要数李老师。一次地理课,班上纪律很糟糕,地理老师多次强调后仍然无效,最后这件事让李老师知道了,他生了很大的气,让我们静坐反思半个小时。当时看见李老师那么生气的样子,就连最调皮的同学也都坐好听李老师讲,而且有不少同学都惭愧地低下了头。这就是我对李老师的第三个印象——严格。

李老师还经常教导我们,要做一个好学生的关键是言行相符。于是我们在李老师的培育下,逐渐走向了成熟:早晨进教室不说话,自己预习功课;自习课上无人监视,仍然很安静;考试进行无人监考,却没有一位同学作弊;班委负责,"平民"努力……这些成绩,老师付出了多少心血,同学们努了多少力!

我相信,在李老师的带领下,师生团结合作的基础上,我们班将会拧成一股绳,走向辉煌!

五

回到成都,我给郑姝发去了那张她拿着奖状和我合影的照片,没想到她很快也发给我一张她和现在学生的合影。照片上,郑老师也和拿着运动会奖状的女生合影。那一瞬间,我恍惚感觉时光穿越,两张师生合影重叠了。

几天后,郑姝给我发微信,希望我去她班给她的学生上一节课。我当即便答应了,因为我也想去她的学校、她的班级看看,看看当年的小姑娘郑姝现在是如何当中学老师的。

我到成都第十一中学时,离上课还有一些时间,郑姝带着我转校园。当时正是银杏叶黄的季节,叶子飘飘洒洒地落在地上,遍地辉煌。

郑姝说:"当年李老师带我们种的银杏树也有这么高了。"

我说:"是呀,一晃25年过去了。"

我和郑姝一边转悠,一边聊着过去。

她说当年的语文课让她耳目一新:"我第一次知道语文课还可以这样上,原来语文应该这样学!"

"是吗?"我已经记不太清楚了,"我是怎么上的啊?"

郑姝说:"您让我们每个同学都准备一本语文学习本,在语文课前,您要求我们全面地预习，把新课涉及的生字词通过查字典等方式自主学习，然后把自己对文章的理解和不明白的地方写在语文学习本上。"

我想起来了："是的。我的想法是，你们能自己解决的就自己解决，这样也培养你们的能力。语文学习本来就是自己的事。"

"所以，在您的语文课上，我们不会像过去一样只是完成书上的练习和操练生字词。比如，学习小说类课文，会全神贯注听您绘声绘色地剖析小说中的各种角色，学习小说中主人公的精神。"她说，"您教我们写作文也很有意思，您还记得吗？为了让我们把人物描写得更生动，您带着我们走出校门，来到菜市场，观察菜市场来往的行人……"

我笑了："呵呵，这个我记得。我就喜欢把语文课搬到菜市场、油菜花地里、河边。因为社会和大自然是最好的语文老师！"

"后来，我读高中和大学时，我也常常使用这些方法坚持自主学习，收获满满。"郑姝说，"而今回想当年李老师的教学方法，我觉得真是受用终身，您独特的教学方式让我真正学会了自主学习，学会了思考。您的语文课有创意，您课堂上有激情，所以那时候，我和同学们都盼着您的语文课呢！"

我说："让学生喜欢我的语文课，正是我几十年的追求。"

郑姝说："这也是我的追求。就像您经常把我们带到外面去上语文课一样，我的英语课常常也不在教室里，而在学校的德馨园里。孩子们坐在台阶上，沐浴在暖阳里，她们听得更专注，学得更愉快。"

六

我问郑姝现在她这个班的情况，郑姝说："我教的是女生班。"我有点吃惊："女生班？全部都是女生吗？"

她解释说："我们学校是一所女子实验中学，如今每个年级都有女生班。"

哦，原来如此。我又说："带这样的班不容易吧？"

郑姝说："女生和男生由于大脑构造及生理的不同，他们表现出来的行为也会有许多的差异。相对于男生来说，女生情绪更容易波动，更易敏感和脆弱。所以，做好女生教育的第一步就是要有足够的耐心。要能够走进她们的心灵，获得她们的信任，帮助她们成长。"

这对我来说，倒是一个新课题。当了一辈子的老师还没带过这样的班，我很想了解一些细节，便问郑姝："针对女生这些特点，你具体是怎么做的呢？"

她说："我在班上设立了心里话信箱，有什么心里话可以通过字条和书信的方式给我，心里话信箱架起了我和女生间沟通的桥梁。她们犯了错我一般不会厉声批评，反之我会找她们谈心，了解她们的想法，从而进行有效的疏导，并告诉她们以后遇到类似情况应该怎么做。长此以往，她们信任我，把我当成了她们的朋友。"

"嗯，让学生信任你，这是做好老师的条件。"我说。

她接着介绍说："我班大多数女生的原生家庭都有些特殊情况，比如父母离异、单亲、兄妹多、父母文化程度不高等。受这些因素的影响，她们往往表现出内向胆小、不自信，学习、生活习惯糟糕、不自律，迷茫、没有人生目标等问题。我是想方设法地在班上开展各种活动——从每学年开学给孩子们的一封信到英语课堂上的值日生报告、英语小组的对话表演、冬日暖阳里德馨园的英语课，再到形式多样的班会课或者带着孩子们走进社区、为社区服务，请历届学姐和家长们讲述励志故事……所有这些活动都是希望她们能找到自己的方向，并为她们提供展示自己的舞台。"

我大加赞扬："太好了！符合学生特点的活动，是所有教育的载体！"

"是的，是的。"郑姝继续说，"每次活动结束，我总会绞尽脑汁地从不同角度对她们进行肯定和鼓励，慢慢地她们脸上的笑容多了，也更自信了。我总是希望无论我的英语课堂还是其他活动都能充满着奇思妙想，给她们惊喜，让她们期待。"

"哈哈，你这个老师当得比我还好呢！"我说。

"李老师又开玩笑了，但能得到李老师的表扬我很开心。"她说，"我们不光是搞活动，还有活动后的总结会。"

"哦？说来听听。"

郑妹继续兴致勃勃地说："每次大型活动比如运动会、艺术节结束后，我班都会开展一次集体评议的总结会。大家敞开心扉、畅所欲言，在本次活动中自己为班级做了哪些好事，哪些地方值得表扬和肯定，还有哪些地方值得改进。其次，哪些同学的行为让你感受到了幸福，哪些同学还做得不足需要注意。在一次次的集体评议中，班级里形成了积极健康的班级舆论导向，班风始终朝着良好的方向发展。"

"太棒了，太棒了！"我忍不住再次赞叹。

七

"还有，我认为最好的教育便是自我教育，这也是我曾经的亲身感受。"也许是我的鼓励，郑妹越说越详细，"我班每个孩子都有一个反思本，用于记录自己每周的变化。这周好的变化有哪些？你的哪些言行让身边的同学感受到了温暖和幸福？还有哪些不足？另外，班上哪些同学的哪些闪光点值得你学习，哪些同学的不足需要改进？这样，通过每周的反思，孩子们进行了直击心灵的对话，她们能自信地肯定自己的优点，也能勇敢地面对自己的缺点，不断地修正和改善自己，最终成为更好的自己！其实，培养女孩儿就像是养花，你需要时不时地给她培土、捉虫，然后静待花开。"

我说："哎呀，郑妹，我说你这个班主任当得比我好，真不是夸张，的确是的哦！"

她说："可我好多方法都是您当年用过的呢！比如反思本，让学生自己审视自己，鼓励自己，否定自己，超越自己。都是向您学习的呢！想起来，我还有许多做法，都有当年李老师您的影响。"

她说:"您特别注意鼓励同学们战胜自己。我就是在您的鼓励下有了当众演讲的勇气的。"她讲了一件事,"当时您对全班同学说,每个人都要敢于站在台上表达自己的观点。于是,'一分钟演讲'变成了我班的必修课。可我从小就是一个胆小且不自信的人,也不善于表达自己,更不敢在众人面前阐述自己的想法,课堂上除非迫不得已,我是绝不会举手发言的。如果被老师提抽问,我不仅会面红耳赤,而且还会声音颤抖,双腿打闪,然而我却不得不面对这'一分钟演讲'。我提前了很久开始做准备,但到了那天,由于过度紧张,我竟然忘词了!站在台上乱七八糟也不知道讲了什么,匆匆结束后灰溜溜地回到了座位上,等待您的批评。但是您对于我的忘词一字未提,不仅没有批评我,反而让同学们给我鼓掌——因为我勇敢地站上了讲台,我战胜了自己!我突然觉得好像站在台上也没那么难了,于是就有了第二次、第三次……现在回想起来,正是当初您给我们提供锻炼的机会并不停地肯定和鼓励,才让我有勇气再次站上讲台,才让我后来有勇气当老师,而且还比较受学生欢迎。"

八

我说:"你说的这些我都忘了。"

郑姝说:"但你鼓励学生的做法,我现在也经常用。"

她给我讲了一个学生的故事:"这个班的学生初一进校没多久,我就注意到了一个女生上课老是打瞌睡,作业乱七八糟,成绩更是惨不忍睹……我找过她谈心,可是并没有多大收获。无意中,我发现她画画很好,真的好。我想这是一个重要的突破口。经过了解,原来她从小就喜欢画画,而且还拿过不少的奖项,到现在为止都一直坚持每周学习画画。有一天,我对她说:'你画得真好!以后有什么打算呢?'她说:'我想学画画。'我鼓励她说:'好主意!那你一定要努力,争取以后有机会进入专业院校学习,这样你就会有更大的收获！'我突然灵光一闪，说：'你画得这么好，要不我在年级给你办个画展，让我们年级更多的同学来看看你的画，怎么样？'她不但同意，而且很高兴。我们经过商量，决定在周五的中午举行画展。那天她一早便来到了学校，当她把厚厚的一叠画交给我的时候，眼里闪着光。中午画展时，每一幅画前都挤满了观众，许多人都赞叹画得好。从那以后，她上课再也没有打过瞌睡，作业比以前更认真了。"

"表扬的力量是无穷的，有时候让孩子看到自己独一无二的优势，会让他产生向上的无穷力量。"我说，"你一定有不少教育学生的故事，应该及时写下来。虽然可能微不足道，但你的教育思考、经验，包括教训，都在其中，久而久之，这些点点滴滴的文字就蕴含着你的教育智慧，也是你成长的足迹。"

郑姝笑了，说："有的有的。李老师，我写的故事虽然没您多，但也写了一些。今晚我发给您看看，您帮我指导指导，继续当我的老师！"

九

不知不觉，上课时间到了，我赶紧跟着郑姝来到她所教的初三（1）班。一走进教室，小姑娘们便热烈鼓掌。我给孩子们挥手，表示感谢。

环顾教室，一眼就看到了墙上一幅字："让人们因我的存在而感到幸福。"这是我教郑姝时送给他们的一句话，也是当年我班的班训。现在也成了郑姝所带班的班训。那一刻，我感到一种特别的温馨。

面对小姑娘们亮晶晶的眼睛，我说："今天我之所以来这里给你们上课，是因为你们的郑老师是我的学生，我是1995年9月开始教她的。那时候她就是你们这个年龄，也和你们一样可爱。只是没想到，二十多年过去了，她也成了一名老师。我想了解一下我这个学生，现在当老师当得如何？请大家给我说说，你们觉得郑老师怎么样啊？"

学生们没有思想准备，一时有点冷场。

我说:"是不是因为郑老师在场,你们不好意思说啊?那这样,郑老师请回避一下,这样,同学们就可以畅所欲言了。"

同学们都笑了。笑声中,郑老师也笑眯眯地走出了教室。

我说:"这下可以说了吧?我是你们郑老师的老师,我就希望知道一个真实的郑老师。不管是她的优点,还是缺点,我都希望听到。"

女孩们开始举手了,然后一一回答——

"郑老师很关心同学!"

"郑老师的课上得很好!"

"郑老师风趣幽默!"

"郑老师对我们要求很严格!"

"郑老师喜欢和我们一起玩儿!"

……

渐渐地,教室里面手臂如林。

但如果继续让孩子们说下去,我的课就没时间上了。

于是我说:"这样,你们回家后,把你们对郑老师的印象写在纸上,然后发给我,好吗?"

小姑娘们纷纷点头,表示同意。

因为是初三的孩子,所以我决定给孩子们上一节班会课,主题是"做最好的自己"。

十

开始上课了。我先给孩子们讲了我教过的几个学生的成长经历,讲这些学生当年的故事,也讲他们现在的事迹。当年的中等生成了著名作曲家,当年的调皮大王成了四川省足协的教练,当年内向害羞的小姑娘成了摇滚歌手,当年成绩拔尖的学生现在成了飞行员……我告诉孩子们,每一个人都是某一个领域的天才,关键是要做最好的自己。然后,我送了大家三句话。

第一句话是:"我们和他们不一样!"我说:"所谓'我们和他们不一样',展示的是一种精神自豪感。这里的'我们',指的是每一个有理想,有追求,向往真善美的同学;这里的'他们',是指那些没有理想,甘于平庸,甚至甘于堕落的同龄人;这里的'不一样',是指精神境界和行为习惯不一样。我们的追求是什么?从远处说,是这一辈子要做一个健壮、正直、善良、睿智的有出息的人;从近处说,是要争取三年后考上符合我们自己个性和发展的高一级学校。有了这个追求,在行动上,自然会不同于那些浑浑噩噩的同龄人。我们应该在三年中,随时提醒自己:'我们和他们不一样!'"我讲到了曾教过的一个当年表现不好、成绩很糟的叫邹冰的学生,讲我当年怎么用"我们和他们不一样"来激励他不断上进,最后拿到大学文凭并成为国航一名调度员的故事。

第二句话是:"战胜自己!"我说:"所谓'战胜自己',意味着要随时和自己'过不去'。其实,我们每一个同学都是有上进心的,但往往缺乏毅力,就是'管不住'自己。怎么办呢?那就要'战胜自己'!任何一个人的灵魂深处都有两个'我':高尚的'我'和卑下的'我',勇敢的'我'和懦弱的'我',勤奋的'我'和懒惰的'我',认真的'我'和敷衍的'我'……这两个'我'随时都在打架,如果高尚的'我'战胜了卑下的'我',那你就战胜了自己!"关于这一点,我讲了三十多年前我教过的一个叫杨嵩的学生的故事,讲他曾经缺乏毅力,但在"战胜自己"这四个字的激励下,不断超越自我,最后保送复旦大学。现在他是一名优秀的企业家。

第三句话是:"让人们因为我的存在而感到幸福!"我说:"我一走进教室,就看到墙上写着这句话,感到无比亲切。"然后我和同学们讨论这句话的含义。讨论中我说:"所谓'让人们因我的存在而感到幸福',就是你要让班上的每一个人都因为有你这个同学而开心。谁有了困难,你第一个走到他的身边:'别着急,有我呢!'他会因你而幸福;自习课上,你安安静静地学习，周围的同学会因你而幸福；做清洁的时候，你为班上争得一面流动红旗，全班同学因你而幸福；运动会上，你奋力拼搏，为集体赢得荣誉，我们都因你而幸福；你上课积极思考，课后认真做作业，老师会因你而幸福；在家里，你孝顺懂事，勤于做家务事，爸爸妈妈会因你而幸福！做一个给别人带去幸福的人，你自己也很幸福！"我讲了我的学生给我带来温馨和快乐的故事，同学们都被感动了。

最后我说："无论现在还是将来，我希望每一个同学都是独一无二的最好的自己。也许不是最美丽的，但可以最可爱；也许不是最聪明的，但可以最勤奋；也许不会最富有，但可以最充实；也许不会最顺利，但可以最乐观……也许不能成名成家，不能名垂青史，但可以成为同行业中千千万万普通人里最好的那一个！"

同学们用掌声表达她们对我的感谢。

我走出教室后，许多小姑娘还追上来，手里拿着书或小本子请我给她们签名。我一一满足了她们的愿望。

最后，我、郑姝和全体同学在校园一棵金色的银杏树下拍了一张合影。那一刻，我感觉自己回到了1995年秋天，而眼前的孩子们，正是当年刚进初中的郑姝和她的同学们。

十一

几天后，我收到孩子们发给我的文字——

郑老师的爱无处不在。在一次体育课后，我们跑了个800米冲刺，累得我上气不接下气，整个人都是头昏脑胀。等我拖着疲惫的身体慢慢地爬上楼时历史课已经开始了。我趴在桌上喘着大气，老师正在讲课，同学们都在认真地听讲，我从未经历过这种痛，冒着冷汗。我同桌突然提醒我说郑老师来了。但我的确是抬不起头来，心里又怕郑老师觉得我在课堂上睡觉,想到她一定会批评我。心里既慌张又难受。就在这时郑老师走到了我跟前,轻轻地拍拍我并轻声地问我:"你怎么了,哪里不舒服吗?如果不舒服的话就趴在桌上休息一下吧?"她温柔的声音中带着一丝丝焦急,像妈妈关心自己的女儿一样关爱着我。我同桌连忙解释说我是上体育课跑累了,休息一下应该就没问题了。郑老师见我慢慢地缓过来了才放心地离开,走之前还再三叮嘱我,要多喝点水,有任何不舒服一定要告诉她。这一刻郑老师的问候让我感到无比的幸福。她不仅是一个认真负责的班主任,更是一个关心疼爱学生的好老师。写到这里我突然想起我们教室墙上的一句话"让人们因我的存在而感到幸福"。郑老师我想对你说,我因为遇到你而感到幸福。

(李彦蓉)

十二

年轻,漂亮,能干,有活力,是我对郑老师的第一印象。在我的认识里,郑老师就是一位可以顶天立地的人。即使有再多的工作,再多的负担,都不会累垮她。但就是这样一位坚不可摧的老师在那一次谈话中,让我感受到郑老师也只是一位普通女性。初二下半学期考试过后,大家都在争分夺秒地复习生物地理以备会考。当然奋斗的不只是学生,还有老师们。一次自习课上,郑老师将一些同学叫出去进行交谈,当然也少不了我。我被叫了出去,这是我和郑老师少有的几次这么近距离的交谈。当我一抬头,看见老师的面容我第一反应是,眼前这位女性让我很陌生。额头上的皱纹如枯树皮般,苍老的面色和眼皮下乌黑的眼圈,让我一再不敢相信,这是以往那个年轻美丽的郑老师。我明显感受到郑老师的憔悴,这让我对她的印象发生了翻天覆地的变化，我突然想到郑老师也只是一位有血有肉的普通人。她每天在为我们的将来而操心，反而自己的身体却没有注意。我认真地听着郑老师的话内心暗暗发誓，这次一定要认真备考为自己负责，也不让郑老师的付出白费。

（谢林怡）

十三

在初一的时候，我们班里有早读这个课程，因为是语文早读，我觉得早读很无聊，于是便开始做家庭作业，摘抄作业。当时同学提醒了我，我不听，同学一而再再而三地提醒我，我还是不听，一如既往地继续写我的作业。因此，同学开始履行她课代表的义务，扣了我的操行分。我辛辛苦苦挣的分被人扣了，心里非常难过，于是趴在桌子上哭了起来。郑老师轻轻地拍了一下我，并叫我出去。她问道："你为什么哭呢？"我说："因为我在写家庭作业，然后同学扣我的分。"郑老师说："这件事就是你做得不对了，是什么时间就应该做什么事，而不是在同一个时间做两三件事，这不现实。早读课就应该认真早读，提高自己的专注度，所以我认为你这件事做得不是很好。"我沉思了一会儿，明白了这件事是我自己做得不对。于是，下课后我向课代表道了歉。在我心里，郑老师很懂女生内心的感受，她不会让任何一个同学受到心灵的创伤。我很幸运，在中学时期能够遇到这样懂我的老师。

（范聆芝）

十四

有一次，我衣服的扣子掉了，正在我着急的时候，一个同学对我说："你去找郑老师，问问有没有什么可以帮你粘上去？"于是我来到办公室找到了郑老师，着急地说："郑老师，我这个外套的扣子掉了，我想问一下，你有没有什么东西可以把它粘上去啊？"郑老师说："扣子掉了？这外套质量不行啊！粘肯定粘不上去，等一下啊，我好像有针，给你找找。"随即，她在她的抽屉里面找到了一盒针线。然后，郑老师伸出手，说："来，把外套给我，我给你缝。"我将外套给郑老师，惊叹道："郑老师，你居然还有针和线！"郑老师笑道："我这里就是百宝箱！"

（廖可欣）

十五

作为老师，毫无疑问，她是优秀的。在她的课堂上，原本枯燥的英文字母，"动"了起来，活跃了起来。我们在课堂上，唱英文歌，演话剧，做游戏，这一切都让我觉得学英语是一件很有意思的事，而我的英语成绩也是所有科目中最好的。她还是我们的班主任。作为一个班主任，一下子管四十多个孩子是很累的一件事，同时也是很难的一件事，偏偏我们是一群女孩子。女孩子的心更容易受到伤害，这样一来，这个班更不好带了。但她却从不轻易对我们大声说话，无论我们犯了多大的错误，她依旧是轻声细语、和蔼可亲地跟我们讲道理，让我们明白自己的错误，给我们改正的机会。在她这里，我才真正明白了"知错能改,善莫大焉"这个道理。同时,我也总能从她身上感受到母亲一般的关爱。她记得每个孩子的生日,并在我们生日的时候送上她的祝福和礼物,我还记得"让优秀成为一种习惯",便是她送给我的鼓励。她是良师,也是益友。十四五岁的年纪,正是我们遇到成长烦恼最多的时候。烦恼时难免会情绪低落,而这时郑老师便会像相知多年的闺蜜一般关心询问,我们将所有的烦恼倾诉于她,她便会恳切地给予帮助。

(胥兰芯)

十六

谈起郑老师,我就不得不说一说2019年的9月1日。这一天是我和郑老师初遇的日子,也是我命运的转折点。还记得那一天,我背着书包忐忑地坐在教室里,怔怔地望着台上那位年轻的女老师,她穿着一件浅色的T恤衫和一条牛仔长裤,高高的马尾扎在脑后,无不透露着温婉与阳光的气质。她清了清嗓子,微笑着说:"从现在起,你们就是一名中学生了。我想送给大家一句话:让人们因为我的存在而感到幸福。"我当时并不怎么理解这句话,只是在心中默念了好几遍。后来老师又问有没有同学愿意去搬书。同学们都很积极,晃着高举的手,争先恐后地说:"我,我去!"郑老师很高兴,点了班上大半的同学去搬书。我坐在角落里,神情有点失落,其实刚刚我也举手了,只不过我自小性格腼腆又不爱说话,所以我并没有把手举得很高,"或许郑老师没有看见吧"。我在心里嘀咕着,正在这时一道身影半遮了身旁的阳光,我抬眼望去,只见郑老师正微笑地看着我,她轻轻地问道:"这位同学,你似乎不太开心呢,有什么事你可以给我说。""谢谢老师,我没有事。"我回答道。她沉思了片刻接着又笑着说:"那你愿不愿意帮助那几位同学一起扫地?"听到这话,我高兴地站起身,笑着点头,向着扫帚大步跑去。后来我才懂得,正因为郑老师对每一位同学的关心以及那看似平常的话语,我才能从一位腼腆的女孩成长为一名拥有自信的少女。郑老师似乎一直都是这样的细心,像是有一双充满魔法的手,为每一位同学送去温暖。

(温润雨)

十七

上次运动会前,郑老师勉励我们一定要展现自己最好的一面,去迎接我们初中生活的最后一个运动会。在拔河上我们虽然不如男生,但是我们的加油声和鼓励声永远是最多的。加油的瞬间我看到她一直拿着手机拍照,不停地为我们加油,脸上的红晕渐渐显露了出来,脸上的汗水浸湿了头发丝,阳光下的她似乎戴着光环降临在了我们身边!运动会成绩出来的那一刻,我们所有人的心情都是震惊惋惜,但是我们从未后悔过,因为我们至少拼命过。拔河时,尽管天气那么炎热,但郑老师一直站在跑道上焦急地跺脚,为我们加油。我们虽然很累,但是她一直都是我们的啦啦队,她一直都是那个给我们拍照嘴角永远洋溢着微笑的朋友!

(成双骄)

十八

做郑老师的学生最温馨的时候,是她和我谈心。我还记得第一次

给一点时间，等你长大

去她的办公室，她给我说："我看了你的成绩，你的数学很好，但是你的文科优势不大，我有什么可以帮你？"后来，我每天的第一节英语课都会犯困，每天都很昏沉，她把我喊去了办公室，我害怕她会批评我为什么上课睡觉，我没想到她会这么说："身体不舒服吗，生病了要及时吃药，我有什么可以帮你……"之后她说了些什么，我听不清了，我只记得当时，鼻子很酸，眼睛还润润的。"让人们因你的存在而感到幸福。"我经常想起郑老师对我们说的这句话。

（长睿灵）

……

情透纸背。读着这样的文字，我想到了自己的学生，也为郑姝感到骄傲，她因这样的学生而幸福。

十九

而郑姝的学生也因她而幸福。郑姝发给我一个故事，特别让我感动——

找回失落的童心

那是一个炎热的下午，我正在办公室备课，班长张同学急匆匆地跑进办公室对我说："我们卖废品的15元钱放在我书包里，上完体育课后就不翼而飞了。"

我赶紧来到教室，让同学们立刻安静下来并说道："张同学卖废品的钱不见了！"话音刚落，教室里便七嘴八舌地议论开了："刚才体育课时，我发现我们班的前后门没有关，有可能是其他班的同学拿走的。"学习委员说道。"也有可能是我们班的拿的。"另一位女生说道。

我补充道："如果是哪位同学误拿了请用信封装好放到我的办公桌上。"

然而，期待的信封并没有出现。

于是，我思考着如何"破案"。

下午快放学时，我带上准备好的41个信封来到教室，我对同学们说道："我们每个人心里都住着两个我：一个高尚的我，一个卑鄙堕落的我，要让高尚的我战胜卑鄙堕落的我！"我继续道："每个人都会犯错，犯错并不可怕，关键在于犯了错后能正视自己的错误，不逃避，然后下定决心改正，改正了那就值得肯定。今天，我就请同学们写下从初一到现在自己所犯下的错误和做过的不光彩的事情，当你有勇气写出来时，那个高尚的你就战胜了堕落的你，也意味着你和过去的那个堕落的你挥手说再见……"最后，我再一次强调不用写自己的名字。

孩子们点点头，便埋头开始写。写完后，我让她们把写的内容装进信封里交给我。

到了办公室，我拆开孩子们写的内容，感慨万分。

有孩子写道："三载已过半，也不曾改掉恶习，这一次，是一分勇敢，让我敢回忆，敢用自己的语言表达出来，没有直白的坦然，试图用苍白的文字掩盖。如此，便试着放开过往，用双手拉住师长伸下来的绳索，一点一点努力地，不抱怨，不靠他人爬上去……"

有孩子写道："我深知我有时也会犯一些错误，比如说，时不时就会在教室里吃东西，上课时不时会睡觉，有时也会借周围同学的作业抄，而且这学期明显比初一两个学期多得多……"

有孩子写道："我前几天捡到了5毛钱没有上交，直接装进了自己的裤兜，我私自拿了同桌的卫生纸没有告诉她，我借了图书角的书没有还……"在信封里，还有她之前提到的5毛钱硬币和两张卫生纸。

有孩子写道:"我作为心理委员,还经常在别人背后说小话,我其实带了两个手机到学校,只交了一个给宿管老师,另一个一直带在身上,明天我会两个都交上去……对了,都说完了,郑老师也肯定知道我就是××了。因为诚心改过,我也不怕什么了。也就真的希望今后不做坏事,当个好人。"

虽然我特意强调了不用写名字,但是仍然有很多孩子都写下了自己的名字。

……

读着读着,我忽然觉得好感动。这些孩子发自内心地都想做好人,她们好可爱。

其中有一封引起了我的注意:"对不起,拿了××收废品的钱,我会在星期一之内(前)还给她,因为我身上没钱了。"

从字迹和语言我大致能判断是谁写的这封信了,但我装作不知道。第二天,班长就来报告说,不知道什么时候那15元钱又放在她笔袋里了。

我在班上大张旗鼓地表扬了勇于正视自己不足的每一位同学,还有15元钱已经找到的好消息。大家相视一笑,似乎每个人都轻松了很多。

沉睡的良知被唤醒,这是信任产生的奇迹。

二十

读着这则故事,我感觉似曾相识。我赶紧到书橱上抽出我于1999年出版的《走进心灵》,里面记载了一个当年发生在郑姝这个班的故事——

请安徒生帮我"破案"

下午一放学,罗兰找到我:"李老师,我的《恰同学少年》不见了！"

《恰同学少年》是我为上届毕业生编的一本精美的"风采录"，现在初一不少学生也买了这本书。今天罗兰领到书后放进书桌里，便去上体育课了，可当她从操场回到教室，却发现《恰同学少年》不翼而飞了！

听到罗兰的"报案"，气愤中的我首先想到的是来个全班大清查。可是，从何清起呢？清不出来怎么办？而清出来了又怎么样呢？"窃书者"毕竟是学生，难道从此让他在班上无地自容吗？……然而，此事不了了之又怎么行呢？至少也应该让学生们受到教育，让"窃书者"受到心灵的谴责啊！

正巧我第二天要讲《皇帝的新装》，我略一思考，决定向安徒生"求援"，请安徒生帮我"破案"。于是，我开始重新设计教案……

课堂上，朗读、作者介绍、结构分析……学生熟悉课文后，我引导学生讨论："大家想想，这篇童话中，谁最可爱？"

学生们不假思索地齐声说："那位小男孩！"

"为什么？"

学生们纷纷回答："因为他说真话。"

"同学们说得很好。可是，为什么只有小男孩能说真话呢？"

"因为他诚实。""因为他纯真。"学生们七嘴八舌。

"对！因为小男孩诚实、纯真！因为他有一颗——"

我一边说一边在黑板上板书着两个大字，同时全班学生不由自主地随之大声说道："童心。"

"是的，童心！小男孩有一颗童心，所以他说真话；大人们失去了童心，所以自欺欺人。"引申开去，谈到人生道德乃至民族良知……

面对学生们凝神专注的目光，我把话题拉回他们的身上："一个人最可贵的是永远保持自己的童心。你们这个年龄正是童心容易失落的年龄。小学时，你可能为没能第一批入队而哭鼻子，而现在你可能连红领巾也不愿戴了;以前,你也许常主动争取打扫卫生,而现在你却可能嘲笑别人做好事;原来,你损坏了公物会向老师主动认错,而现在如果你打碎了玻璃窗也许会庆幸没人发现……这些,都是童心的失落!"

我终于提到那本丢失的《恰同学少年》:"这本书是谁拿的,我无法查清,但我可以断定这位同学正在听我讲关于童心的道理。是的,这位同学的童心已经失落了,但我仍然衷心希望,他能用自己的行动把童心找回。我期待着,全班同学也盼望着!"

第二天早晨,我走进办公室,眼前豁然一亮,办公桌上正端放着那本精美的《恰同学少年》!

语文课又开始了,我站在讲台上手举那本《恰同学少年》对全班同学说:"我不知道是谁还回了这本书,这已不重要了,但我提议,请大家以热烈的掌声祝贺我们班上的一位同学找回了自己的童心!"

在震耳欲聋的掌声中,我把《恰同学少年》送还给罗兰同学。她接过书,对我说:"谢谢李老师!"我说:"不,我们都应该感谢安徒生!"

郑姝当年应该是知道这件事的,但她当然没有也不可能抄袭我这篇文章。我说"似曾相识",是因为她处理的"15元事件"与我的这个故事都有一个共同的教育灵魂——对童心的信任。

二十一

在郑姝这则故事的前面,她还专门写了一段文字——

如今,我也是一名老师了。我特别感谢当年李老师在我心中种下的许多美好。现在,我也想成为李老师那样的老师——让我的学生因为我的存在而感到幸福！因此，我的每一届学生，我都会把"让人们因为我的存在而感到幸福"这句话作为见面礼送给他们，让他们继续温暖着身边的每个人。

这就是传承。

我的欣慰与教育的遗憾

李镇西

一

我还记得那天是 2021 年 12 月 20 日。我应吴镝的邀请，参加他公司的一个活动。

关于吴镝，我在拙著《教育的 100 种可能》中写过他的成长故事。他原是国航飞行员，后来又自己创办了一家财富公司。当年我教他时，他就品学兼优，可以说是出类拔萃。今天，他在事业上有这样的成就，我一点都不意外。

我刚坐下不久，正在听嘉宾发言。这时候，我看到我的微信公众号"镇西茶馆"后面有一条长长的留言——

敬爱的李老师：您好！我是玉林中学初九八级五班孙波。可能您也不记得我了，我应该是您教过最差的学生了，虽然您教我们时间不长（如果不是学校突然换班主任，一直是您教我，我中学毕业应该没问题），但您是我一生遇到过最最最好的老师，感谢您当年为我们几个差生操碎了心。我还记得当年您给我们几个差生说，只要你们几个这段时间表现好就找个周末带我们去玩一天。到了那天您真的带我们去了。后来才知道晴雁在家里还在发烧，但您答应我们的事，就要做

到。我们做到了,您不管发生什么您也要做到。这件事我一生都不会忘记,您对我们这些差生的好我一生不会忘记。我当年生日您送我的同学录我也一直珍藏着。最后衷心祝您身体健康,长命百岁!感谢!

他还附了几张照片,都是当年我带他们几个"捣蛋大王"去公园玩的照片。还有一张是我送他的生日礼物,好像是笔记本还是影集之类。扉页上有我的几行字——

孙波:

  祝你生日快乐!

  愿你尽快懂事,少让老师操心。

你的朋友 李镇西
1996 年 10 月 13 日

那一刻,我的眼泪一下蓄满了眼眶。

真是巧合,眼前的吴镝和 25 年没有见面、突然给我发来短信的孙波,当时正是老师眼中的两个"极端"。吴镝所在的班集中了全年级成绩最拔尖的孩子,而孙波所在的班则是全年级乃至全校集中"差生"最多的班,而我同时担任这两个班的班主任,并教语文。在当时,吴镝显然是"优生",孙波当然是"差生",但我都爱着他们,因此 25 年后,他俩都记得我,并感谢我。

不一会儿,轮着我上去发言了。

我说:"吴镝是我优秀的学生,我为他今天取得的成绩感到骄傲。但我还要说,我所有的学生,都是我的骄傲。就在几分钟前,我收到一个学生在手机上给我发的短信,我在这里给大家读一读。"

我读着读着,就忍不住流泪了。读完了短信,哽咽着,久久说不出话。

稍微平息了一下情绪之后，我介绍了孙波当年的情况。然后我说："和吴镝比起来，也许孙波的人生不那么耀眼，但他现在并没有像当年某些人以为的那样走向邪路，而是用自己的双手养活自己，这不也很好吗？每一个孩子都有属于自己的发展道路和人生历程。教育有 100 种可能。可能不同的学生职业不同，收入不同，地位不同，贡献不同，但只要善良、正直、勤劳，并以自己的方式自食其力，服务他人，贡献社会，在人生的天平上就是等值的。"

活动继续，但我的心情却无法平静，我的思绪老在活动现场和当年的往事之间切换，眼前老是浮现出当年孙波调皮的模样，虽然 25 年后的今天，我如果在大街上猛然碰见他，多半是认不出的。

二

读过我《教育的 100 种可能》的朋友，应该对里面一个叫"张凌"的学生有印象。这个孩子当年堪称"差生"中的"极品"，可如今是四川省足协的教练。而孙波，正是张凌初中的同班同学，且是铁哥们。

常说"物以类聚，人以群分"，孙波能够成为张凌的铁哥们，可以想象他的调皮捣蛋程度至少是一个"重量级"的。也可以想象，当年，他俩是怎样让我操碎了心。然而可能让许多人无法想象的是，那时候在班上，可不只有一个两个"张凌"和"孙波"，而是一群"张凌""孙波"——有十多二十个全年级最令人头疼的"差生"。

读到这里，读者是不是有点同情当年的我了？

关于这批"极品差生"的表现，以及我是如何与他们打交道的，我不想多说。一方面，大家可以自由想象（用今天的话来说叫"脑补"）他们的"恶劣表现"，除了没有烧杀奸掠，你们无论怎样想象，估计都不会太离谱。另一方面，在我的不少文章和著作中，比如《爱心与教育》《走进心灵》《做最好的班主任》等，对这批学生都有过充分而形象的描述。有空大家自己去看。

在写这篇文章时,我在微信上问当年孙波的班长戢实同学:"现在回想起来,你对当年孙波有什么印象?"

戢实很快发来微信(看来,对孙波的印象是不需要回忆的)——

> 我对孙波的印象就是从外表就透露出一种"街娃儿"(注:四川方言,即痞子的意思)气质,这种气质主要是两个方面的体现:第一是穿着打扮,喜欢穿不是我们这个年龄段的成人夹克,还是花的那种,裤子是西裤,背的不是书包,而是单肩的挎包吊在后腰位置,鞋子也不是运动鞋,而是皮鞋,发型是三七开的偏分还要打摩丝。总之,如果你不认识孙波,第一眼看见他都会避让着走,不敢和他有正面接触。第二,就是言语和体态,脏话时刻挂在嘴边不说,语气也显得很老练,很有古惑仔电影里混混的味道,走路也驼着背,吊儿郎当的,总之外在透露出的完全是一个街娃形象。喜欢打架,跟其他班的"小混混"天天混在一起是常态。这就是我对孙波最深刻的印象,要想让我想出他一点点优点,说实话我还真的有点想不出来。但正因为如此,他如今的变化才是最让人惊喜的吧!

这段文字,的确非常真实地展示了当年孙波的"风采"。

无论他们如何令我头疼,甚至令我有时气急败坏,在和他们相处的日子里,有一条底线我是绝对恪守的:就是任何情况下,都绝不体罚这些学生。虽然有很多时候,我被他们气得握紧了拳头,但从未砸出去过。

不但如此,为了正面激励他们一点一点地进步,我可谓"煞费苦心",其中,有两条计谋效果明显:

第一,填"报喜单"。每当新学期开始,我便印制好一叠"学生进步报喜单",都是固定格式——"××同学的家长:你的孩子×××本周表现良好,进步突出,特此通报,请予以奖励(建议给予适当的物质奖励)。

谢谢！李镇西"。然后在每周末通过全班评选"本周进步最大的同学"，发给当选者，让他们带回去向家长报喜。

当时，孙波也常常获得"报喜单"，回家向爸爸妈妈报喜。家长接到这样的"报喜单"是非常感谢我的。记得我有一次去孙波家家访，他妈妈说："以前我娃儿读小学就很调皮，我从学校老师那里听到的经常都是他又犯错误了，可现在李老师让他带报喜单，我都为他的进步感到高兴。谢谢李老师，你费心了！"

无数例子证明，对转化"差生"而言，正面激励永远比批评惩罚更有效。

第二，游玩。我常常利用节假日，邀约班上的"差生"一起去公园或野外游玩。当然，更多时候，我是把这样的活动当作对他们进步的奖励。孙波给我留言中说到的我周末带他们去玩，指的就是这件事。他说的当时我女儿病了我却还带他们去玩，我已经忘记了，不过，他一说我也想起来了。是的，就在要带孙波他们几个学生去玩儿的头天晚上，女儿突然发烧，但我答应过孩子们的，不能食言。于是，我让爱人照看孩子，我带着孙波他们去了公园。没想到，这事孙波一直记着。从孙波发的照片看，当时我和他们在公园玩儿得特别开心，他们还给我买了玩"跳跳床"的票，说要和我一起跳。照片上，我们确实跳得很开心。那次我还和他们在草坪上摔跤，我的裤子都摔破了。

当学生忘记了我是他们的老师而和我摸爬滚打时，我的教育已成功了一半。

我从来没有打过他们，也没有用侮辱人格的语言骂过他们——严厉批评当然是经常的。因此，在孙波心中，他觉得我和他遇到过的其他有些老师不一样。他因此而尊敬我，直到现在。

三

在写这篇文章的时候，我翻了翻我保存的学生作文。很遗憾，我没有找到孙波的作文，但找到了他当年的小伙伴黄佳和赵杰的作文。有两篇作文记录了当年我为了鼓励这群"极品差生"进步而带他们去公园玩儿的情景。

赵杰的作文题目是"游杜甫草堂"，全文如下——

初一的时候，我们十来个调皮大王常常违反纪律，让各科老师头疼。李老师就一次次耐心地教育我们，并对我们说："如果你们能改正缺点，表现有进步，我就带你们去玩。"于是，我们都尽量克制自己，努力遵守课堂纪律。老师和同学们都说我们有进步。这样，李老师决定星期六就和我们一起去游杜甫草堂。

星期五放学时，我对李老师说："把你的女儿晴雁一起带到杜甫草堂玩吧！"李老师说："好吧。"于是，晚上在家里准备东西时，我专门为晴雁妹妹带了一瓶饮料和一块蛋糕。第二天起来一看，昨晚下了雨，路上比较滑，但我们还是早早地骑车来到杜甫草堂。等了好一会儿，李老师一个人来了，我问他："晴雁妹妹怎么没来呢？"他说："晴雁病了，有点发烧。"我听了心里很感动，就把饮料和蛋糕交给李老师，李老师怎么也不收。

由于才七点钟左右，杜甫草堂的大门不但还没开，而且连寄存自行车的地方也没人。我们费了九牛二虎之力才在离杜甫草堂大门三四千米的地方找到一个停车处，又在外面等了很久，草堂大门才开了。

进了草堂，以往那热闹的景象完全没有了，在我们眼前是一个十分宁静的园林。所有的服务店铺和游乐场都还没有开张，李老师便带着我们去幽静的竹林小路散步。我们都想紧挨着李老师，于是我和孙波便争着往李老师的旁边挤，差点打起来。李老师说："出来玩，就应该高兴嘛，打什么架？这样吧，赵杰在我左边，孙波在我右边。"于是我们不打了，跟着李老师往杜甫住的茅屋走去。

（注：抄录至此，当年孙波和赵杰为了"争宠"而差点打起来的情景，我至今印象很深。）

一路上，李老师给我们讲了一些关于杜甫的诗歌。我听不太懂，但有一首我记住了，至今没忘。我记得当时李老师对我们说："我们走的这条路，说不定当年杜甫也走过呢！那时，这路的两旁开满了花，花是一个叫黄四娘的人种的。杜甫很喜爱这条开满鲜花的小路，便写下一首诗。诗是这样的：黄四娘家花满蹊，千朵万朵压枝低。留连戏蝶时时舞，自在娇莺恰恰啼。"

大家和李老师一起逛完了旧居后，又来到游乐场。我、黄佳、孙波请李老师和我们一起去玩跳跳床，李老师却说他要和刘东一起划船。过了一会儿，我们见李老师上岸了，便去拉李老师到跳跳床上面来。李老师说："那是小孩子玩的，我一个大人上去像什么话！"黄佳说："李老师，不要紧！你上来嘛，我们把票都给你买了，你不来钱就浪费了。"于是李老师便把鞋脱了爬上跳跳床。我们高兴极了，尽情地在跳跳床上狂跳，抒发着自己的欢乐和兴奋。李老师也好像回到了童年时代，和我们一起又蹦又跳，累得满头大汗！

跳完后，我们又来到茶园。这时已经是中午，大家有点饿了，便吃了一些蛋糕和快餐面。李老师又买了几碗茶，拿出一副扑克牌出来，叫我们和他一起玩。但在茶园玩了没多久，我们这些好动分子实在坐不住了，便丢下李老师，冲出茶园，跳上湖边的小船。我们在水中不停地划呀划，划累了，我们又躺在船里，任船漂动；我们还时不时把脚伸入水中"噼噼啪啪"地打水，要是哪个同学大叫一声："有鳄鱼！"我们就会吓得把脚"嗖"的一声缩回船内。

> 转眼到了下午五点多钟，李老师和我们一起离开了杜甫草堂。大家心里很不情愿地蹬着自行车往回家路上骑。李老师对我说："快半期考试了，你们一定要争取在学习上有进步。等你们又有了新的进步，我再和大家一起到公园玩。"大家又高兴起来，一路上回荡着我们阵阵爽朗的笑声。
>
> 在笑声中，我忍不住念起李老师刚教我们的诗歌："黄四娘家花满蹊，千朵万朵压枝低。留连戏蝶时时舞，自在娇莺恰恰啼。"

从这篇文章看，他是这群"差生"中基础相对较好的一位。当然，主要是因为有真情实感，所以这篇文章记叙清楚，语言通畅，还有些抒情味儿呢！

四

黄佳的作文题目叫"在新华公园的草坪上"，文中有这样的段落——

> 去年夏天，李老师带我们基础组进步大的同学一起去新华公园玩。在公园里的一块草地上，我们和李老师展开了一场惊险而有趣的斗鸡比赛。
>
> 斗鸡开始了，首先由孙波和李老师较量。平时，孙波倒挺能打，可今天他一到李老师面前就开始打抖。而李老师却很轻松，只见他双手抱住右腿，左脚一跳一跳地冲过来，嘴里喊着："小心，我来了！"孙波招架不住，几下就被李老师"踩扁"了。
>
> ……
>
> 李挺是一位魁梧高大的人，他对李老师说："李老师，来！我才不怕你呢！"李老师说："好！来就来！"于是两人都提腿跳了起来。他们不停地斗着，跳着，不分胜负。突然，大家听到"嗤"的一声，

原来是李老师的裤子被撕破了,但他好像不知道。只管斗李挺。渐渐地,李挺招架不住,败下阵来。

这件事已过去很久了,可当时的笑声现在还在我耳旁回旋。

黄佳这篇文章勾起我"伤心"的回忆:那天,我拖着纷飞的裤腿骑车回家时,大街上不少行人吃惊地看着我,很是尴尬。但我很高兴,为学生看得起我,而且把我当作他们中的一员。

还有一篇题为"抄书的感想"的作文是刘东写的——

本人学习成绩和纪律都不好,上课听不懂。李老师为了让我也能学点知识,又不影响其他同学,就对我采取了特殊措施——让我上课抄小说。

开始,我恨李老师,觉得他很讨厌。我自己不想学,大不了上课不说话,干吗还让我抄书?抄的还是《烈火金钢》一类的长篇小说,真是气人!一天要抄作文本三页,一千多个字。起初我很不愿意抄,但为了应付李老师的检查,我不得不抄。我最开始抄的时候,并没有注意书中的内容,只是想快些抄完了就去玩。

但后来我就开始认真抄了,不仅书写工整,同时也注意了书中的情节,当我抄到共产党、八路军和日本鬼子作斗争的英勇事迹时,我有点感动了。又想到自己在校的表现的确不尽如人意,细想一下还是我的不对,我也不应该怪李老师让我抄书,相反我还感谢李老师。谢谢他帮助我改正了书写和纪律差的缺点。

现在,《烈火金钢》我抄完了,李老师又让我抄革命烈士诗集《囚歌》。

这篇作文很短,但是一篇中心明确、语句通顺、没有错别字的文章,我只改了七个标点。能写出这样的作文,对刘东而言,可以说是创造了奇迹。我在办公室念这篇文章时，同事说："这个娃儿的《烈火金钢》没有白抄！"而刘东给我的《烈火金钢》手抄本，我珍藏至今。

因为写孙波而翻出这么些旧作文，又引出了其他几个调皮娃儿的事。此刻，我不禁在心里呼唤：赵杰、黄佳、刘东……你们现在在哪里？什么时候你们也能像孙波一样，来看看已经渐渐变老的李老师？

五

很遗憾，后来因为种种原因，我未能继续当他们的班主任，只是上课。孙波后来与班主任发生激烈冲突——很难说班主任有什么错，总之，后来孙波一气之下便不来上学了。就这样，初中没毕业，他就自动辍学了。

从那以后，我就再没听到他任何消息了。

但这么多年来，我经常想起孙波。每次他们这个班的学生聚会，我都要问："有没有孙波的消息？"大家都摇头。

我每次都在心里叹息："孙波，你在哪里呢？你现在过得还好吗？"

万万没想到，完全猝不及防，孙波突然就出现在我的微信公众号后台留言中。

我当即回了简单的几句话："太想念你啦！真的，我经常想孙波！马上加微信！"

我在微信上说："你今天留言说的这些，我都忘记了，包括我送你的生日礼物。"

他回复我："您遇见过太多的学生，可能忘记了，但我一生都不会忘记您。因为我太爱您了！您是我遇到过最最最好的老师。"

我说："等我忙过这段时间，我们好好聚聚，好好聊聊。"

他说："好的，我等您。"

然而，后来我一直在忙，没能抽出时间单独请孙波吃饭。但我心里一直挂着件事，只是让孙波一等再等。

直到前天，吴镝约我吃饭，我一下想到孙波了，便把孙波一起叫上。

本来约的是12点钟在一家餐馆相聚，我提前10分钟来到餐馆门前，正拿出手机准备扫场所码，一人从店里走了出来。我以为是里面的工作人员，结果他走到我面前突然叫了一声："李老师！我是孙波。"

啊，原来是孙波。我紧紧握住他的手，仔细端详他，说："如果是在大街上，猛然碰到你，我可能认不出来，但多看几眼，嗯，其实没多大变化，只是长大了，稍微有些胖。"

他说："我10点半就到了。"

我大吃一惊："啊，来那么早？"

他说："我必须早点到，肯定不能让老师等我。"他又说："李老师，自从去年12月份，你说要约我，我就盼着这一天。这一等就等了八个月啊！"

我一下有些内疚了："不好意思，不好意思！怪我，怪我。"

不一会儿，吴镝夫妇带着孩子也来了。他俩虽然以前不在一个班，但因为都是我教过的，所以彼此都有印象。

我说："今天的聚会真有意思，一个是当年最令老师欣赏的优秀学生，一个是当年最令老师头疼的后进学生。但今天，你们俩都是我的骄傲！"

一坐下来，我说："孙波啊，你那天给我发留言时，给我看了我当年送你的生日礼物，我太感动了！你居然一直保留着。"

"那当然，我肯定要一直保留！我从来没有收到过老师的生日礼物，您的是第一个。"他说。

六

接下来，孙波滔滔不绝，好像要把憋了25年的话一股脑儿全说给我听："说实话，对我来说，我很难和老师有这么一种关系，就是像朋友一样的关系，我也很难像尊敬您一样尊敬其他老师。这是我的心里话。我和您只相处了一年多，但我学了很多东西。虽然我当时的成绩也不好，我说学了很多东西，我的意思不是说我成绩提高了多少，而是说，我至少在认真学。"

我也实话实说："那时候你们真的不爱学习啊！我是想尽了一切办法让你们上课坐得住。"

他说："是呀，我还记得，我们这一群成绩差的学生上课听不进去，您就给我们每人发一本书，叫我们抄。我记得您给我的书是《钢铁是怎样炼成的》，叫我上课认真抄。我那时候很认真地抄书，至少可以一边抄一边了解书的内容，把字也练好了。"

我当时为了让这些学生上课不影响别人，确实让他们抄书，但孙波抄什么书我倒是忘记了。

他又说："您对我们也很严格，我犯了错误，您也批评我，但我们感觉得到您是爱我们的，尊重我们。我们这批成绩差的学生，您给我们说，你们表现好，我就带你们去公园耍。后来您真的兑现了，后来我们才知道，您女儿晴雁当时生病了。我好感动啊！那是我第一次感到了老师的温暖。所以我运气好，遇到了李老师。我们差生是从来不被老师待见的，但您这么优秀的老师，对我们却特别好。我们那时候确实不懂事，李老师没有嫌弃我们，对我们好耐心啊！所以我一直记住您的。"

我问："你怎么想起跟我联系的呢？"

"我其实关注李老师很久了，包括关注您的微信，后来又看您的'镇西茶馆'。"他说，"其实那天给您留言，我鼓了很久勇气。因为当时成绩不好，我现在就不好意思跟您联系。那一天坐在家里翻以前保留的东西，翻着翻着，一下子看到那个生日礼物，便想跟李老师留言。李老师会不会理我这个书都没读完的差生？我也没有想到李老师会回复我。我当时发短信，纯粹是排遣我的心情。留了言后，我又担心李老师是不是都忘记我了，我这么差的学生，李老师还记得我吗？还有就是，我怕李老师误会我：这么多年不联系，怎么突然联系了？是不是有娃娃读书，想找李老师帮忙？"

"你想多了，呵呵！"我说，"如果你确实有娃娃要读书，我能够帮忙肯定会帮的，两码事。"

吴镝说："当时李老师看到你留言时，正在我公司参加活动。李老师发言时，当场读了你的短信，感动了现场许多人。这是当天活动最令人感动的事。"

孙波继续说："我一直期待今天的见面。很早就起来了。10点过就到了，我不能让李老师先到等我。为什么李老师您在我心中很重要，就是因为以前的点点滴滴都一直在我心里装着。我觉得以前没有人理我，但遇到了您，您对我那么好！"

他说了一件我完全忘记了的事："当时，学校有一个学生偷自行车拿去卖，有老师怀疑我也参与了。他们给您说，您没有简单地相信他们的话，而是找我去了解情况。后来我说清楚了，您就相信我。但如果换一个老师，会认为我成绩差表现差，那这些坏事肯定是我做的。但您对我没有偏见，很公正。您了解到不是我干的后，还给我说，对不起，误会了。我感觉到了李老师对我的信任和尊重。"

七

我说："这不是一个老师应该做的吗？我只是做了应该做的。真的。我只是做了我应该做的，居然让你很感动。这是我没想到的。"

"您觉得是该做的，但您这样的好老师我以前真的没遇到过。"他说，"我以前遇到的老师，都是很凶的，见到我就想整一下我。没有对比就没有伤害。我们小学同学有时候要聚会，但有一次他们把老师请来了，我就不去了。以前的老师只看成绩，成绩好的学生就坐前面，成绩不好的坐后面。有的老师还要学生去他家里补课，不去补课的也坐后面。像我们，成绩差又不去他家补课，老师就更讨厌我们了。课堂上动不动就把我们揪起来罚站。我们小学同学有一个微信群，但自从老师进来了，我马上退出。"

其实，他说以前没有遇到过好老师应该是他的错觉。当然，他的这种错觉也是真实的，可以理解。因为他小学时特别调皮，成绩又不好，自然受到的批评和处罚要多一些，他说"见到我就想整一下我"，可能刚好是他又犯错了，而老师的方式方法估计不够耐心和细致，略显简单甚至粗暴，所以他觉得自己"没有遇到过好老师"。

孙波初二没读完就辍学了。因为我当时没当他的班主任，不便干预继任班主任的事，的确对他关心就少了，所以他辍学的具体原因，我一直不是太清楚。当时认为不过就是成绩不好，无法继续学习了，便回家了。

我问："你究竟是什么原因不继续读了呢？"

他说："我完全不能接受后来的班主任，他动不动就打我，当着那么多人打我，太伤我的面子了。有一次实在太过分，我就还手，于是我俩就打起来了。这事情闹大了，我干脆不读了。"

不知道当时老师为什么要动手，但估计孙波确实惹老师生气了，老师有些冲动，没想到青春期的孙波更冲动。

孙波说："您教我们的时候我们每一个同学的座位都是轮流转，无论表现和成绩如何，总之每一个同学都会轮流坐好的座位和不好的座位，这样公平。但后来的班主任，就只安排成绩好的学生坐前面，成绩不好的坐后面，而我，就被固定安排坐在后面的垃圾桶旁边，他说我本身就是垃圾。"

是的，当时在不少老师眼中，像孙波他们这一群"差生"就是垃圾。我曾亲耳听到有老师骂他们是"瘟猪子"！他们甚至认为，这些"瘟猪子"将来别说扫马路都没人要，甚至最有可能的去处就是人生的"垃圾箱"——监狱。然而，二十多年过去了，孙波们并没有成为"垃圾"。

我对他说："可是你当年并非垃圾，只是调皮，而你现在更不是垃圾。不过，你也要理解你以前的老师，他们也是为你好，是恨铁不成钢啊！毕竟你当时太调皮了。"

他说："我反正始终觉得，您对我的影响很大。您不势利，不因为我成绩不好表现不好而看不起我，这就是今天我们能够坐在一起吃饭的原因。我今年40岁了，从来没有和老师坐在一起吃过饭，李老师是第一个。我等这一天等了很久了。对我来说，老师就两种，一种叫李镇西，一种叫其他老师。您曾经教过我就是我最幸运的事！现在只要和朋友摆龙门阵说起老师，我就会很自豪地说，我的李老师很优秀，你们可以到网上去查李镇西。虽然我没读完书，但我的老师很优秀。"

二十多年后，能够听到当年的"差生"这样当面评价自己，我无法不感动。

八

我说："我也得说实话吧，当年你呀，张凌呀，还有赵杰、刘东、黄佳等同学，确实让我操尽了心。但还好，你们总算还服我管。"

他说："您在我的心目中一直很高大。跟着您我还算是认真学了点东西的，还是很努力的。"

我笑了："哈哈，但当时在我眼里，你们一点都不努力。"

"但起码在您教我的那一年中，我是想过要好好读书的。我也是尽了力的。比如您要我抄书，我就认真抄。起码在您的管理下，我上课至少没有违反纪律。"

我又乐了："你在认真抄书，被书中的故事吸引了，哪有时间违反纪律？"

他也不好意思地笑了。

我问了一个我最关心的问题："我送你的生日礼物，我都忘记了，你怎么还保留着呢？你难道没搬过家吗？"

他说："李老师，您不知道，因为这礼物对我来说太珍贵了。每个学生的生日您都送礼物，但我却只收到过您的生日礼物。所以不管搬多少次家，我都没丢，好好保存。"

老师的一言一行，会在学生心里留下多么深刻的印象啊！不管是一个轻蔑的眼神，还是一道热情的目光，学生可能都会记一辈子。所以，为师者不得不慎重。

在聊天的过程中，我对孙波说我要写他的故事。他一再对我说："我的经历很普通，没啥拿得上台面的，我没做什么值得您骄傲的事。"

我对他说："什么是让我'骄傲'？只要善良正直勤劳，就是我骄傲的学生！"

孙波后来渐渐长大了，先是开车挣钱，后来又和朋友去深圳创业，开了公司。父亲去世后，为了照顾年迈的母亲，他又回到成都，和几个朋友开公司。当然，目前经济环境原因，他的公司也面临一些困难，但无论如何，他能够靠自己的勤劳与智慧养活自己，同时也服务社会，这不也很好吗？

他说："您要我去当教授，我不会，但我一样可以用自己的劳动养活自己，这并不可耻。"

"对头，毕竟你学会了做人。你看你现在，有孝心，懂礼貌，知感恩，遵纪守法。"我又半开玩笑半认真地说，"当年叫你抄《钢铁是怎样炼成的》可没白抄！"

他说："是的，当年《钢铁是怎样炼成的》那一本我都抄完了的，后来又抄《红岩》。"

我想到，当年和孙波同班并同样调皮的另一个学生张宇航，有一次聚会他对我说："当时我们这个班被很多老师看不起，但这么多年过去了，我们没有一个人犯法乱纪的。"

我真的是这样想的。我们的学生，能够成为科学家、艺术家等名人或伟人的毕竟是个别，绝大多数都是遵纪守法、自食其力的好公民，孙波正是这样的好公民。

因此，他依然是我的骄傲，至少我为他的今天而感到由衷的欣慰。

九

但是，如果孙波当年在求学的不同阶段，能够遇到不同的好老师，他的人生会不会比现在更好？

孙波初中都没毕业，这不能不说是一种遗憾。虽然学历并不能说明一切，但知识的重要性却不言而喻。不能因为孙波和他当年的那一群"熊孩子"现在还算平安而且生活还行，我们就否认读高中、考大学的重要性，除非他像张凌会踢足球一样拥有一项出类拔萃的特长。但我们的学生中，张凌是少数甚至个别，而多数孩子还得通过不断学习来为将来的人生发展奠定基础。

毫无疑问，如果孙波能够读完初中并继续读高中甚至考上大学，无疑会为他后来的人生发展提供更有利的条件。

但这主要不是孙波能够决定的，而是我们的教育体制是否为千千万万个"孙波"提供了老祖宗孔夫子所说的"因材施教"的"私人定制"方案？

作为教育者，总是习惯于把应试教育体制下的失败者归因于他们自己："谁叫你不努力的？"

不可否认，任何人的成功都离不开自己的努力，这是毫无疑问的，问题是，一刀切的教育，总会让一些人无论怎么努力都是"白费蜡"！当我们要求孙波像吴镝这样的"优生"获得同样的考试分数时，他所获得的只能是一次次自卑，最后干脆放弃学习。

在《关于和谐教育的一些想法》中，苏霍姆林斯基这样写道——

……不要让上课、评分成为人的精神生活的唯一的、吞没一切的活动领域。如果说一个人只是在分数上表现自己，那么就可以毫不夸张地说，他等于根本没有表现自己。

我们现在的教育不正是这样的吗？——上课、评分成为人的精神生活的唯一的、吞没一切的活动领域。可你让千千万万的孙波怎么办？他们怎么可能在分数上表现自己？

我再次想到苏霍姆林斯基的话——

> 教育的实质就在于使一个人努力在某件事件上表现自己，表现出自己的优点来。在某种好的东西中来认识自己——善于支持人的这种高尚的志向是多么重要啊！教育者往往在那么长久而痛苦地寻找的那种自我教育的强大推动力，不是就在这里吗？应当在心理学讨论会上提出这个问题：人的表现问题。……怎样才能做到，使人尽量地努力在好的方面表现自己呢？我深信，一个人想在某个好的方面表现自己的愿望越深刻、越诚挚，他在内心对自我纪律的要求就越高，他对自己身上不好的东西就越加不肯妥协。

是的，"使一个人努力在某件事件上表现自己，表现出自己的优点来"，这就是真正的教育。

我们的教育，是否让孙波们"表现自己"了呢？

还是伟大的苏霍姆林斯基，他曾这样说过——

> 一个人一生命运的复杂性，有时也是悲剧性就在于：虽然"草稿"里蕴藏着成为一个独特的个人的各种素质——卓越的才能、禀赋、倾向性、天才——但是负责对这一"草稿"进行加工，以便使其变得更为美好的人，却反其道而行之，他用自己那双笨拙而又漫不经心的手把草图中美好的东西弄得丑陋不堪。

今天和孙波同桌吃饭的有北大硕士、飞行员吴镝，我们的教育倒是将他"加工"得很好，这是应该的，作为他的老师我为他自豪；但我们是否将孙波们"草图中美好的东西弄得丑陋不堪"了呢？

教育的责任、智慧与人道主义情怀的体现，就是教育者（含教师和家长）对每一个孩子的"草稿"进行精心地加工，使之既拥有完整的人格，又有属于自己独特的成功与幸福。

所以，我40年的教育是充满遗憾的。

只是，这个遗憾，不仅仅属于我，更属于我们亟待改革的教育！

从这个意义上说，我和我们的教育是对不起千千万万个"孙波"的。

童心可嘉

李镇西

我准备写彭可嘉的故事。我在微信给她留言,请她为我提供一些素材,其实就是让她回忆一下,三十多年前我教她时给她留有哪些比较深的印象和影响。

结果她给我写了一篇长长的回忆录,开篇居然写的是,我当年让她扮演罗莎·卢森堡!

她写道——

最深刻的就是初二时您组织我们扮演角色进行演讲,记得当时我选的角色是罗莎·卢森堡。那时的我根本不知道罗莎·卢森堡是谁,懵懵懂懂地跟着同学到您的宿舍,我记得当时看到您的单身宿舍里到处都堆满了书,内心无比惊讶。您给每个参加演讲的同学发了一本书,给我的这本是关于罗莎·卢森堡的,书里面有她那句名言:"不管一切如何,你仍然要平静和愉快。生活就是这样,我们必须这样对待生活,要勇敢、无畏、含着微笑——不管一切如何。"当时的我其实对她毫无了解,经过您的一番指导,我才知道她是一位卓越的女革命家,身为女性的她在暴风骤雨的革命运动中完全不输男人,顿时心生崇敬。经过反复的练习,演讲当时,一激动我真的感觉自己仿佛就在面对群众进行演讲。这些往事您和同学们可能都已经淡忘了,但是罗莎·卢森堡却在我的心中留下了很深的烙印。

读到这里,我目瞪口呆,因为我完全忘记了这件事。我打开记忆的闸门回忆了很久,终于想起来了,好像是有这么回事。

如果按一般教师的"常理"去想,一个刚踏上工作岗位没几年的年轻教师,怎么可能安排一个12岁的小姑娘扮演19世纪国际共运的早期领袖人物?这不很荒唐吗?

然而,请容我不谦虚地说,20世纪80年代二十多岁的我并不是"一般教师"。虽然以世俗的眼光看,我也不过是一个初出茅庐的年轻教师,连教研组备课小组长都不是,但我的班级我的课堂,却有别于甚至迥异于一般的老师。比如,我把我带的班取名为"未来班",并拥有由著名作曲家谷建芬老师给我们谱曲的班歌;又比如,我不止一次把语文课搬到大自然或农贸市场;我还在班上搞了许多说不清是属于语文课还是班会课,或者说既是语文课又是班会课的活动,比如"思想节"——这是我设计的融思想教育、思维训练和能力培养为一体的主题活动。

而可嘉所说的扮演罗莎·卢森堡发表演说,就是在这次活动上。

可能今天的年轻人中知道罗莎·卢森堡的人不多了。她是国际共产主义早期的领袖人物,被列宁誉为"革命之鹰"。列宁曾引用过俄国一个寓言中的两句话,来评价曾经犯过错误但"她始终是一只鹰"的罗莎·卢森堡:"鹰有时比鸡还飞得低,但鸡永远不能飞得像鹰那样高。"在我的青春时代,与卡尔·马克思、弗里德里希·恩格斯、威廉·李卜克内西、卡尔·李卜克内西等人一样,罗莎·卢森堡也是我心中的偶像。

为了写这篇故事,我特意找出了我二十多年前出版的《语文教育:从批判走向建设》一书,里面有《我们的"思想节"》这篇短文,是我当时写的实录。全文如下——

我们的"思想节"

在鲁迅先生逝世50周年纪念日(1986年10月19日)这一天,

我班搞了一次融思想教育、思维训练和能力培养为一体的主题班会活动——思想节。

虽然这次班会是以纪念鲁迅为主要内容，但班会名叫"思想节"，这是为了使这次班会活动的内容更丰富，涉及面更广泛，不仅仅局限于纪念、学习鲁迅，还包括了解、学习古今中外其他大思想家。而且"思想节"的"思想"二字还点明了此次活动的宗旨是通过了解、纪念思想家而活跃思想、启发思考、训练思维。

班会前我做了这样一些准备工作：一是确立"思想节"的主题——学习鲁迅，振兴中华；二是商定"思想节"活动的具体内容：由学生扮演的思想家发表简短演说，举行鲁迅知识竞赛，进行社会问题讲座或辩论；三是分别向学生布置任务，进行具体筹备。如请思想家的扮演者了解有关人物生平事迹，阅读有关名言警句，在此基础上准备讲演词；请参加鲁迅知识竞赛的同学查阅有关资料；请全班每个同学都准备一些可供讨论或辩论的社会问题。

"思想节"这一天，教室被同学们布置得庄严、朴素而又美观大方。黑板上"思想节"三个红色大字十分醒目，它的上方还画着我班班徽的图案——红日、大海、海燕；两边墙上还挂着鲁迅、居里夫人、爱因斯坦、歌德等名人的肖像；教室后面的黑板上写着"民族魂"三个大字和毛主席评价鲁迅先生的一段话。

"思想节"由4位班干部共同主持。

在热烈的掌声中，由6位男同学和6位女同学扮演的12位思想家走上了讲台，微笑着向大家频频挥手。"这位是马克思"，主持人一一向同学们作介绍，"毛泽东、鲁迅、爱因斯坦、郭沫若、居里夫人、罗莎·卢森堡、向警予、江竹筠、张志新、秋瑾……"

教室里响起一片欢呼声……

"各位先生、各位女士，你们好！"扮演马克思的程桦颇有风度地开始了演说。他谈到了对中国的敬仰："我终于来到了中国，这是我一百多年前就向往、关注的东方文明古国。"他谈到少年时代的立志："17岁时，我曾在一篇作文中写道：'如果我们选择了最能为人类福利而劳动的职业，我们就不会被它的重负所压倒……'我们的事业并不显赫一时，但将永远存在！"他谈到了马克思主义的发展："我十分高兴地看到，以毛泽东为代表的中国共产党人在实践中丰富发展了我的学说，把中国革命推向前进，在世界上人口最多的中国建立了社会主义制度；现在，以邓小平为代表的第二代中国共产党人又以建设有中国特色的社会主义而开辟了国际共产主义事业的新纪元。"最后，"马克思"以一段气势磅礴的话结束了演说："不管怎样，我坚信共产主义革命必将胜利。在这场革命中，无产者失去的只是锁链，他们获得的，将是整个世界！全世界无产者，联合起来！"

"……我以为，改革在中国向来不是一件易事，所以我时常害怕。"彭涛扮演的鲁迅谈到了改革的艰难。说到这里，他突然提高了声音："愿中国青年都摆脱冷气，只是向上走，不必听自暴自弃者说的话，不必理会这冷笑和暗箭。能做事的做事，能发声的发声。有一分热，发一分光，即使如萤火虫一般，也可以在黑暗中发一点光，不必等候炬火……"

"思想家"们一一上台讲演，他们热情洋溢，富于哲理而又各具特色的精彩发言，博得了大家一阵阵掌声。

演讲完后，是鲁迅知识竞赛。竞赛方式是由两位同学上台，你一言、我一语地说出各自了解的有关鲁迅的知识……

接下来的"社会问题讨论"，把这次"思想节"活动推向了高潮——

"鲁迅最令人敬佩的是他对中华民族弱点的深刻剖析，这使我想到现在的改革……"彭涛侃侃而谈。

"我想谈谈生活中'小草'与'大树'的关系问题……"吴涛滔滔不绝。

……

热烈的讨论变成了激烈的辩论,涉及的问题越来越多。大家谈到深圳特区的改革,谈到了台湾学者柏杨的文章,谈到了电视连续剧《新星》,甚至谈到了中国和日本、美国的关系……同学们的辩论针锋相对,各自的发言也不无偏颇,但每一位学生的胸膛内都跳动着一颗赤诚的中国心!

"思想节"快结束时,主持人宣布:"最后,让我们欢迎应邀到来的李向南同志作总结发言!"

"李向南?"大家正在惊异地东张西望时,我从容地走上了讲台:"我就是电视剧《新星》的主人公李向南!不,我是古陵县委书记李向南。"

同学们恍然大悟,一下笑了起来。

我很庄重地对大家说:"由于在古陵县改革受挫,我改行从事教育了。但这决不是退却,而是另一种形式的进攻——我立志培养出一大批超过李向南的改革者,去改造我们的社会!参加你们的'思想节',我很兴奋,我坚信:未来跨世纪的思想家、改革家、科学家一定会出自你们之中!"

"哗……"回答我的,是一阵春雷般的掌声。

"思想节"虽只是一种小小的班会形式,但它对学生所产生的思想教育、能力培养效果却是全面、广泛而又潜移默化的。

重读这篇当年的文章,我心潮起伏,让一群初二的孩子讲鲁迅与马克思,讲启蒙与改革,当时这样做的老师并不多。我承认,这不但与我当时活跃的思维有关,更与当时的社会变革潮流有关。20世纪80年代"万类霜天竞自由"的社会空气吹进了我的教室,让我的课堂也充满思想的气息。

这篇文章只选择性地记录了"马克思"和"鲁迅"的演讲片段,而没有"罗莎·卢森堡",即彭可嘉发表演说的具体记录,略有些遗憾。但"罗莎·卢森堡"这个不朽的名字却在她的心上扎下了根。

说实话,即使今天,如果不是专门研究国际共运的人,或者对那段历史有特殊兴趣的人,可能根本就不知道"罗莎·卢森堡"是谁。可是,当年一位12岁的小姑娘彭可嘉却不但记住了、了解了、扮演了罗莎·卢森堡,而且这位无产阶级的领袖人物后来还在精神上持续伴随着小姑娘。

可嘉继续写道——

> 以后的岁月中我读过她的书和介绍她的文章,罗莎·卢森堡一生波澜壮阔且著书无数,她的一些理论和意见十分精彩,她提出的很多观点,无论在当时还是在如今都会引起很多争论,但于我而言,读她的文章能感受到那份难得的历史洞察力,正如她所言:"自由始终是持不同思想者的自由。"这是民主的真谛!我更喜欢读她的《狱中书简》。在书中,阳光、白云、湖光、山色,大自然的一切,都被她赋予了生动的人类情感,罗莎·卢森堡倾心艺术、诗歌、建筑、音乐,她常常沉浸其中,内心充满愉悦。一个投身政治运动的革命家却如此博爱宽容,她坦然面对生活加于她的各种伤害和痛苦,却能在任何情况下感受到幸福,体会美好和善良。面对这样的女性,即使在一些人眼中她是不完美的,但完全无损她的伟大。
>
> 李老师您通过这些演讲活动,或许是无意之中安排的这个演讲形象,就像播下一颗小小的种子,种子会生根会发芽。对我而言,罗莎·卢森堡是参天大树,是极具人格魅力的革命女性,她唤醒了我对大自然的热爱,对生活真善美的追求,让我学会面对生活中的凡此种种,要独立思考,不要人云亦云;学会鉴古知今,明白历史和现实是交错存在的,就像罗莎·卢森堡那句名言:"我来过,我又来到,我还将重临!"

虽然在当年的"思想节"上，与"马克思"和"鲁迅"相比，彭可嘉所扮演的罗莎·卢森堡谈不上显赫，但对可嘉来说，这却是她在班上几乎是绝无仅有的"高光时刻"。

因为可嘉当时在班上实在是太普通了。

看到可嘉的第一眼，就是模样儿可爱，穿得干干净净。我印象最深的就是这孩子特别有教养，言谈举止都很自然地透露出良好的家庭教育。她也有着小姑娘的胆小羞怯，说话柔柔的，但对人很有礼貌。可嘉性格温和，我从没见过她和谁生过气，好像随时都微笑着。小姑娘长得也很漂亮很可爱，所以即使她并没笑，但所有看见她的人，都觉得她在微笑。她很善良，每次我在班上问"哪个同学愿意……"她总是把小手举得高高的，眼睛里闪烁着急切的光芒，好像在说："李老师，我去，我去！"对了，我想起来了，有一次班上搞"全班之最"的评选，她和另一位同学被评为"最善良的同学"。

论学习成绩，当然不算名列前茅，属于中等偏上吧，但无论听课、作业从不让老师操心。那时候，我们班有自己的班报《未来日报》，其实就是同学们的手抄小报，每天都由一个同学将自己独立撰稿、排版、抄写的小报贴出来。每当轮到可嘉出报时，她都非常认真，从不拖欠，而且她办的小报版面很漂亮，因为她喜欢画画。我现在还珍藏着一张她办手抄报的照片。

总之，在我班上三年，我没批评过她。本来嘛，这么乖的小姑娘，老师怎么可能批评呢？

没有批评过她，但我也特别关注过她。有一次考试，可嘉的成绩有所下降。她妈妈来找我，很为女儿的学习成绩着急，我决定给可嘉写一封信。

本来这事找她谈谈就可以了，为什么要写信呢？因为还有一件事，我觉得当面谈不如写信说。有一段时间个别同学对她有所议论，而这些议论大都聚焦于懵懵懂懂的青春初期孩子男女同学的种种猜想上。别误会，我

给一点时间让你长大

们的可嘉绝对没有所谓的"早恋",但她长得很漂亮,有同学自然会开玩笑。这些玩笑也没有什么恶意,但可嘉比较敏感,她有着几乎所有小女生的共性——心胸不够豁达开朗,不够大气。于是,我给她写了一封信。

几十年来,我一直有个习惯,即每写一封信都会抄一份底稿。当年给可嘉写的信因此而被保留了下来——

可嘉:

你好!

今天想跟你谈三个问题。

一是自信心。可嘉学习很刻苦,对自己要求很严,但成绩总是不太理想,不知你是否失去了上进心。我想,你的学习不太好,主要是年龄小的原因,理解能力未达到全班的平均水平。当然,这不是说你肯定学不好,恰恰相反,你现在在班上的成绩基本上算中等,这就说明你并不笨。从你的作文来看,从你的小发明来看,都可证明你是完全学得好的,对此,你一定要有十足的信心。

二是学习方法。可嘉要善于动脑筋,随时训练自己的抽象思维能力,把老师讲的心理学知识自觉运用到学习上去,至于预习、复习我就不多谈了。马上要期末考试了,你可在这段时间自己先找找自己的薄弱环节,然后在全面复习时会更有针对性一些,也更主动一些。总之,尽到自己最大努力,也就问心无愧了。

三是正确处理好与同学的关系。可嘉对人还是很和善的,比较能够忍让人,这点应保持。不但要宽以待人,还要在心里原谅同学的缺点,向彭艳阳学习。我了解到有个别同学乱说你(可能是开玩笑),我已经批评她们了,她们也表示要改。希望这些无聊的东西不给你造成心理压力,原谅同学,坦然一些,我是相信你的,你是纯洁的。

今天就谈这些。快到元旦了,祝你新年快乐!

李镇西

1986年12月25日

可嘉就是属于通常所说的容易被老师忽略的"中等生",还好,我觉得当年我并没有忽略她,还有和她一样的其他中等生。

其实,就教养而言,她并不"中等",而是一名优秀的学生。只是因为她的学习成绩并不出类拔萃,再加上各方面的能力弱一些——至少并不出众,因此初中三年,她连班干部都没当过。那时候我们的班干部都是同学们无记名投票选举,而不是由我指定,但可嘉却从没当选过。

这是什么原因呢?因为她年龄太小。这个班的学生大多出生于1971年和1972年,而她,则出生于1973年10月,是班上最小的同学。换句话说,班上所有同学都比她大一两岁。直到初中毕业时,她都还没满14周岁。

因为年纪小,各方面的能力比同龄人稍微弱一些这也是很正常的。我印象中,可嘉比较胆小,尤其是课堂发言,她总是很紧张,声音也很小。但她从不放弃锻炼自己的机会。

那时候,为了引导同学们关心天下,同时也培养他们的口头表达能力,我要求每个值日生除了擦黑板和课前叫"起立",还必须上台给全班同学讲一分钟新闻。这可把可嘉难住了,在1985年4月23日那天的值日生日记里,可嘉有这样的记录——

读报课的时候,老师叫我上台报新闻,我一听立即掏起衣兜来。干什么呢?是在找一张写有新闻的纸条。就是这个动作,当时我并不感到脸红,但现在细细想起来,是多么的可笑和惭愧啊!记得在李老师第一次要求值日生报告新闻时,就说不准照着念,后来又强调了几次,可我仍然那样,这就是明知故犯了。

半年后的9月25日,又轮到可嘉当值日生了,她的值日生日记里,依然记录的是报告新闻这件事——

给一点时间让你长大

> 每天报告新闻的时间，都是读报课，可今天李老师却让我在早读课报告。我想，李老师大约想看看我准备得好不好。
>
> 讲完后，李老师给我下的评语是："内容不充实，但声音洪亮，神态自如，总的来说比昨天报告得好。"
>
> 我听了这话，不由得想到昨天晚上，我在选新闻时嫌这个不好那个又太一般，最后只挑了四条，在我下次值日时，一定注意内容充实这一点。

也怪我，因为我点评的时候首先就说她讲的新闻"内容不充实"，所以可嘉一直自责。其实我很为她的表现感到欣慰，"声音洪亮""神态自如"，这对胆小害羞的可嘉来说，是多大的进步啊！

可嘉就是这样，哪怕是做值日生给大家报告新闻，她也不断克服自身的弱点，不断超越自己，后来竟能站在讲台上，以革命家罗莎·卢森堡的身份向全班同学发表演说，这真是了不起的进步。

说到"超越自己"，我想到了有一次全市的元旦环城跑，弱小的可嘉也参加了的。可嘉的身体当然健康，但毕竟年龄小，要和那么多比自己年长的叔叔、阿姨、哥哥、姐姐们一起跑完全程，需要的不仅仅是体力，还有勇气。可我们的小可嘉竟然坚持跑完了全程。

多年以后，已经为人母的可嘉用"素质教育"来描述当年她在我班上所受到的教育。她说："现在回想起来，我对李老师的教育特点印象最深的就是当年您对我们进行的'素质教育'，您一直倡导学生教育除了书本学习，还有人格的塑造，生活的锻炼。"

除了那次扮演罗莎·卢森堡发表演说，留在可嘉记忆中的还有初二那次走上街头卖冰棍儿、卖书。

那时候，还没有什么"综合社会实践活动"的说法，我只是质朴地认为，语文教学并不应该仅仅是课堂上的事，更应该是学生生活中的事，因此我提出了"语文学习生活化，学生生活语文化"的观点，并尽可能将这个理念变成我的实践与孩子们的行动。于是，我鼓励同学们以小组为单位走向街头，在社会生活中学习语文、运用语文，在培养语文能力的同时也增强一份社会责任感。于是，有的小组上街找错别字，有的小组到乡下采访农民，有的在街头摆地摊儿……

可嘉和她的小伙伴们在做什么呢？

在写给我的素材中，她这样回忆——

初二的暑假，您鼓励我们去体验生活，进行社会实践。小小的我们根本不懂什么是社会实践，也不知道该如何开始，第三小组的姑娘们商量了一周，提出了无数个设想，最终决定到冰糕厂批发冰糕去沿街叫卖。

那次我的印象真是终生难忘，7月的乐山炎热潮湿，一整个上午就忙着领木箱装冰棍，我的小滚圈自行车根本装不下那么大而笨重的保温木箱，反复摆放捆绑了六七次才勉强不掉下后座，而且自行车还必须有两人在木箱后一左一右提供支撑才能推行。折腾完已到下午，此时的我们顾不上吃午饭，带着小小的期许和兴奋，一鼓作气把车推到了大街上，下午一点的街道上空无一人，刺目的阳光照得马路明晃晃的，空无一人的街道只有嚣张的蝉鸣。刚开始大家很有新鲜感，时不时就要揭开盖来检查冰棍化了没有，然后还互相监督谁有没有偷吃。

因为我们始终不好意思开口叫卖，所以整整一个下午，进货的20根冰棍一共只卖出去3根，并且其中一根只收到3毛钱（卖价5毛），因为那个馋嘴的小屁孩实在没有钱了。推着推着，木箱越来越沉重，融化的冰棍也越来越多，大家发愁死了。下午5点，在经过激烈的思想斗争和热烈的讨论后，三个小伙伴最终决定，蹲在发烫的街沿，把已经严重瘦身的冰棍，一人几根把它们给全部消灭了。哎，这真是一次失败的销售经历！

给一点时间，

让你长大

  当然也有成功的经历。第一次勤工俭学的失败，让我们决定采用新的方式：销售杂志。方向确定了，但杂志的来源谁都没有办法，几个小伙伴七嘴八舌地说，这事归新华书店管，但新华书店经理谁都不认识呀！

  记得当时我说，李老师说过我们应该勇于自我推荐。大家说"好呀，那就你去吧"。于是我怀揣着一股初生牛犊不怕虎的精神敲开了总经理的门。我记得总经理是一位很精神的老太太，她眯着眼很耐心地听我啰唆了半天，然后说好吧，你们要锻炼就试一试吧！说着就写了一张条让我拿去发行部。

  接下来，大家开始了长达一个星期的练摊生活。每天晚上匆匆吃过晚饭就到当时新村电影院对面的街道边摆书报摊。因为我家就住在附近，邻居叔叔阿姨们晚饭后出来散步看到我都会奇怪地问："你在这儿干吗？"这次我和小伙伴吸取了第一次失败的教训，开始大方介绍我们在社会实践，很多叔叔阿姨都笑着购买了或许并不需要的杂志。

  有了成功的开始，大家越来越放得开了，开始主动向每一个过路人兜售，慢慢地努力有了回报，小小的报摊前开始有人驻足翻看阅读，购买的人也逐渐增多起来。一周的练摊生活很快过去，每个小姑娘都晒黑了一圈，最终结算时把应付新华书店的钱交回了书店，剩余的钱经过清点，居然有五十多元。那个时刻每个人脸上都写满了成功的喜悦，当时我分到的十多元钱一直储存在存钱罐里保管至今，我的家已经搬迁了好几次，但这份童年的记忆我都一直小心翼翼保存收藏着。

  我无法想象，当年那么胆小的小可嘉是怎样鼓足勇气去敲开了书店总经理的大门，并在她面前"啰唆了半天"，最后终于说服了总经理！当初连上讲台讲一分钟的新闻都得悄悄看稿子的小姑娘，就这样长大了。

当年，我只是想让教育多一些生机勃勃，让孩子们除了考试，还能收获一些考试以外的能力，却没有想到这些经历却影响了他们的将来。

可嘉说："多年以后，我一直在回想，为什么初中生活中这几次社会实践让我格外难忘，我感觉到我最大的收获是，初中时代的这些锻炼让我从一个内向敏感的小姑娘，变得大方干练，做事不再畏首畏尾；同时也领悟到生活的不易，做事的艰辛。记得从那个暑假开始我就主动在家里帮助父母做家务活了。这些社会实践活动，真的比书本上的文字更生动，更直接，能让学生更多接触社会，更早了解真实世界。"

可嘉留在班级日记上的最后一篇，记录了中考后毕业前夕班上的情景——

1987年6月25日　星期四　天气　阴

这是一个同学们老早就翘首以待，提起却又忐忑不安的日子。

老早便有同学静候在教室门外，等待着老师，等待着尚未得知的考分。那急切不安的心情早写在了脸上，渗进了言语。

不论你是担忧害怕，还是兴奋得意，事实终归摆在了各人面前，不容逃避。或许有的早已知晓，或许是由于"不过如此"，大部分同学仍然显得平静。唉！谢天谢地，不管考得是好是坏，反正心中的石头落了地，不再七上八下作怪了。有部分同学刚开始的确很是伤心，不过慢慢地，到后来仿佛也想通了似的，渐渐快活起来。

领了考分后，李老师又向我们提起了他的忧虑、他的伤心、他的怀疑，以及初中三年来他所经历过的部分痛楚。望着我们三年以来朝夕相处的老师，那位我们认为异常坚强、轻易不会动感情的李镇西李老师，我却感到，他的声音是发颤的，眼镜后面的眼睛也仿佛闪着泪花儿。我真愿全班同学给他发誓，你的学生绝不辜负你的。可我只能在自己心中发誓：我相信自己，我会把握自己，即使将来我处在极普通的岗位，我也会竭力。

给一点时间，家你长大

末了，同学们又开始了一项早已开始却尚未完成的工作，互赠留言。留言即除了"过去如何"还是"过去怎样"，除了祝愿便是希望。其实何必那么一大篇。我们三年结下的深厚情谊，不提也心中早已明白，何须多言？还是让我们友人之间，多提些建议或对方的弱点，利用这最后一次机会对别的同学尽最后一次责吧！

值日生　彭可嘉

我记不得当时对同学们说的话，是怎么让可嘉感到了"他的伤心、他的怀疑，以及初中三年来他所经历过的部分痛楚"的，我估计在毕业前夕，我会给大家提一些希望，面对将来会踏入社会的他们，我也可以说一些我的担心，至于"经历过的部分痛楚"，我想这可能是13岁的小可嘉用词过重吧。当时在这个班所进行的许多后来被称作"素质教育"和"教育改革"的做法，当时却备受争议，甚至被指责为"简直是胡来"。但我却依旧我行我素，依然执着于自己的教育理想与实践，这当中自然会有一些不快；面对即将毕业离开自己的学生，我完全可能推心置腹地向他们倾诉自己探索的困难与苦闷，目的还是希望他们将来面对人生的风浪时，能够保持童心。如可嘉在这最后一篇班级日记所写的那样——我相信自己，我会把握自己，即使将来我处在极普通的岗位，我也会竭力。

可嘉初中毕业后，考上了另外一所高中，但她依然经常和同学们一起来看我。我心里也装着可嘉和其他已毕业的学生们。

以某些小说、电影或电视剧等文艺作品的套路，从小因我而崇拜罗莎·卢森堡的可嘉，长大后应该成为罗莎·卢森堡那样叱咤风云的人物，至少也应该以深邃的思想、出色的口才，而成为栋梁之材，比如出任县委书记之类。那样，我的教育才算"成功"。

但教育不是小说，人生也不是电影。接受过我们教育的学生中，科学家、艺术家、政治家只是极个别，绝大多数学生都是普通人，这才是教育的常态。只要他们一生善良、正直、勤劳，同样是令我们欣慰甚至骄傲的学生。

可嘉就是这样的学生。

关于她后来的人生，我还是直接引用她的自述来展示吧——

高考后进入四川工业学院（现西华大学）就读工业会计专业，毕业后到乐山市科技情报所担任会计工作。2001年乐山市财政局成立会计核算中心，我参加了选调考试，进入了会计核算中心（现国库支付中心）工作至今。

我的这份工作经历很平淡，因为基本没有太多变化，有所区别的是以前在单位上工作相对比较清闲，进入财政部门以后工作强度大大增加。尤其是近些年，各种新的工作系统，各种财政资金监控平台纷纷推出，工作压力陡增。因为政府希望了解各部门工作的方方面面，所以为了及时掌握基层数据，建立起这些从中央到地方的直达资金数据监控平台，因为每一笔资金的支付，都必须在系统中及时录入关联，一旦某笔支付数据不符合支付规则，系统会直接进行红灯或黄灯预警。我的工作就是如果出现预警信息，要立即通知相关单位或区县部门进行整改；要随时督促支付进度和资金分配进度；月初要布置安排本月的各项工作任务；月末要进行数据统计汇总，及时完成各项报告和总结。我和同事们加班加点统计数据是常态，周末也是如此，月初月末甚至要工作到晚上十一二点。

……政府工作的运转、财政资金的支付，有我小小的一份力，这就是我工作的意义！

最后一句话，让我特别感动："政府工作的运转、财政资金的支付，有我小小的一份力，这就是我工作的意义！"如果把整个国家政府比作一部庞大的机器，那么它不停有效的运转则需要无数颗微不足道的螺丝钉，缺了一颗都不行。而可嘉正是这千千万万螺丝钉中的一颗，她和其他同样普通的螺丝钉一起,支撑着"政府工作的运转、财政资金的支付"。

我1991年初便从乐山调往成都,和可嘉的联系渐渐少了。只是时不时翻阅旧物时,回想起过去的学生们,当然也包括可嘉。我在心里默默祝福着渐渐长大的学生们,拥有自己美好的人生。

多年以后再见可嘉,是2007年左右的一个晚上。当时我回乐山看望岳父岳母,可嘉闻讯专门来看我。虽然好多年不见可嘉了,但似乎变化不大,还是那么漂亮,那么温和,当然比过去大方多了。

只是有一点让我不太"适应",就是可嘉带来一个活泼可爱的小男孩,看上去五六岁吧,可嘉说这是她的儿子。那一瞬间,我感觉思绪有些凌乱,没反应过来:可嘉不还是一个孩子吗,怎么也有了自己的孩子?稍微清醒一下头脑,反应过来了,可嘉都三十多岁了,当妈妈不是很正常吗?

我想,可能许多当老师的都和我一样有一种错觉吧!多年后再见学生,无论他们长多大,在我们眼中,依然是天真活泼的孩子。

可嘉对孩子说:"这是妈妈的老师!"小家伙很有礼貌地说:"李老师好!"记得当时可嘉很是焦虑,觉得孩子太调皮,好动。我对她说,孩子这个年龄不调皮倒不正常,要在尊重孩子天性的基础上慢慢引导他。我送了她一本《爱心与教育》。

后来孩子的成长证明,可嘉是一位好妈妈。注意,所谓"好妈妈"并非意味着培养出了著名的这个或那个,不是的,而是她以平常心陪伴着孩子一起成长,帮助孩子找到属于自己的人生道路。

我觉得目前社会的浮躁,以及许多家长的焦虑,正是不能接受孩子的普通,都渴望孩子能够出人头地做人上人。其实,只要所有的爸爸妈妈都能以寻常心看待孩子,陪伴孩子,帮助孩子,让孩子一生健康、善良、正直、有教养、能够自食其力,并以自己的方式服务社会。这样的家长,就是最好的家长。

我之所以把可嘉看作我优秀的学生之一,就是因为她是一个好妈妈,她对教育孩子有着理性的认识。她说:"现在的教育把所有的孩子往一个出人头地的方向赶，所有的父母都巴不得自己的孩子成龙成凤，这背后的原因或许是中国执行数十年的独生子女政策，每个家庭都把全部希望寄托于一个孩子身上；也或许因为中国人一直以来信奉'万般皆下品，唯有读书高'这一理念；再或许是社会竞争激烈，不读一个"985""211"，就无法找到一份体面的工作。如您所说，教育有100种可能，每一个人有不同的个性、天赋、机遇，每一个人都有属于自己的人生位置和幸福，我所理解的这种教育就应该是顺势而为，帮助每一个孩子成为更好的自己。"

关于她对自己儿子的教育，她在写给我的材料中有这样的记录——

我的孩子是个男孩，从小古灵精怪，精力旺盛，在他成长的岁月里，发生了很多让我烦恼不已的事情。被老师请家长是家常便饭，不足为奇，在很长一段时间里我一直觉得他有多动症，甚至带他到华西看过儿科医生，直到医生说他能静下来做他感兴趣的事，读他喜欢的书就不是多动症，我才松了一口气。

儿子在读幼儿园小班时，有一天下午幼儿园老师语气焦灼地给我打电话，让我立即到幼儿园一趟。我不知道发生了什么情况，匆匆请假后就往幼儿园跑，到了一看，天哪！此时的天空正下着雨，一群小家伙却拿着小水杯在园区的操场上你推我挤地疯跑，全部淋成了落汤鸡，不知道在干吗。孩子的班主任老师正跟在这群孩子的屁股后面声嘶力竭地劝导着，看到我的到来，老师没好气地说："快管管你的孩子……"直到把孩子们安顿好以后，我和我儿子一起站在墙角接受帮助时，我才知道发生了什么事情。原来下午孩子们午觉睡醒后，天空下起了绵绵细雨，我的儿子突发奇想，要尝尝雨水和保温桶里的水味道有什么不一样，趁老师不注意，他拿着小水杯跑到雨中，就着雨水干了一杯，可能是觉得味道不错，跑回教室向同学们大力宣传这天赐好水，然后所有的小朋友就都跑到雨水中用小水杯接雨水喝。我儿子还发明了好几种接法，让大家用衣服上的小帽子接，脱掉鞋子用小皮

给一点时间，豪你长大

鞋接，总之小朋友们全部玩得不亦乐乎，老师无法控制局面才给我打了电话。后来的事不用说都可以知道，我和儿子被帮助了很久很久。

读到这里，我不由得感慨，孩子们多可爱呀！可嘉儿子多聪明啊！他们对世界的好奇，正是大人们应该竭力保护的创造性源泉。我两次去丹麦考察幼儿教育，这事如果发生在丹麦的幼儿园，老师们会鼓励孩子们的行为，绝不可能批评孩子，甚至连家长一起批评。一个只有五百多万人口的丹麦，却有13位诺贝尔奖获奖者，人均世界第一！从这里，我们看到了中国教育和丹麦教育的差距。

随着儿子进入小学阶段，他的奇思怪想就更多了，当然我去学校的时候也就更多了。入学第一天，课间休息时间到了，所有同学都回到教室里等待上课，唯独他继续在学校河边的小草地上堆泥巴拒绝进教室。班主任老师找到他时还振振有词："我的温暖的小屋还没有搭好。"在他身上发生的这类特立独行的事情特别多，以至于我长期身心疲惫。只要接到孩子班主任老师的电话我就情绪紧张，忧心忡忡，在这种身心焦虑的情况下，每次他"闯祸"后，回家都会被我们轻则吼叫呵斥，重则"笋子炒肉"……渐渐地，我发现孩子不爱跟我分享他的校园快乐生活了，不愿让我陪他玩喜欢的游戏了，甚至有时候都不愿听我对他说话了，晚上睡觉有时候还会在梦里大叫几声："我不，我不！"我知道我的教育出问题了，孩子和我之间最珍贵的亲情没有了，我惶恐不安，却又束手无策。

可嘉曾经有过的家庭教育误区，是许多家长都经历过的。我们的老师和家长，常常用自己的眼光去看孩子，用成长的标准去束缚孩子，而忘记了尊重孩子的精神世界。一切都必须整齐划一，所有孩子都必须听话！为了达到这个目的，陶行知当年所批评的现象一直在重演，就是学校老师和孩子父母联合起来压迫孩子！可以毫不夸张地说，中国和发达国家的差距，追根寻源是教育的差距，是对待孩子态度上的差距。

直到有一次，我带他到您家里，希望您能给我支着，您还记得吗？当时您和孩子非常温和地交谈，孩子回家后说："李老师是妈妈的老师，但是一点都不凶，一点都不像老师。"当时您给了我一本《爱心与教育》，读后我陷入了沉思。

有一天下午，我又接到了孩子老师的电话，让我去一趟学校。领到"圣旨"的我又急匆匆来到了老师办公室，看见孩子正垂头丧气地站在桌旁，孩子的数学老师怒气冲冲地指着一张孩子的试卷："你看看，你儿子的半期考卷，做成了什么样子！"我定睛一看，这是一张数学试卷，有简答题、问答题，每道题下面都有工整的回答，每道题旁都画了代表正确的红钩，那就是全对了，做得很好呀。我带着心虚，小声问老师："这全对有什么问题吗？"老师哼了一声："全对？你翻一面看看！"我翻到试卷的背面，天哪！试卷的背面干干净净，一道题都没有作答。"看到了吧，你儿子觉得自己全部都做得起，所以简单的计算题干脆不做！这是什么行为！必须好好教育！"在一阵阵老师的批评声和我的附和声以后，老师以斩钉截铁的口气告知我："必须把他这个毛病尽快纠偏！"在领着孩子回家的路上，我没有吼叫，没有批评，反而破天荒地问孩子肚子饿不饿，我至今都记得儿子当时受宠若惊的小表情。在饱餐了一块蛋糕后，孩子轻轻摸了摸我的手："妈妈，你不要生气，我不是故意不做的。"我用鼓励的眼光，微笑地看着他："那是什么原因呢，能给妈妈讲讲吗？"儿子受到了鼓励，接着说："我做得慢，如果从头往后做，大题的那面我就做不完了，但大题的得分最高，我就想先做有大题的那面，然后再做前面，但是等做完一面，铃声就响了。"看我没有像往常一样开始批评他，儿子接着说："但是我保证我做了的题全是对的，一道题没有错，因为我做得慢，我检查了的。"看着他涨红的小脸蛋，我突然明白了，我的孩子就是这样的存在，他是一只慢吞吞的蜗牛，有自己成长的规律，着急是没有用的，与其逼着他非要和其他同学一样，甚至为了给自己挣面子而强迫他做不愿意的事情，是没有太大意义的。明白以后，凡事关儿子的事，尽量让他自己拿主意做决定，然后把各种可能的后果都告诉他，成功失败都由他自己慢慢体会个中滋味，而我只需尽力成为孩子成长路上的温和的引路人。

读到这里，我特别感动！可嘉真的是一位优秀的母亲，她理解孩子，而且一直在精神上尊重和陪伴孩子。"凡事关儿子的事，尽量让他自己拿主意做决定。"这就是在培养有独立人格的未来主人，而不是圈养终身依赖父母的"巨婴"。尤其难能可贵的是，可嘉明白了自己作为母亲最重要的责任是："尽力成为孩子成长路上的温和的引路人。"多少父母至今没有明白这个最基本的道理啊！因此，不少父母至今还在为"应试教育"助纣为虐，就毫不奇怪了。只是可怜了孩子！

儿子现在已经就读大学，在学习的道路上，也充满了波折和艰辛，也并非事事如愿，但儿子却说非常感激他的妈妈，因为我尊重他，理解他，哪怕在世人的眼光中不算成功，不算优秀，但这段属于他自己的人生，独一无二。我给予了他思考权、决定权，这是很多跟他同龄的孩子没有的经历，他感到非常开心，他请我放心，他知道以后的路更要自己独自去闯，他充满信心！

什么叫"优秀"？

在一般父母眼中，当大官、发大财，或有显赫的社会地位……总之是"人上人"，至少得是邻居羡慕的"别人家的孩子"。可惜这样的"优秀"者永远是个别，更何况有时候为了实现这种"优秀"所付出的代价，很可能是孩子天真烂漫的童年和纯真无瑕的童心。

《人民教育》原总编、国家督学傅国亮先生曾发问："为什么我们的家庭教育培养不出正常的儿童?"这个问题问得真好！所谓"正常的儿童"就是普通的孩子，如果一个家庭培养出的孩子，能够如当年陶行知所说："滴自己的汗，吃自己的饭，自己的事自己干！"这样的孩子，就叫"优秀"！

"我给予了他思考权、决定权，这是很多跟他同龄的孩子没有的经历"，这样的母亲就是优秀的母亲；"他请我放心，他知道以后的路更要自己独自去闯，他充满信心！"这样的儿子就是优秀的儿子！

虽然我眼中的可嘉依然是一个可爱的小姑娘，但她毕竟长大了，成熟了。她对我说："岁月匆匆，转眼我们已经人到中年，上有老人下有孩子，老人已经年老体迈，疾病缠身；小孩尚未进入社会，未来不定；而我自己每天被工作生活填得满满当当，不知不觉中，容颜老去，白发已经爬上头顶，才明白了时间如白驹过隙，弹指一挥间。现在的我比年轻的时候更多了一份恬淡从容，努力珍惜身边的一切，步入中年，也唯有中年，才能既体会青葱到成熟的滋味，又能把握当下沉淀喧闹的人生！"

对此，我坚信不疑。

2018年7月21日，应学生的请求，我回到乐山一中为在乐山的历届学生上了退休前的"最后一课"，可嘉也来了。

下课时，全体起立，唱响了当年由谷建芬老师谱曲的班歌《唱着歌儿向未来》："蓝天高，雁飞来，青青松树排成排。我们携手又并肩，唱着歌儿向未来……"

我看到，可嘉也精神抖擞地唱着，意气风发，那纯真的眼神一如当年。

可嘉，童心可嘉，青春可嘉，人生可嘉。

耿梅教我当老师

李镇西

一

1982年3月，当我第一次当班主任拿着学生的花名册研究时，我在"耿梅"这个名字后面的"家长姓名"一栏，发现了一个熟悉的名字：耿道云。

这不是耿叔叔吗？他是我爸爸的同事。

我爸爸曾在乐山地区（后来的乐山市）教育局工作，我们住在机关大院，自然常常和爸爸的同事——我叫"叔叔""阿姨"的见面，耿叔叔便是其中一位。虽然当时我才几岁，和爸爸的同事不可能有太多的接触，但和善亲切的耿叔叔我是有印象的。

我记得耿叔叔有一个儿子叫耿红，但对耿梅没印象。我父亲在我9岁的时候因病去世，我家便从机关大院搬到了我母亲所在的学校。

没想到十多年后，我成了耿叔叔的女儿耿梅的班主任。

接了这个班，我注意到了耿梅。她是一个很文静的小姑娘，成绩很不错，字写得很好，所以班上或学校办黑板报时，她瘦小的身影常常出现在黑板报前。记得有一次，我路过学校黑板报，看到正在写粉笔字的耿梅写错了一个字，将"犹豫"的"豫"的偏旁"予"写成了"矛"。我给她指出这个错误，小姑娘的脸一下就红了，赶紧改正。

后来去她家家访时，害羞的耿梅给我打了个招呼，便躲进自己房间里了。我现在想不起当时我和她爸爸妈妈聊了些什么，只记得作为晚辈，我还是比较拘谨的。不过，有一点我印象很深——当时耿叔叔还说起我父亲的善良与才华，直说："太可惜了！"从我记事起，我父亲在我心中就特别温暖而高大，他去世时年仅32岁，我不断听周围的叔叔阿姨说他"年轻有为""正直有才"，所以我看到爸爸的同事，就像看到了爸爸。很自然地，我心里就很想尽可能多关照耿梅。

但耿梅实在是不需要我特别关照。刚才说了，小姑娘成绩好，性格温顺，几乎不违反纪律，因此，我有心关照也使不上劲。现在想起来，耿梅应该属于那种因为放心而被我忽略的学生。

二

然而，有一次我的"重点关照"不但深深伤害了耿梅，而且成了我至今想起来都愧疚不已的教育失误。

那天做课间操，我照例站在操场边看班上的学生做操。这时候，我发现队列里的耿梅并没有认真做操，她一边很敷衍地伸展着肢体，一边与旁边同学在说着什么，说着说着还笑了起来。和周围认真做操的同学相比，特别令人瞩目。

看着来回巡视给各班打分的学生干部，我急了，知道耿梅肯定会让班上扣分的。对于刚刚工作不久的我来说，把"班级荣誉"看得比什么都重要。于是，我高声呵斥道："耿梅，说什么呢？为什么不好好做操？"

我的声音很大声，不但耿梅旁边的同学听见了，而且周围班级也有同学听到了，他们不由自主地朝耿梅看去。耿梅的脸一下就红了，而且表现出很恼怒的表情，她居然嘴里还顶撞了我一句。她声音比较小，我没听清楚她说的什么，但她顶撞我是肯定的。

我万万没有想到，平时那么温和的耿梅会顶撞我。一个小姑娘居然敢当众顶撞我，我作为一个老师，一个堂堂小伙子，脸面往哪儿搁？

课间操结束后，回到教室里，我当着全班的面，说了刚才耿梅课间操违反纪律的事，重点说了她不仅拒不接受批评，还和我顶撞。

想到她居然敢在大庭广众之下顶撞我，越想越气，我忍不住大声说道："不认真做操，还不接受批评，真是厚脸皮！"

这下耿梅再次愤怒了，她争辩道："我不是……"

"你还有理！"我打断她的话，"站起来！"

耿梅不得不站了起来，但满脸的不服。

我以更高亢的声音呵斥道："你不服气？你觉得你不是厚脸皮？好，我们来看看，耿梅的脸皮究竟厚不厚？做操不认真，完全没有一点荣誉感，这是厚脸皮之一；老师批评还不知道自己错了，这是厚脸皮之二；不但不接受老师批评，反而顶撞老师，这是厚脸皮之三；到现在还不知道自己的脸皮很厚，这是厚脸皮之四……"

三

讽刺挖苦，尖酸刻薄，势如破竹，雷霆万钧……自以为雄辩，自以为得意，心里想的是：跟我斗，哼，你还嫩了点儿！我就不相信我一个小伙子，打不下你的嚣张气焰！

我完全不顾耿梅的心理感受，只顾自己发泄。当时全班同学都看着她，可怜的耿梅羞愧地低着头，却一点儿都没有哭。

让我恼怒的是，被我骂得狗血喷头的耿梅居然就是不认错。

我只好拿出了当时我认为最厉害也最有效的一招：请家长。

现在我记不得当时是她爸爸还是她妈妈来的，也不记得当时是怎样和耿梅父母交换意见的，总之我肯定是"告状"。按我当时的"逻辑"，应该是强调耿梅如何不守纪律，我批评她时她如何与我顶撞，而且到现在都不认错。我肯定不会主动说我当时的"批评"是怎样地伤害了耿梅的自尊心——不过，说实话，我也不是有意隐瞒我教育粗暴，因为当时我没认为自己有什么错。"严格要求"嘛，这有错吗？

虽然我是耿梅父母看着长大的，他们是我的长辈，但他们却把我当老师来尊敬，毫不犹豫地站在我的一边，维护我的威信。不知道耿梅给他们说过我骂她"厚脸皮"没有，总之我想，耿叔叔是从支持我工作的角度，配合我教育女儿的。当然，这也体现了他们那一代人高度的修养。后来耿梅向我表示了认错。这事才算完结。我终于取得了"胜利"。

随着时间的推移——其实也没有多久，最多一周吧，耿梅见了我，目光便恢复了温和与尊敬。孩子毕竟是孩子，他们很单纯，至少大多数的孩子是不会记恨老师的，哪怕老师的教育行为有些过分。

四

耿梅的确很善良。1983年年底，我在班上举行了一个迎接1984年新年的晚会。事先我设计了一个通信游戏，就是让同学们事先任意给班上同学写信，然后在那天的晚会上拆开阅读。

在这个班的毕业纪念册《未来》上，刊印着耿梅的两封信。一封是写给陈晓梅同学的——

陈晓梅同学：

你好！

1984年就要到了，祝你新年快乐。

算来看，我们俩闹不团结已经整整有一年半了，其实这些都是不该发生的。那时我们都不懂事，为了一本书竟吵了起来，从此没有再理会过对方。后来有一次，那还是上学年的时候，语文小组去大佛坝玩耍。毛利为了使我俩搞好团结，叫我们互相握手、叫对方的名字。我同意了，站了起来，可你仍坐在草地上不愿起来。说真的，在这以前我并不怎么恨你，可当我看见你傲慢的态度，我气得鬼冒火，重又坐回了草地。从此，我发誓，我再也不理你了，因为我长这么大，从没经受这样的侮辱。所以这件事还深深地印在我的脑子里。

去年元旦，收到李老师转来的条子，知道你愿意同我搞好团结了。但当时的我却犹豫不决，是违背自己的诺言，还是根据良心行事，同你搞好团结？我没有给你答复。

不久就要毕业了。难道我们要带着昔日的怨恨分手吗？难道我们以后在街上碰着，就只能瞪眼睛，互不理睬了吗？我想：这绝不是我们两人愿意做的吧？

毕业了，我们也许以后不会再常见面了。我想我们应该珍惜这不多的时间，我愿意重新成为你的好同学，你愿意吗？我等着你给我的答复。

耿梅
1983年12月29日

40年后我重读这封信，不禁笑了起来，当年的小姑娘多么天真，连赌气都那么可爱！耿梅把自己对陈晓梅的心理变化写得非常细腻，而且真实。最后善良的她还是战胜了自己，向陈晓梅同学敞开了友好的胸怀！因为同样可爱的陈晓梅也很善良，两个小姑娘从此成了好朋友，这份友情一直保持到现在。所以后来我对历届学生说过："你们现在闹个别扭，几十年后想起来，不就是童年趣事一桩嘛！"

五

还有一封是写给姜茹同学的——

姜茹同学：

你好！

1983年要过去了，1984年即将来到。不久我们将欢聚一堂，共庆佳节。祝你节日愉快！

姜茹同学，每当我听到你爽朗的笑声，我很羡慕你。你真是我们班上名副其实的最爱笑的同学。姜茹同学，我发觉你很能干，又很关心班集体，并且有吃苦耐劳的精神，这是我应该学习的，希望你能发扬自己的长处。

姜茹同学，明年我们就要毕业了，我想你和我一样都很舍不得离开这个班集体吧。确实，这个班集体太好了，我常常为自己没有多为班集体多出点力，而感到内疚，而你在这方面却表现得很好，希望你能好好地帮助我。

姜茹同学，你在学习上还是可以的。马上就要毕业了。希望你能抓紧一切时间认真复习，我衷心地祝愿你能考上乐山一中的高中，我想你一定不会使我失望吧。

祝你身体健康！

耿梅

1983年12月19日

这封信，最集中地体现了耿梅对同学的欣赏和对班集体的爱。"我常常为自己没有多为班集体多出点力，而感到内疚。"多么真诚单纯的"内疚"，其实耿梅为班集体也做了不少事，但她觉得和姜茹同学比，还远远不够。

六

1984年7月3日，是耿梅这个班毕业的日子。学生们刚刚参加完学校

给一点时间，

象你长大

的毕业典礼，他们已经拿到了初中毕业证书，回到教室端端正正坐好，等待着我最后嘱咐几句，然后这个班就算彻底解散了。

但我不想简单地"嘱咐几句"，而打算开最后一次班会，内容就是读学生们给我写的信，主题是"帮助李老师改正缺点"。

前一天，也就是1984年7月2日，我给学生们布置了最后一次"作业"。

那段时间，我一想到我带的第一个班即将毕业，心里还是有些怅然。虽然只带了两年半，但这毕竟是我教育的"处女作"。因此，哪怕平时最让我头疼的学生，我都有一种不舍。尤其是想到我经常对他们发火，心里还有一丝愧疚。由此联想到自己带这一个班的点点滴滴，觉得有许多遗憾。

我决定在这最后的时刻，请全班学生为我做一件事。

那天放学时，我说："同学们，明天你们就要毕业了。这意味着你们的初中生活结束了，但李老师的教书生活才刚刚拉开序幕，你们就是我的序幕。对我来说，未来还会有许多班的学生等待着我，我还要一届一届地教下去，我的目标是成为一个好老师。但回想教你们期间，我显然还不是好老师。毕竟你们是我教的第一个班，我承认我非常投入，但我除了激情，一无所有。没有经验，没有技巧，更没有什么教育艺术，相反，犯了许多错误，有的错误我知道，有的错误我还不知道。明天你们要离开我了，我请你们和我告别之前，给我留下一封信。"

学生们听了有些诧异，他们不约而同地抬起头看着我，眼睛里充满询问。

我说："这封信的内容，就是给李老师提意见。注意，只能写你认为李老师做得不对的地方，不要写李老师的优点。平时你们写作文，写贺卡，都把李老师夸得很好了，现在没必要再重复那些话，你们只写李老师的缺点。"

教室里静静的，学生们好像在琢磨我说的话。

我解释道:"刚才我说了,我还要继续当老师,而且争取当好老师。而当好老师就必须知道我现在哪些地方做得不好。你们给我写一封信,就是帮助我知道自己存在的缺点,这样就好改正。你们不过是给我写一封信而已,但对我来说,每一封信都是一面镜子。如果以后李老师真的成了一名好老师,我首先得感谢你们今天的帮助,感谢你们今天写的信!"

我还特意解释说:"为什么要到毕业前夕才让你们写信呢?因为你们马上就毕业了,可以大胆地写你们的真实想法,不必担心李老师不高兴。就算我看了你们的信很生气,也拿你们没办法,因为你们已经毕业了。"

我说得很真诚,学生们也听得很认真。

七

第二天,也就是1984年7月3日早晨,每一个学生都交上了他们写给我的信。

上午,在学校操场举行完毕业典礼,学生们拿着毕业证回到教室里坐下,听李老师为他们上的最后一堂班会课。

整整50封信,放在讲台上。

"同学们,谢谢你们写给我的信。现在,我打算当众读一读你们写给我的信,同时解剖一下自己。"说着,我随机拿起了一个信封,掏出里面的信,读了起来。

"我觉得,您对同学们了解得还不够,"这是黄慧萍的信,"是的,您把我们当作您的朋友,把自己的理想和希望寄托在我们身上,但是不管是希望还是理想,您应该在了解我们的基础上给予寄托,同学们才会真正受教育,这样您的理想和希望才会在不久的将来实现。"

我说:"黄慧萍同学说得好!只顾向同学们灌输,这的确是我教育的不足。"我心里真的觉得黄慧萍说得好,尽管她还只是一个初中生,但她对教育的认识并不亚于老师。

龚驰群来信说:"您的脾气有些急躁,有时候控制不住竟对我们大发雷霆,使我对您有些'恐惧',请您改正这个缺点,别让下学期的小同学也对您产生'恐惧'。"

我说:"谢谢龚驰群同学!我完全接受你的批评,以后尽量改正。"

"您应该多多注意保护您的身体,若不是什么特别要紧的工作就千万不要熬夜,现在正是您为党为人民工作效劳的时候,怎能年纪轻轻的就把身体搞垮呢?"这是白敏同学信中对我的忠告。她这条"意见",是有所针对的,因为在教这个班时,我因为工作太投入,一度严重失眠,还曾住院。所以,她的这些话代表了同学们对我的关心。

"谢谢白敏同学!谢谢同学们!"我真诚地说。

一封信一封信地读着,同学们静静地听着。

八

我又抽出一封信,这是耿梅写的。全文如下——

敬爱的李老师:

您好!

三年来,您在我们的身上花费了不少心血,同学、老师、家长都是看见了的。您工作负责、大胆,富有创新精神,把我们未来班搞得生气勃勃。我们深深地感谢您!

在这即将分别之际,您诚恳地叫我们给您提提意见。好吧,如果提得不对,请李老师原谅。

第一,我发现你对中等生关心不够。当然,您还是很关心那些上等学生和差等学生的,但往往忽视了中等生。就说李燕琼吧,她明明有不少缺点,您却很少找她摆谈,这使李燕琼产生了畏难的情绪,其实您发现了这些同学的缺点,就最好找她个别谈一下,时间不论长短，这些同学他会很感动的。

第二，你有时批评同学语言很尖刻。李老师，您还记得吗？一年级时，有次我违反纪律惹您生气，您不但请来了我的家长，而且当着我的面在全班同学面前不点名地说我"脸皮厚"……当时我不服气，小声争辩了几句，您便严厉地叫我站起来，并列数了我'脸皮厚'的六个标志，同学们都看着我，我羞愧极了，但咬着牙硬是没哭。当然，您也许是对的……但您知道吗，您已经刺伤了一颗幼小的心。

李老师，我知道您很爱我们，当时我的确也做得不对，违反了纪律，您严厉批评我，也是为了我好。但是，我希望李老师教下一个班的时候，批评同学一定要注意方式方法，尤其不要用伤害同学自尊心的语言。

敬爱的李老师，以上意见可能提得不对，也是对您的误解，但请您能谅解我，我作为李老师大学毕业后的第一批学生之一，衷心祝愿李老师能在今后的工作中保持自己的优点，改正自己的不足，把以后的未来班搞得更好，能在教育事业上做出一番成就。但愿再过十几年、几十年，我回到母校，能够看到一个更加朝气蓬勃的未来班和她的班主任！

此致

敬礼

学生　耿梅
1984年7月2日

这封信我读得很艰难，很负疚，好像是在读一封检讨书，是在向同学们检讨自己一个难以启齿的严重错误。中途几次不想读，因为重现那个场面，我羞愧得无地自容。但我还是鼓起勇气读了下去，因为我想以这种方式，向耿梅道歉。

九

读完了这封信,我好几秒钟说不出话,因为不知道说什么。沉默了一会儿,我还是开口了:"真诚谢谢耿梅同学!现在我要郑重地说,李老师当时错了,的确错了。我向耿梅真诚道歉!虽然我给耿梅造成的心灵伤害已经无法消除,已经发生了,不可能挽回了,但我尽量在教下一个年级的时候,不犯同样的错误,不让我的学生再受到这样的伤害!"

这堂班会课的最后,我说:"我真想重新当一回你们的班主任啊!很遗憾,这是不可能的。时光一去不复返,犯过的错误永远没有机会消除了。但你们给我的这50封信,我将永远珍藏。这是50面镜子,随时照着我,也提醒我。下学期,我的工作应该会有所改进,将来也许我会取得比较大的成绩,甚至成为同学们祝愿的那样优秀的老师,而这一切都与你们写给我的50封信分不开。我永远感谢你们,亲爱的同学们!"

当天晚上,我把耿梅这封信一字不漏地抄在我的随笔本上,作为对我的警示。

耿梅初中毕业了,因成绩优秀考上了本校高中,但不再在我班上。

在1984年秋季运动会上,我参加了男子1500米长跑。跑到最后,我筋疲力尽,一步一步跑向终点,几乎要倒下了。这时,我听到跑道旁一个胆怯、羞涩的声音:"李老师,加油……"人声鼎沸之中,这一声最让我感动,因为这是耿梅的声音。她在初中时,曾被我伤过自尊心,但是耿梅并没记恨我,反而在我危急的时候送来一股温暖的力量,感动中我有几分惭愧。

几十年的教育生涯,正是一个又一个耿梅让我明白一个道理,学生的胸襟很多时候比我们当老师的要宽阔不知多少倍!

因为高中没教耿梅,我和她接触渐渐少了。时不时在校园里碰见,她总是微笑着招呼我:"李老师好!"

十

后来耿梅考上大学,分配到了广东工作,我和她便渐渐失去联系了。一直到近30年以后,她回四川时来看我。我拿出了我原文抄写的她当年写给我的那封信,她无比感动。我说:"正是你教我当老师!"

2014年8月,耿梅这个班——也就是让我和我的学生共同自豪的"未来班"毕业30周年聚会,聚会后大家决定编一本书,每个同学都写了一篇回忆文章。耿梅的文章里面有这样的回忆——

> 我还记得年轻毛头小伙子李镇西老师来接任语文老师和班主任时,我很不以为意,但随后被他的《青春万岁》《钢铁是怎样炼成的》等震撼了,后来我看过原著、看过电影,但始终不及老师当年在下午读报时间给我们朗诵时给我的震撼。因为他,我不多的中学记忆中还留存着第一次家访(那天,我忐忑地躲在另一个房间)、请家长(严重惩罚)、太阳岛(不知太阳岛是否还记得三十年前的一群小屁孩在你怀抱里撒野奔跑)、篝火晚会(我至今还保留着篝火晚会那本小册子)等,老师以他对学生的爱和执着成就了今天的教育界达人。

在这段文字中,耿梅提到了当时她对我出任班主任和语文老师"很不以为意",其实这不是她一个人的"不以为意",几乎所有学生最初都不接受我。

对此我得做点儿背景补充。由于1977年恢复高考太突然,来不及组织高考,所以77级大学生整体上推迟半年高考,也推迟半年入学,自然也就推迟了半年毕业。也就是说,我是1982年2月大学毕业到乐山一中报到的。那时候,耿梅和他的同班同学初中已经读了一学期,我是初一下学期教他们的。当时,这个班的班主任是体育老师冯宗秀,这是一位非常和蔼可亲的老师,深受孩子们的爱戴。所以,当得知我要出任班主任,会"夺走"他们的冯老师时，孩子们自然难以接受。

十一

但是，我很快赢得了学生们的欢迎。后来耿梅在另一篇文章中再次谈到——

> 李老师是初一下学期任我们班主任兼语文老师的，当时蛮失落，觉得他太年轻，但由于父辈曾为同事，因而多了几分亲切。现在想想我中学时代最难忘的就是初中几年，那时最开心的就是每天下午班会听李老师朗诵《青春之歌》《红岩》《钢铁是怎样炼成的》《爱的教育》，讲时事新闻；周末去太阳岛晒晒太阳，创作小诗歌，打打游击战；还有初三的篝火晚会，那时年少的我们展望将来、憧憬美好未来，所以有了未来班，有了谷建芬老师的作曲。我还记得李老师让每位同学用顶真手法创作未来班诗歌，发动同学刻印未来班纪念册。终于我们成了别人家的班，有了别人家的班主任。

她还谈到我对她人格形成的影响——

> 李老师对教育事业、对学生的热爱，对社会不良现象的愤怒及强烈的责任感，他通过他的讲堂影响着我们。很感谢在那个百家争鸣、百花齐放的年代，我们有幸遇见李老师，明白了何谓真、善、美，何谓正直、责任与担当。

毫无疑问，耿梅所写的都是真诚的，是少年的她对我真实的印象，但这只是部分的真实，因为她只字没提我曾当众破口大骂她"厚脸皮"。我想，她不是忘记了，而是真诚地原谅了刚大学毕业的年轻的李老师。

看看，无论当年我多么对不起耿梅，多年后她回忆起李老师，记住的全是李老师的好，而把我对她的伤害"忘"得干干净净。

我再说一遍，学生的胸襟永远比老师开阔！

十二

长大后的耿梅从事金融工作。关于她后来的人生，耿梅自己写文章是这样叙述的——

> 大学毕业以后我来到了广州，与李老师也失去了联系，到过企业，后来一直在银行工作。其间我也曾经历委屈、失望、挫折与失败，如今回头来看，都是一种历练。我们从小到大都被家长、学校保护得很好，我们接受的都是只有一个正确答案的、象牙塔式的教育，但中国社会很复杂、中国各阶层的利益需求很多元。

耿梅也曾遇到善良正直与现实的冲突——

> 在银行从事信贷工作多年，面对的企业千姿百态。记得刚从事信贷工作时，接手一家企业的融资，老板老实本分，企业经营暂时艰难，年轻气盛的我很想帮帮他，但被告知仅凭你的善良能保证贷款顺利回收吗？后来遇见一家企业，老板八面玲珑，企业表面辉煌，实质却现金流枯竭，当简单地想否决该笔贷款时，却又被告知企业在某一领域有尚待挖掘的经济利益，可以继续支持！凡此种种，工作不再是简单的1+1，而是各种利益的博弈。很感激李老师当年的素质教育，使我能在保持正直善良的前提下，苦修内功，提升自己的专业水平，有幸能帮助不少企业真正解决资金需求问题，不忘初心，方得始终。

可爱的耿梅，原谅了老师对她的心灵伤害，却记住了我曾对他们通过《青春万岁》《爱的教育》等文学作品播下的真善美的种子。当年我在读这些小说时，并没有想过"一分耕耘一分收获"，但雨露一旦洒进心灵的原野，沉睡的种子必然会发芽。至于什么时候发芽，在什么地方发芽，则因人而异。所以，教育不必随时惦记并纠结"一分耕耘一分收获"的急迫与功利，而应该有一种"只管耕耘不问收获"的从容与超越。

十三

大概是在 10 年前，我在广东再次见到了耿梅。当时我送了她一本书，书名叫《做最好的老师》。之所以送她这本书，是因为我将曾经伤她自尊心、她毕业前给我写信的事写进了这本书。

我对她说："我要用我的教训告诫现在年轻的教育同行，一定要尊重学生的人格，不要伤害他们的自尊！"

几天后，耿梅给我发来手机短信："李老师，您的确是我遇到过的最好的老师！"

不能说耿梅的话不真诚，但似乎不合逻辑：我刚当老师便严重地伤害了她，怎么可能是"最好的老师"？何况，我当时毫无教育经验，无论从哪个方面讲，都不能算"最好的老师"。但后来仔细一想，她可能想表达的意思是，我是最真诚的老师，而"真诚"，是好老师的最重要的品质。这可能就是她说我是"最好的老师"的逻辑。

2018 年 8 月，在学生们的提议下，我回乐山一中在当年给学生们上过课的阶梯教室，上了我退休前的"最后一课"。

耿梅专程从广州赶回来听我的"最后一课"。而与她一起回来的，还有一位帅气的小伙子，耿梅介绍说："李老师，这是我儿子，刚刚高考结束，我对他说，走，回四川听妈妈的老师上最后一课！"

后来耿梅也在文章中记录了这一幕——

当我儿子高中毕业、即将上大学之际,那年暑假我携儿子回去听了李老师的最后一节课,听李老师讲《一碗荞麦面》。过后儿子说,这节课与过往听的课都不同,能感受到李老师的激情,能感受到爱的传承。

当时,我站在讲台上,看着已经不再年轻的耿梅目不转睛地看着我,他的儿子也专注地凝视着我。恍惚中,我好像回到了40年前,看到了文静而羞涩的耿梅……

像洛桑的天空一样晴朗

成都市龙江路小学武侯新城分校　陈　华

当下最有名的偶像明星有谁？被网友称为"天才少女"的滑雪运动员谷爱凌一定榜上有名。闪闪发光的她，无论成长经历，还是学习方法，都能成为大家热议的话题。

这让我想起了一个名叫"洛桑"的藏族男孩，他不是奥运赛场上闪亮的体育明星，也不具有"学霸体质"，却是我记忆里一抹温暖的阳光。

初识洛桑

初见洛桑是在教导处办公室，有个身着藏族传统服饰的妇女带着一个腼腆的小男孩，那孩子长得又黑又壮，笑起来露出一口洁白的牙齿，纯净得像高原的阳光。他，就是洛桑。

洛桑从小生活在甘孜州，由于父母离婚，母子俩便到了成都，暂住在市中心一处合租房里。周边没有学校愿意收他入学，于是母子俩以租住地为中心往城外学校碰运气，在我们学校门口正好遇见了校长。一番结结巴巴却真挚殷切的言辞打动了校长，争取到了洛桑入学的机会。

这个孩子只能听简单的普通话，不会写汉字，家长无法辅导，家庭情况也很复杂。现在，这颗烫手的山芋就落到了我的手里。

适应环境

开学第一周,我发现洛桑虽然完全没有学习基础,甚至连握笔姿势都不对,但他从不迟到,性格开朗大方,我一下子就喜欢他了,决定帮他尽快适应环境。

语文课上,要写"田"字,我讲解后要求学生自己描红写字,有双眼睛却在东张西望,是握笔都不熟练的洛桑。

我走到他身边,小声地说:"我来帮你吧!"

他羞涩地点点头,腼腆中带着期待。

于是,我站到他身后,握着他的手一笔一画地写起来,一边写一边告诉他写字的要诀。写了几个,我们又换到高度更适合的讲台上去写。就这样过了两周,他渐渐能独立书写了。

课间休息,我经常找他聊天,我们连比带画地聊得挺好。同学们也会围过来,七嘴八舌地问这问那。

虽然起跑线落后了一大截,但洛桑渐渐学会了读书、写字、说普通话,能够跟其他同学一块儿学习和玩耍。

一份大礼

有一天,我刚教研回来,就被一份"大礼"砸得晕头转向。洛桑带着我们班的男生跟另一个班男生打了群架,所幸老师及时介入,加上孩子身体皮实,没有人受伤,但思想教育还是要跟进的。

这时的洛桑就很犟了,梗着脖子说自己没错,像一只倔强的小公鸡。我多少知道"用武力解决问题"是他从前解决矛盾最常见的方式,就平静地对他说:"这件事你没错,你为了班级和同学,很讲义气。"然后我慢慢从打架的起因说到各种可能引起的后果,最后还给他讲了"君子动口不动手"的典故。

虽然不知道他听懂了多少，但从他的脸色缓和到恢复如常，我觉得他听明白了。

往后的日子里，洛桑时不时与人发生肢体冲突，我都没着急上火，毕竟，过往的生活经验对现在的影响不是那么容易消除的，而且，他的出发点都不坏，只是喜欢使用武力。但我仍坚持"三明治"式谈话（在批评心理学中，人们把批评的内容夹在表扬和期望中，从而使受批评者愉快地接受批评的现象，称之为"三明治"式批评）。事实证明，这也很有效果。

这世间，唯有真诚的善意会被学生第一时间感知。如果要在全盘否定式批评和"三明治"式批评中选择，有哪个学生不愿意听老师带着善意的批评和提醒呢？

另辟蹊径

我慢慢发现，洛桑真的比我们耐寒。他开学穿件短袖，到期末已经深冬了，薄款羽绒服里还是只有一件短袖。操场上，经常能见到一个穿短袖的男孩跟一群裹得跟粽子似的孩子嬉笑玩闹，特别明显，没错——那就是洛桑。

经常有同事会问我："你们班那个藏族男生不冷吗？"

在回答问题之前，我已经问过洛桑很多遍了，也观察过很多次：他的确不怕冷，两件T恤衫可以从夏天一直穿到冬天。

除了特别耐寒之外，他给我的感受是——壮。本地的孩子跟他一比，就只分"瘦"和"胖"两档，只有他属于"壮"。

学校正在发展篮球特色，每年都会从学生中招募队员。洛桑的学习虽然一般，但身体素质特别适合发展体育特长。正好体育老师也注意到了他，于是，从二年级开始洛桑就加入校篮球队了。

校队要求之一是每天早上提前30分钟入校晨训。虽然不收费，但很辛苦，只有真正喜欢篮球的孩子才能坚持下来。

洛桑虽然喜欢运动，但是对篮球一无所知。我想让他对篮球有更大的梦想，怎样激发他的内驱力呢？

我在图书室借了一本关于篮球明星成长故事的书，一有空，我就会讲一两个书里的故事，有时给全班讲，有时单独给洛桑讲。他每次都听得非常专注，仿佛自己就成了其中一个篮球明星。

我也时常跟他开玩笑："等你成了篮球明星，多给我签几个名哦！"洛桑憨憨地笑，眼中闪着星星点点的光。

磨砺生光

夏天过去了，秋天如约而至。二年级开学后不久，我接到了洛桑妈妈的一通电话，她需要回甘孜州一个多月，这期间洛桑由同住的一个阿姨代为照顾，上学和放学就要靠他自己了。

那是怎样一条线路呢？从租住地到学校，换乘公交加上步行，总共需要一小时左右。洛桑还要提前半小时入校晨训，六点半就得从家出发。

当别的孩子还在睡梦中，洛桑已经背上书包出发了；当别的孩子和家人围坐餐桌开始早餐的时候，洛桑已经完成了一趟转车；当爷爷奶奶背着书包，牵着孩子的手送去上学时，洛桑已经在篮球场上训练了好一会儿……

我能为洛桑做什么？只能在他到校以后，问问他是否吃饱穿暖。如果他饿着肚子，我就拿出牛奶和面包，请他帮我"消灭"它们。

放学回家的时间不急迫，可安全问题更为重要。每天我都会计算时间，然后给照顾洛桑的阿姨打电话，询问洛桑是否到家。一次打过去没到家就等十分钟再打，记得洛桑有次接近天黑才到家，我也在电话这端等待了好久，听到他安全到达的消息才放下心来。

一个月后，洛桑妈妈回来了，我才真切体会到"如释重负"的深意。值得欣慰的是，洛桑对篮球越发热爱，球技也日臻娴熟。

给一点时间,

让你长大

刮目相看

人们都说,磨炼使人成长。这话在洛桑的身上得到了很好的印证。

教英语的孙老师给我讲了一个故事,让我对洛桑刮目相看——老师和同学们一起排队打饭,洛桑和小李同学排在孙老师前面。眼看轮到小李了,他刚准备拿起勺子,谁知洛桑一把夺过,迅速递给孙老师,然后对一脸蒙的小李说:"让老师先打!要尊敬老师!"

孙老师把勺子还给了小李,却对洛桑赞不绝口,还有张老师、王老师……许多老师向我表达对洛桑的赞美和喜爱,我因他着实骄傲了好一阵。

也有告状的老师,不过,是这样的内容:"我们班有个淘气的娃往窗外扔水袋,正好砸到你们班洛桑的头上。他带着几个同学跑到我们班上找到了始作俑者,没动手,但是有理有据地把那个娃教育了一顿,吓得那个娃连连道歉,表示再也不敢高空抛物了。洛桑,干得漂亮!"

洛桑不仅口碑好、人缘好,还是学校的篮球明星。他体力好,悟性高,很快就当上了校篮球队的主力队员。

每学期,篮球联赛上都能看见洛桑奔跑传球的英姿;每一年,校篮球队都会捧回市级篮球联赛一等奖的奖杯。全校同学几乎都见过在球场上挥洒汗水的藏族男孩,都知道那个帅气豪迈的篮球队员洛桑。

我发自内心地欣赏洛桑。他尊敬老师,是"文明礼貌"的代名词;他团结同学,没有仗着身形优势欺负过任何同学;他驰骋球场,是校园里熠熠发光的篮球明星。他已经从一个懵懵懂懂的小男孩蜕变成了一个顶天立地的小小男子汉。我教过许多学生,但没有一个学生令我有这样的成就感。虽然这些不全是教育的功劳,但我为自己能成为他的老师而自豪。

尽情驰骋

又一年夏末,洛桑小学毕业,回到了家乡。明媚的阳光照耀在雪山的尖顶上,鲜艳的格桑花在草原上次第开放,这里是离天空很近的地方。

他说,很想念老师和同学们。我告诉他:虽然我们分开了,但老师、同学从来没忘记你,我们的心一直和你在一起。

回到家乡的草原上,洛桑既有篮球特长又有远大理想,还有不错的学习基础,这匹骏马终于要尽情驰骋了。

虽然无法见面,但隔着电话也能感受到他的喜悦,听闻他带着梦想奔赴明朗的未来,我真替他高兴!

如果不是洛桑的到来,我不太可能了解藏族同胞的淳朴善良;如果不是几年的朝夕相处,我也不可能看见一点点力量积攒起来就能欣欣向荣地成长;如果不是共同成长的力量,我也从未想过记录这些琐碎的故事。

省思吾身

随着时代的发展和社会的多元化,像洛桑这样的特殊家庭学生越来越多。他们因各种原因失去了完整的家庭幸福,过早地承受着生活的沧桑,特别容易导致心理和行为上的异常。

作为这些孩子的老师,用正确的方式,做正确的事,就能很好地预防异常的发生,至少能减轻异常的程度,让这些孩子在阴霾中感受到阳光的抚慰,健康茁壮地成长。

如果说我在洛桑的成长路上做对了一些事,我想可以归纳为以下几点:

1. 带他适应环境,使他被群体接纳

这些孩子一般存在自卑心理,有的像刺猬般面对周围的环境,有的还有偏激的倾向。需要老师用和风细雨的态度化解他的自卑,帮他适应环境。在他与同学间搭一座桥，让同学们了解他、认可他，从而被班级学生群体所接纳。

2. 关心他的生活，去除他的后顾之忧

来自特殊家庭的孩子一般被照顾得比较少，生活习惯和学习习惯不太好。作为他们的老师，要在他们的衣食住行等后勤保障工作上花点心思，例如关注是否吃饱，是否穿暖，中高段学生还要关注性别和隐私问题。当生活没有了后顾之忧，他们会更开朗，更自信，更有礼貌。所谓"仓廪实而知礼节，衣食足而知荣辱"也就是这个意思。

3. 分解困难，精准帮扶到位

由于生活环境影响，特殊家庭孩子一般存在学习困难症。我的学生洛桑特别明显，他的学习比本地孩子落后一大截，但我抛弃了偏见，毫无芥蒂地走近他，帮他分解困难，当他的学习步入正轨后，很多焦虑和不适就消失了。

4. 关注特点，培育特长

每个孩子都有自己的特点，但不一定有特长。如果能找出这些孩子的闪光点，加以放大并培育成特长，就能从根本上帮他们消除自卑，走向自信。

洛桑原本对篮球一无所知，但他的身体素质引起了我和体育老师的关注。我们共同培养他对篮球的兴趣，当他享受到胜利的喜悦和成就感后，对篮球的爱就一发而不可收。后来他成了校园篮球明星，有了强大的自信心，遇到困难和挫折，也能积极想办法解决。

看着眼前这一张张笑脸，有时也会想起洛桑那纯净而灿烂的笑容，一如高原的晴朗。

"朝着阳光生长，黑夜就不再漫长。"人在成长的过程中，总会遇到无数的困难和挫折，但还是要心怀期待，只要有追梦的勇气和坚定的毅力，就能积极地想办法解决问题，一定可以走出困境，迎来天朗气清、鸟语花香。

希望所有孩子都能健康茁壮地成长，愿他们的天空能够像洛桑的天空那样晴朗。

去日儿童终长大

成都市武侯实验小学　胡　艳

夏天的傍晚，我骑着电动车，偶遇阿寇踩着平衡车在小路上晃荡。昏暗的天色下，我也认出那个逍遥自在的身影是阿寇，虽依然是细长的身板，但比以前壮实了不少，我不由得叫了他的小名：壮壮！

阿寇愣了下，夜色中疑惑着回答：胡老师？

我们互相凝视了两秒钟，别无他话，我继续骑电动车，他继续踩平衡车，错身而过。面对小学毕业已经一年的阿寇，我似乎有千言万语可说，又似乎无须再有过多的嘘寒问暖。学校如何学习怎样，这些话题在我与阿寇之间是多余的，因为我从来不曾拿这些去衡量过他。

阿寇的恶作剧

阿寇初登场就给来我们学校上戏曲社团课的老师留下了深刻的印象。我组织着上完社团课的学生在门口排队，谁知就这一小会儿工夫，张同学就在队伍里号啕大哭，不用问，大家的眼神都直刷刷地扫向了阿寇。他耷拉着脑袋在队伍最后面，斜着眼睛噘着嘴，又是一副誓死不屈的英雄好汉样："他自己要惹我呢！"

张同学哭得抽噎，张同学愈哭得厉害，阿寇反而更得意；阿寇越是得意，张同学越感凄凉。好好的一个放学队伍，就被阿寇的三言两语搞成一

给一点时间，陪你长大

团乱麻。社团老师骇然道："小学生也太难管了，班主任可真不容易。"

即便我一路怒目"扭送"，阿寇在校门口仍然跟张同学继续胶着。双方的家长早就熟识，几句话各劝各娃，各找各妈。被拉走时两人还狠狠地盯着对方，张同学说："哼，阿寇，我明天不和你耍了！"阿寇也还以一个至此绝交的眼神。

班上谁都不把他俩的这番话当真，从一进小学就不是冤家不聚头，见不得又离不得，一见面就开打，出办公室又手牵手地去上厕所。这么说吧，自从二年级我接到这个班，他俩每周都要在我这里报到三四次，但凡哪天能得个清净，准是某一位请假没来。

主要原因还是在阿寇，他是一个个性极强有仇必报的主儿！一年级，阿寇就经常跟张同学恶作剧，把人家的数学书藏起来，还畅想着一会上数学课张同学找不到书的慌张样——"准会被数学老师骂！嘻嘻！"这些都是阿寇之后在作文里主动交代的。

二年级，我成了阿寇的班主任。熟悉之后一打量，嗬，阿寇和他的朋友们可都是些段位相当的费头子①。一个阿康，刚上台表演完节目，下台就打架，把一条崭新背带裤的裤裆都给撕烂了；一个叶小典，修炼出独家毁容式的课间休息法，一张漂亮的小脸蛋上满是岁月的沧桑；再是阿寇，早在各个科任老师处留下名号。这么说吧，没有老师不找我反映他的情况，玩东西地上打滚都是小事，书写鬼画符也不跟你计较，但你不能总是搞恶作剧惹是生非。最绝的是，嘿，他居然用一个眼神就能让张同学随时处在崩溃的边缘。

科任老师请他去办公室交谈，他要么桀骜不驯的一副跩相，斜着眼睛看着你；要么就是可怜巴巴地不声不响，摸不准他心底还存着什么小心思。上课铃响了，科任老师也无力再计较，算了算了，你回去上课吧。阿寇如此这般侥幸逃过无数次责罚，终于在五年级遇到了数学老师老刘。老刘的教学

---

① 费头子：四川方言，指小孩子特别调皮，让人很费心的意思。

风格早就在学生中口口相传了,那可是今天的题不做完我能陪你到半夜的痴心父母般的执着。阿寇经常被老刘请到办公室改错,阿寇坐在老刘对面道法老师的办公桌前,两人之间是一块挡板,看不见彼此在做什么。

老刘时不时抽查一声:"你在干吗?"

"我在改。"

道法老师回来了,一声惊呼:"天啦,你在干什么!"

阿寇是在改,他用笔把道法老师桌上的课表改得面目全非。老刘惊诧极了,在我眼皮子底下还敢干这些事?他勒令阿寇立即给道法老师把课表擦干净,虽然知道他根本弄不干净——那双满地爬的手估计比弄花了的课表还要脏多了。

阿寇居然敢在令所有学生都闻风丧胆的老刘面前耍花招,当问题升级到我这个班主任跟前时,我只有一声长叹安慰老刘:"莫生气,看我怎么'收拾'他!"然后,开始我和阿寇的以文会友。

文中识得真性情

刚开始打交道时,我把阿寇当作一般调皮捣蛋的小孩来看待,他没少进办公室接受单独的教育,但效果不佳,一出办公室门,星星还是那颗星星,月亮也还是那个月亮。阿寇不仅自己惹事,还心胸狭窄,极为双标。他打伤了女同学,让道歉死活不张嘴。他被男生把眼镜腿撞折了脸上挂了彩,花着个脸蛋得理不饶人:"我绝对不能原谅他!惹不起又要惹,反正气势不能输,宁可再挨一顿,不能输了气场。"如此这般,阿寇没少惹得同学们的嘲笑。

大家以为孩子受多了批评就脸皮厚了不会往心里去了,阿寇不然,幼儿园的事都记得一清二楚,时不时就要在作文里提及。他这一路长大,不知受了多少嘲弄。

从阿寇的作文里,我知道了他在幼儿园受到的欺负。

给一点时间，

让你长大

折纸船

我以前是一个心不灵手不巧的孩子，在团结小学上幼儿园时，大家都笑我。我心想：这可是团结小学，"团结"二字是干什么的？大家都笑我，这是什么嘛，应该是"嘲笑小学"！呜呜呜——

这天，老师说，寇嘉炜、寇佳绮，放学留下来。我俩是公认的"笨姐弟"，这不是对我的二次摧残吗？呜呜呜——

放了学，我们来到办公室，老师让我们拿一张纸："老师偷偷教你们折一种帆船。"说着，老师自己也拿了一张，说："开始！"老师先把一张纸竖着对折，然后像折飞机一样折一个小尖尖，折好后，向外翻折，最后……记不清了。

我折好了船，第二天带到学校。一拿出来，大家就问是怎么折的。我说："你们不说我笨吗？我不教！"

每个人都是蜡兰，枝叶虽像野草，却有无穷的魅力。

我们学过一篇叫《蜡兰》的文章，作者没有把长得像野草的蜡兰给拔掉，让它自然生长，最终蜡兰萌芽生枝，开出花朵来。阿寇上课时常会神游，看似没有听，没想到反而听进心里去了，拿蜡兰来跟他自己作比，再贴切不过。

阿寇的文章写得极有意思，开始我还以为他是从哪里抄来的，仔细一读，这些人物、地点，都是他生活中的事啊。这说明，不能以"字"取人，虽然他的字写得不漂亮，但不代表文章就写不好。我爱看阿寇的文章，有他的小机智、小幽默，哪怕恶作剧，都被他描绘得正气凛然、无伤大雅。

于是我改变了对阿寇的教育方法，能来"文"的绝不来"武"的，只要惹了事就给张作文纸——写文章。阿寇这几年来已经贡献了数篇文章了，我都保存在电脑文件夹里，这既是阿寇的斑斑"血泪史"，又是我调剂紧张教学工作的放松剂。

我逐渐被阿寇习作中的幽默与天然所打动,发现了他那些小缺点背后闪光的天性。他最喜欢用的一个句式是"请听我娓娓道来",然后就是他独特的寇式文风,半四川方言半书面用语,又天真又老成。为此,我特别跟阿寇妈打招呼:他那些揉得跟油渣一样的本子千万别扔,存着,以后有用!

阿寇的文章到底有多有趣,为了大家能够一睹阿寇的文采,我逐字逐句把他的几篇大作都用电脑打了出来。

纸上情

先来第一篇——《纸上情》。这篇文章挽救了一个濒临破产的航空公司,讲的是阿寇和他的朋友们课间玩耍时自创的纸飞机产业。满操场放纸飞机,一年级的小朋友都干不出来这事,但他们可以利用下课那宝贵的几分钟从楼上冲下来,让学校的草坪变得像"风吹草低见牛羊"的敕勒川。终于有一天学校找我了,我就只有找这几位人士算账,最后决定——关门大吉!同学们都很扫兴,阿寇这一篇大作如同盖世神作力挽狂澜。

纸上情

在我们成立金鹰航空公司(由我、陈实、叶劲帆、魏思彤、何睿康组成,现已停产,因"军政府"下令禁造飞机)以来,发生了一件事,至今仍让我历历在目,为什么,请听我娓娓道来。

在开学时,实实同学研发出了一款新型飞机,看着怪酷的,可飞不起来。实实只好找我,我直说做不到。可是,可是,呜呜——他限我在三天内搞定。

可是,独立研发的困难,局外人很难体会到。上网查,晕,没有！翻书，也没有！很多问题我也没搞明白，我马上想到了爱心，不能把爱心用到飞机上，但可以把后面的翼剪下一点点，像一个爱心的形状。

可用什么粘呢？我想了一下，用订书机可好？我试了一下，可以！给了实实，他说：太女性化！我的发明又被枪毙了！

我又想了一下，用圆圈。我尝试了一下，成功了！我用两个马达在家里试飞了一下，飞得很好，给小实一个惊喜吧！

我们金鹰航空公司已停产，我很伤心，可我更为我的发明担心。五年级能恢复生产吗？如果可以，不会又有什么新的事吧！

在阿寇的笔下，折纸飞机变成了一项大事业，折飞机也能折出一番情谊来，因为这篇文章，我心一软，又决定——金鹰航空公司被批准恢复营业，并且正式成立了CS（陈实）航空公司，阿寇因立了大功被聘为品控管理，拥有纸飞机的提前试飞权。

还有一篇作文，他给大家介绍航模，自己绘制了一幅航模图，各个方位的细节严丝合缝，还用他能写出的最干净清爽的字体标注了尺寸，令我大为惊叹：你有这心思，什么事做不成？幸好那时候我们还没共读《红楼梦》，不然阿寇会给我一个贾宝玉式的不听规劝的眼神。

惺惺自古惜惺惺

我跟阿寇因写文章而惺惺相惜起来，我喜欢读，他喜欢听我打趣式的评价。每一次我说："嘿嘿，你又写了什么什么哇？"他就大呼小叫起来："啊，没有！"但表情上受用得很。

有一年学校评选"感动实小的人物"，我侥幸被评为"勇于超越奖"。学校要师生、家长围绕关键词写一些评价文章，我把学生篇这一光荣而神圣的任务交给了阿寇。他在他那个"油渣"本子上写了两大页。我原文录人，交给了学校，学校说："行文语气好像不太正式？"我说："就用他的，是什么样就什么样，不管阿寇怎么写我，我都接受。"

我眼中的胡老师

听说这两天胡老师获得了"勇于超越奖"。我觉得这个勇于超越很适合胡老师，为什么呢？请坐下来听，我慢慢给你讲。

有一次，我们的胡老师"六一"上了节目，当时我们每人都有一面五星红旗，当他们上场时，我不停地挥动着红旗，二班就说我们装模作样。这不，我们超过了二班，所以这勇于超越奖也不假。

怎么打瞌睡了？也许是我讲得太平淡了，来个高级点的！我们班的戏曲传遍了学校的每一个角落，我为此感到骄傲。在我的眼里，胡老师就是一个重戏曲爱炫耀分享的老师。

老师是一盏严寒中的明灯，我觉得勇于超越奖很适合胡老师，因为我和老师之间有一段小故事。

我的书写很糟糕，我的作文一般老师都看不下去，但胡老师却对我的文章大为赞赏，经常鼓励我多写文章多表达。胡老师说我的字就像是小蚂蚁，我这篇文章就是蚂蚁搬家，呵呵！那胡老师就是法布尔。在这一点上，胡老师超过了其他老师，如果是其他老师的话肯定会让我重写。

说实话，我们老师不是人，是九天仙女下凡尘！我觉得这句话的好处，用了欲扬先抑，胡老师教的！你有这样的老师吗？这是我的福分，呵呵，我偷偷告诉大家，我很喜欢胡老师。

我给阿寇的批注是：所谓我见青山多妩媚，料青山见我也如是。阿寇喜欢胡老师，想必能感受到胡老师也越来越喜欢阿寇。他就像一棵小小的蜡兰，看似漫不经心，却在悄悄地成长。

给一点时间，

豢你长大

与校长的杯中情

阿寇除了在班上费（方言词，表调皮），也在学校费出了一定的知名度。有一段时间，阿寇拿着一个纸杯子把玩了快一个月，那用心爱惜的程度把纸杯子玩出了艺术品般的高度。

每周换座位，阿寇都把自己的全部家当一股脑地扔到新位子上，然后双手捧着纸杯子，轻轻地放进抽屉。我以为，这是一时的稀奇，以阿寇丢失学习用品的频率来看，对纸杯子再怎么爱惜，在他手里也活不过一个星期。那些转眼就不见了的橡皮擦，丢失了笔壳的红笔芯，发下去就随风而逝的题单，躺在过道上被踩满了脚板印的测试卷……都是前车之鉴。可纸杯子居然在阿寇的抽屉里顽强地支撑了下去，日复一日地被他黑乎乎的小手抚摸着，从上到下由内及外都沾满了阿寇的手指印儿，这简直是阿寇的物品存活史中的里程碑。

我注意到纸杯子已经快一个月了，科任老师跟我反映情况：阿寇在他的位子上就没消停过，站起来了都是东瞧西瞅，一不留神，不知道他从哪里摸了一只纸杯子，叼在嘴里仰着脖子玩。同时还配有照片为证，阿寇一听科任老师又在"告状"了，眼睛立马45度侧望向了天空表示他的否认。

到我上课时，果然，那只纸杯子又神出鬼没地出现在了桌子上。这是学校定制的纸杯，放在办公室用来招待来访客人用的，不知道怎么出现在了他手里，还被当成了玩具摆弄。

我问阿寇：杯子哪里来的？

阿寇眨巴着眼睛告诉我：是那天去录播室开会，校长给他喝水用的。

上周，他作为备受瞩目的班级代表去参加了一个学生座谈会，还比较正式，校长都出席了。据说校长给每个同学都亲手送上了一杯温开水，别人喝完了水就没事了，阿寇居然把杯子带了回来，并且爱不释手，从下课玩到了上课。

这一次，阿寇上课玩纸杯又被抓现行，还是老方法——写文章，玩什么就写什么，为什么要玩？玩的感受如何？阿寇拿着纸，愁眉苦脸。我安慰他，这周作文题目是"有你，真好"，正好是写事的，你可以把纸杯的事跟本周作文结合到一起，如果写得好，相当于把周末作业也完成了。

阿寇写出了一篇情真意切的《有你，真好》，表达了他对校长的感激。纸杯子在他眼中不是玩具，更不是一个寻常的纸杯，而是校长对他的重视与关爱。毕竟，全班其他同学都没有得到过校长亲手倒的温水，只有他阿寇有！

校长看了这篇文章也连连叫好，我也破例没有没收他的"玩具"，

不过这也给我提供了威胁他的，不，教育他的机会：如果再去惹事，你的小杯子就……呵呵呵呵。

阿寇带着他一贯的夸张却毫不做作的反应：不要啊！然后夺过小纸杯狂奔而去。

我家壮壮终长成

毕业的时间逐渐近了，阿寇是最让我放心不下的，不知道他会进入怎样的学校，遇到怎样的老师与同学，还会不会有我们班这样包容他的"狐朋狗友"们。谁知道就在毕业典礼当天，大家坐在教室里看表演，他当着家长们的面跟土豆同学扭在了一起，他的脸又被抓花了。我带着表演了节目的同学回来，看见阿寇挂着彩的脸蛋，所有的不舍都抛之脑后了："赶紧的，给我走走走！莫忙，回来再照张相。"阿寇与我留下的毕业前最后一张合影上，依然是一张烂脸和一副死不认输的表情。

毕业典礼的当天晚上，我在小区地下车库发现了一只不到一个月的小奶猫，浑身漆黑，一团肉球一般在地上扭动。当它抬起头惊惶地与我对视时，那对圆溜溜的小黑眼珠令我觉得似曾相识。我给小黑猫取了个名字叫壮壮，送给了朋友收养。

后来再见面时，我把小猫的照片给阿寇看，问像不像他，得到了他的

给一点时间，

你长大

肯定。

"你知道它叫什么名字吗？"

阿寇看着我的眼神就像小黑猫看我的第一眼。

"叫'壮壮'，希望它能够身体变强壮吧。"

那一刻，我似乎说漏了什么。

我从来没有告诉过阿寇，"壮壮"背后的故事，我都知道。我知道阿寇为什么小名叫壮壮，我还知道壮壮从小就戴着一副特殊材质的眼镜。我看到过壮壮刚出生做了全麻手术后插满管子的照片，脑袋被包在纱布里看不出模样。我手机里有壮壮幼儿园模仿老师讲话、弹琴的视频，还是一副单纯的小可爱样。我看到过他练小提琴，小提琴老师的妈妈肖婆婆拿着根小棍子在背后守着他，这个肖婆婆是阿寇最害怕的人。我看到过他被罚跪面对墙壁身体成直角状的背影，这是他妈妈一直以来对他的严格管教。我看到他那久违的爸爸难得一次来学校见他时，他难掩的得意与欣喜。我知道他曾经写下要离开家独自出走的纸条，那天放学后我牵着他的手一起走回家……

我知道，阿寇是像小蜡兰一样天生有弱点的小孩，他在自我保护中用充满防备的方式艰难地成长着。人生关卡为他设置的各种考验，并不是这么容易被攻破的，阿寇的成长，需要付出比别人更多的努力。

进入初中的阿寇不时给我带来喜讯，去新学校的第一周就被选为室长，还带领他的室友们争得了优秀寝室的荣誉。阿寇的作文在班上被语文老师表扬，阿寇在期末得了最佳进步奖……

小蜡兰可能生长得慢一些，比别的花多一些旁枝末节弯弯绕绕的考验。人们将教师比喻为园丁，不就是说当我们面对像小蜡兰一样的学生时，要去培育他的生存能力，激发他的生长潜力，帮他攻破瓶颈与局限，长成壮硕的模样吗？

我的阿寇，逐渐长大了，有一天他真的会成为"壮壮"。

好汉元元

眉山天府新区第一中学　张　茂

如果我问:"孩子的错误一定要指出来吗?"我想不少老师肯定会不假思索地说:"那当然啦。不指出来,他怎么改正呢?不改正小错误就会变成大错误。不指出来,错误就会越来越多,这样下去,怎么得了?"是的,过去我也是这样想的。一直以来,我们在教育孩子时根深蒂固的观念都是:"孩子的优点就不说了,说多了他是要骄傲的。缺点一定要指出来,不指出来,他怎么能改正呢?"

可是,不知道大家有没有发现,我们指出了孩子的那么多问题、错误、缺点,真正改掉的有几个呢?很多问题我们天天说,并不见效,反而成为孩子身上的"牛皮癣";即使有些问题改正了,也是我们使用了高压手段,以严重破坏师生关系、亲子关系为代价换来的,对不对?那么,到底该怎么办呢?

我想起了上学期发生在我们班上的一个故事。我们班上有个小男孩子叫元元,一直以来就不能跟同学友好相处。成天说脏话,乱给同学取绰号,推同学,踢同学,追着打,见到同学蹲着就冲过去坐在人家身上。我严厉地批评过他,不见效;我把他留下来,惩罚他,好不了两天又犯了;我甚至还规定他下课不能出去玩,除了上厕所和喝水,只能在座位上看书,画画。可是这样下去也不是长久之计呀。

正当我无计可施的时候,我们在语文课上学到了一篇课文,叫《好汉查理》,讲的是一个叫查理的熊孩子,自称是好汉查理,但调皮捣蛋,作

给一点时间，让你长大

恶多端，镇上的居民都很讨厌他，所有人对他都是差评。后来，镇上搬来一位坐轮椅的残疾女孩杰西，杰西不知道查理的过去，第一次见面就对他表示了友好、礼貌与尊重，并且还信任他，请他帮自己的忙。查理的内心受到了极大的震动，在与杰西的相处中，他彬彬有礼，乐于助人，懂得克制，简直像脱胎换骨一样。查理陪伴了杰西一个暑假，分别的时候，杰西的爸爸送了一把珍贵的刀给查理作礼物。查理握住杰西的手，郑重其事地说："我会做个真正的好汉！"

学了这篇课文后，我就在想，其实元元在内心深处也是渴望做一个好孩子的，只是频繁的指责和批评让他深深知道自己就是个熊孩子。一旦默认了这个标签，他就完全丧失了改变自己的动力，根本不想变好了。于是，我决定改变策略。我告诉孩子们，我们把元元当成是新转来的同学，他过去做过的不好的事，你们就当成全都不知道。从今天起你们就只关注元元对人友好的行为，如果你发现了，就写在一张纸条上，交给我。写的人要加 2 分，元元本人也加 2 分。结果第一天，就有同学写了元元看到别人的铅笔掉在地上，主动捡起来。我在上课时郑重其事地念了这张纸条，并且把纸条交给元元，对他说："这是你挣来的荣誉勋章，你如果集齐了 20 个荣誉勋章，就可以获得'好汉元元'的奖状。"后来几天，偶尔也会有同学来告状说元元又骂人了。这时，我就告诉同学：我们不关注他的错误，只关注他做得好的地方。本来我以为要到期末元元才能凑齐 20 个荣誉勋章，结果不到两个星期他就得到了"好汉元元"的奖状。从此以后，他基本上能与同学正常交往了。

杨杰老师说，我们很多家长往往对孩子的错误如数家珍，对孩子的进步、优点却熟视无睹，仿佛戴了一副有色眼镜，专门筛选孩子的错误。我想，大家的深层逻辑一定是"发现错误，才能改正错误"。我们的本意是想帮助孩子，但结果是错误越发现越多，却没改正几个，错误最终变成了"顽疾"。这很容易解释，就算我们没有看到孩子的进步，也不代表孩子不曾努力过。我们不妨站在孩子的角度去体会一下：如果自己努力的结果不但没有被认可甚至没被发现,得到的反而是不满和批评,谁还肯继续努力呢?我们盯着孩子的错误是想帮助孩子改正错误,事实上却人为地给孩子进步增加了阻力,消解了孩子内心的动力。

心理学上有一条理论叫:你关注什么,就会放大什么。如果我们看到的都是孩子做错的地方,那我们的批评、指责、训斥、打骂只会让孩子的错误越来越多,越来越严重。如果我们只看到孩子的优点、进步和做对的行为,那我们的赞美、欣赏、肯定和表扬,就会让孩子欢欣鼓舞,再接再厉。所以,我们不妨换一副"眼镜"去发现孩子的进步,筛选出孩子做得好的地方,对孩子的正确行为进行强化。孩子的努力得到了正向反馈,他就更愿意去重复这种行为,在不断地重复之中,他正确的行为会扩大,错误的行为自然就会退缩,然后在不知不觉中就改正了错误。

有一句话就说:"看不见孩子的好,你就留不住孩子的好!"

童心换童心

成都天府中学附属小学　蔡　娜

苏霍姆林斯基说过："别忘了自己也曾是个孩子。"这句朴实的话语给我留下了深刻的印象，并影响着我的教育之路。我用童眼去观察他们的一举一动，用童语和他们畅聊海北天南，把童心融入他们的内心世界。从教二十余年，我天天和儿童打交道，赢得了许多孩子的心，还因此收获了一脸童稚与一身孩子气。

去年9月，我又教一年级，成了名副其实的孩子王。

开学第一天，一个小男孩——信，像一匹桀骜不驯的野马闯入我的世界。我蹲下身子和他打招呼，他不理睬，扭头就走；想牵着他的手说说话，他立马挣脱，跑得老远。下课他也不与小伙伴玩耍，自个儿把讲桌上的粉笔、翻页笔、钉枪等依次玩上一遍，弄得满桌狼藉；或到图书角抽出书趴地上看，一本又一本，看完走人，从不收拾残局。在课堂上，他也随意走动，一会儿把窗帘卷起又放下，一会儿走上讲台在黑板上写写画画，对老师的纪律要求置若罔闻。可能他的世界里还没有"上课"的概念吧！更棘手的是，如果我请他回座位认真听课，他便认为我打扰了他，脾气一点即燃，开始大吼："你好烦！坏蛋，你是个大坏蛋！"

我知道，我遇上难题了。不过，难题不正是我们的研究课题吗？

在和他妈妈的交流中，我了解到这孩子喜欢"物"更胜于"人"，喜欢独自研究胜于集体活动。他常常沉浸在自己的世界里。如果谈他感兴趣的事物，他便会滔滔不绝，说个不停，反之，置之不理。渐渐地，我还发现，他特别善于观察，对事物有强烈的好奇心，而且识字量大，知识储备也很丰富。难道，这就是传说中的有个性的"天才"？

了解到他的这些特点，我开始了尝试站在他的角度去读懂他走近他。

上课时，他若离座我也不过多干涉，允许他独自阅读和探究；班会时，我引导全班孩子包容他帮助他，给他多一些时间来融入集体，慢慢成长。可他和大家仍然很疏远，对我的关心和包容也并不领情，目光从不与我对视，更别说接受我的影响和教育了。我知道有好的关系才会有好的教育，如何俘获他的心，与他建立良好的关系呢？我在不停地思考着摸索着。

一天，我们班上书法课。课间，我看见他满身墨迹，成了只小花猫，于是，我带着他去卫生间洗手擦脸。擦洗干净后我让他自己回教室，他看着远在尽头的教室开始耍赖了："我不想走过去，太远了，我走不动。你把我发射过去吧！"我刚想开口给他讲道理，转念一想：我何不顺他意愿，将他"发射"过去呢？我装作不懂问："是像发射卫星那样吗？"他点点头。我说："那你可站稳了，发射时是有冲击力的。"说完，我拉住他的衣服后摆，煞有介事地说："倒数，三，二，一，发射！"他把双手握成拳头，像超人那样往前冲，飞快地向教室跑去。我在后面也像个孩子一样边拍手边叫着："哇，发射成功！"他头也不回，继续享受着这份快乐。我此时仿佛也变成了孩子，正玩着一个有趣的游戏。那次以后，他愿意让我牵他的小手了，可能把我当成了他的玩伴吧！我发现，童心让我离他的心更近了一步。

他每天都会导演出许多新鲜的离谱的故事，我在处理时总会站在他的角度，用孩子的思考模式来想方法引导他，潜移默化改变他。

一天中午，他闲来无事，拿起水彩笔就在教室的白墙上开始了涂鸦。看着他的"大作"，我生气了，把他带到教室外批评："你必须承担这个责任。你可以和妈妈一起想办法，把墙壁恢复原样。"他听到说要请妈妈到校，马上急了，跺着脚，红着眼，用自己独特的方式开始应对："我要制

给一点时间，𥻗你长大

造一个时光机，我要让时光倒流到我没有画的时候。快点，快点给我一个时光机！"他的声调越来越高，情绪即将爆发，现在给他讲任何道理都是没用的。我再次接过他的话题，将我的手伸了出来说："我的手心里有一个隐藏的时光机，你看看能不能找出按键，让时光倒流。"他迫不及待地在我手心"哔哔"按着，边按边说着，要把时间调到一天前。我又被他触动了，这孩子的内心多单纯呀，他知道自己犯了错，也在用自己的思维模式寻找弥补的方法。他犯了错后是很自责的，但就是控制不住自己。我回想起来，发现他其实每天都在和自己做着斗争：我让他不要离座，他就到处找强力胶，想把自己粘在座位上；我提醒他记得收课外书，他就让我把课外书全部丢掉，说这样他就不会把书到处乱放了……他想要守规则，但自己总无法做到，内心应该是非常沮丧的。他的世界，如果没有一颗童心，是看不清的，觉得他是在故意捣乱。他的世界，需要我们用儿童的视角去了解，去触摸，去和他感同身受。

此时，他已在我手心按完了时光倒流按钮，拉着我急急走向教室，期待时光机能帮到他。很遗憾，时光没有倒流。他急得快哭了，我赶紧给他解释："我这个时光机是很久以前发明的，可能已经失效了。你这次先和妈妈一起想办法清理墙壁，以后好好学习，发明一台新的时光机。"这话正合他的胃口，他的眼睛突然有了光彩，已然忘记了刚才犯的错，又和我探讨起时光机的设计了。后来，他想了个好办法，做了几张手工图片贴在墙上，既遮住了涂鸦，还装饰了墙面，承担了自己的责任。我也再次以一颗童心和他拉近了距离，并在无形中让他接受了教育，受到了我的教育影响。

半学期下来，他开始依恋我了，总会到办公室来看看我。有一次我外出学习，下午才回校，他见到我，忙凑过来，小声嘀咕着："你到哪里去了，我想你了蔡妈妈。"听到这样的表白，我立即把他拥入怀中，摩挲着他的头发说："信，我也想你了。"

日子在他时而天使时而恶魔中溜走，我们相处愈发融洽，他能正视我的眼睛，多数时候能听我的建议，并按要求完成一些基本的学习活动了。我觉得一切在向好。此时，我想进一步严格要求他，让他和其他孩子一样，不搞特殊了。当他在课堂上又在独自剪剪贴贴画画时，我快步走上前去，没收了他的所有物品，让他调整状态认真学习。谁知，他一直紧紧盯着我，一动不动，然后大声回击："你变了，你是假老师，你是坏老师！"他反复叫嚷着，课堂在他激动的情绪中结束了，我和他两败俱伤。

  实践证明，对他急不得，我立即停下了这样的尝试。我想起了李镇西老师的话："教育在老师的不声不响和学生的不知不觉中发生。"孩子亲近我，就是因为我没有刻意去教育他，这样在不知不觉中，我的言行反而能对他产生影响。继续把自己当成孩子吧，保持一颗童心，蹲下身子和他对话，他才能完全接纳我。而我，也才能用童心去与他心心相通，用爱去抚慰他，以心换心。我相信，以爱为基石，岁月就是良药，定会将他治愈。

  我也正好趁机释放童心，与他们共同成长！

他只是成长中遇到了困难

成都市温江区嘉祥外国语学校　陈　霖

"他坐在自己的课桌上,脚踩在椅子上,傻笑地看着周围的同学,他似乎将同学们的目光,同学们的劝阻当成了一种欣赏。"这是英语老师发来的上课视频,视频中的孩子叫石锐(化名)。一年级接班时,我只是感觉他有点特别,没想到随着年龄的增长,他的"特别"也在不断进化。

还是一年级的他,遇到兴奋的事,会放声尖叫;他最喜欢玩的游戏是"鬼抓人",酷爱在教室里和同学追逐;在同学们还不会给生字组词时,他就会给每一个生字找一个四字词;他不喜欢打招呼,在学校几乎听不到他向老师问好的声音;他吃饭不喜欢吃菜……

那个时候的他,在我的眼里仅是有一些特别而已。然而现在视频里所呈现的样子,已不能简单地用"特别"来形容了。我坐在办公桌前,一遍又一遍地播放视频,石锐脸上全然不顾及他人的笑让我很担忧,他像是沉浸在一个与真实世界不相符的另一个世界。

"陈老师,他不进来……无论教练怎么劝他,他都不进来,您去看看吧!"

那天,我们年级到"即刻反应"基地研学。有一个项目是体验不同级别的震感,并学习防震知识。我刚和班级前面的队伍进入了项目体验区,就看到班上一个懂事的孩子气喘吁吁地向我跑来。我赶紧跑到体验区外,一个瘦小无助的孩子蜷缩着身体靠在墙角,旁边站着无可奈何的教官。我快步走向他，弯着腰，用左手环抱着他的肩膀，右手握住他的小手问他："石锐，你为什么不进去呢？"无论我怎样启发式地发问，他都一言不发却又一脸惊慌地看着我。哪怕我打电话请求他妈妈的支援，也无济于事。最后我们只能让他放弃这个体验项目。

"陈老师，大事不好了，石锐打苏老师了。"

小豪推开办公室的门，大声喊道。待我走进教室，风波已过，只见石锐面向黑板站立着。他扭头看向我的脸上不见丝毫涟漪，平静得像无风的湖面。

原来生活老师苏老师发苹果时发现石锐手上有很多污迹，让他去洗手。可是，他充耳不闻，径自就去篮子里抓苹果，被苏老师制止了。于是他就抓着苏老师胸前的衣服疯狂地左右拉扯……听着苏老师带着动作还原式的描述，再看看黑板前那个小小的身躯，我有点难以置信。

走回办公室的那段路上，我感觉步履沉重，"遇事说事式地讲道理"显然帮助不了这个孩子。他身上的问题只会像"打地鼠"游戏中的"地鼠"一样，四处藏匿，又让人防不胜防。

"如果他是你的孩子，你希望他的老师怎样帮助他？"

当这个声音从心中发出的时候，我清楚：我要和他的父母一起，直面问题，因为每一个孩子都是父母心中的唯一。

借助专业的力量，探寻问题的源头

"专业的事，交给专业的人去做。"这是我一直秉持的观点。对于石锐的这些奇特表现，仅是冰山浮出水面的表象，我们若要了解他冰山之下的秘密，就需要专业的人去挖掘。

每天中午，石锐的妈妈都会到学校接石锐回家吃午饭，我赶在中午放学前到校门口，全面又细致地和石锐妈妈交流了石锐在学校的一些"特别"表现。由于之前通过电话交流过一些，石锐妈妈对于石锐的这些表现已然没有诧异，但是有掩饰不住的焦虑。

"小锐妈妈，我能理解您现在的心情，孩子处在成长过程中，总是会在各个阶段出现一些我们始料未及的状况，我们姑且称之为'困难'吧！当这些困难出现的时候，我们老师肯定会和你们一起去面对。小锐每次出现状况之后，我都和他交流过，但是我感觉和他沟通起来有点难度，不知道他内心的真正想法和感受。我们学校有专业的心理老师，您是否同意我请学校的心理老师和他聊一聊？"

听了我的话，石锐妈妈有些迟疑，毕竟大众对于心理咨询还是有些顾虑的。

"小锐妈妈，小锐是一个活泼可爱的孩子，他现在面临一些困境，我们需要借助更多的力量去帮助他。人的身体出现状况，我们可以通过看病、吃药去疗愈，即使身体无恙时，我们也会定期体检，以确保身体健康。我建议小锐和心理老师聊一聊，不是说他心理有问题，而是他需要得到专业的理解，以便我们更好地帮助他。"

听我说完这段话，小锐妈妈凝重的表情缓和了许多。其实，有些时候，消除对一些事物的偏见，也是一种进步。

得到小锐妈妈的允许，我立即和学校心理健康室徐老师取得联系，徐老师当天下午就抽出时间和石锐聊天。

原来石锐在英语课堂上异乎寻常的举动，是在宣泄自己的不满情绪。从石锐的视角，故事是这样的：他的同桌在上英语课时没有听讲，他就用拍同桌肩膀的方式来提醒，同桌不但不听，反而把桌子拉开和他保持距离。同桌这样的举动，让他很生气，于是，他更使劲地用手拍同桌的肩膀。恰巧，这一幕被英语老师看见了，老师严肃地批评了他。他感觉同学们都在嘲笑他，于是索性就坐在课桌上，朝着周围的同学大笑。他在拿苹果时，撕扯生活老师是因为他感觉到有同学在笑话他。

当徐老师问石锐为何不用说话的方式去提醒，他的回应让人有点瞠目结舌,他说一个人如果话说得太多,会因为没有口水而死亡。

在研学基地,他不愿意进入地震体验区体验,是因为他哥哥在他出发前的一个晚上告诉他,地震会死人。

……

综合石锐的这些心理感受和他的诸多行为表现。徐老师对于石锐的初步印象是这个孩子内心很敏感,也很脆弱,对一些事物的认知有一些偏差,因而他的行为有些反常。

我们要想帮助石锐和他所处的世界和谐相处,就需要帮助他重新建构他头脑中对于这个世界的诸多认知。

组建教育同盟,和孩子一起解决问题

俗话说:"解铃还须系铃人。"真正能从源头上帮助石锐的还是他的父母,他的原生家庭。从徐老师处了解情况之后,我立即联系了石锐妈妈来学校面谈。我需要了解石锐在家庭教养中的更多信息,以便知道他的认知是怎样一点一滴建立起来的。

石锐还有一个上高中的哥哥,父母为了照顾学业繁重的哥哥,大多数周末都在家中度过。石锐仅有的出去玩耍的时间,也就是和哥哥一起在小区里打篮球。除了自己的哥哥,他几乎没有同龄的玩伴。由于和哥哥有极大的年龄差,他在家里通常处于"弱势地位",不仅要听从哥哥的安排,还要承受来自哥哥的奚落。这大概就是石锐害怕被嘲笑的根源。

石锐妈妈是一位全职妈妈,大部分时间和精力都用在养育两个孩子身上。在石锐妈妈看来,石锐性格上有一些胆小。

有一次石锐和妈妈一起坐电梯下楼,途中,进来了一个不认识的老大爷,老大爷见石锐是个孩子就伸手去摸石锐的头,吓得石锐连忙躲在了妈妈的身后。这时,妈妈一边把他往前拉,一边对石锐说:"小锐,爷爷是喜欢你,大方些。"不论妈妈如何相劝,石锐就是躲着不出来。妈妈说,当时石锐胆小的样子让她挺尴尬。

听完这个故事，我问石锐妈妈："那个老大爷，你们认识吗？"

"不认识，以前没有见过。"

"如果一个不认识的人，拉一下你的衣服，说你的衣服好看，你是什么感觉？"

"那我肯定会不高兴。"

"是啊，那你觉得石锐当时的内心感受是怎么样的？"

"他当时赶紧往我身后躲，应该是很害怕。"

"如果我们要教孩子勇敢、大方，首先我们得照顾他内心真实的感受。孩子只有感受到善意，内心感觉安全时，才会勇敢地对他人表达善意，行为落落大方。"

"当时，我觉得那个爷爷也是好心想逗逗孩子，所以……"

"小锐妈妈，如果我是你，我想我可能会这样做，蹲下来抱着他的肩膀说：'孩子，这位爷爷他喜欢你才想摸你的头，但是你觉得你不认识他，所以害怕是吗？没事的，妈妈在你身边。'帮助孩子标注他的感受，接纳他的感受，是他自我认识、自我接纳的一个重要环节，也是理解他人、尊重他人的一个重要环节。"

小锐妈妈听了后，连连点头："是啊，我应该多站在他的立场看待事情。"

和石锐妈妈交流的结果，我们达成了几点共识：在家多给石锐一些自主选择的机会和权利，增强他的自信心；多给石锐一些属于他这个年纪该有的玩耍时间，多交一些同龄的玩伴；爸爸妈妈还有哥哥都要理解石锐的内心感受，把石锐当成一个孩子看待。

后来，我还推荐石锐妈妈加入学校组织的寒假"21天双陪伴"父母成长训练营，学习《正面管教》，我也成为她的学习导师，每天对她提交的学习与实践心得进行点评与鼓励。与此同时，我还联系石锐的爸爸，与妈妈保持教育的一致性，连同哥哥，一起为石锐创造适宜的家庭环境，重建新认知，重塑新自我。

在学校，我又联动科任老师、生活老师一起帮助石锐，接纳他暂时非同寻常的表现，同时予以正确的引导。在班上，我集结了一个由三个性格温和、共情能力强的孩子组成的关心石锐小分队。他们会在石锐作业没交，或遇到困难时，及时去帮助他。

发现闪光点，让孩子有力量去迎接成长中的问题

从教八年，我一直坚信：改变一个人最有效的方式不是责备，而是发现他的闪光点。同时，我也相信：生命的本质需求是渴望被人看见。

每次听写之后，我都会抽课间时间迅速将孩子们的听写本批阅出来，批阅本子时总是会被孩子们围堵，批完一部分之后，我会让离我最近的孩子将本子发下去改错。小孩子都争抢着这个机会在老师面前"争表现"。几次之后，我总发现一个小小的身子一会儿靠前，一会儿又往后缩。原来是石锐，他也想发本子，但是他又不好意思开口，见我把本子给了其他同学，他又本能地向后退。后来，我故意将改好的本子递给他，他先是一愣，然后接住本子，蹦蹦跳跳地跑开了。往后的每日，我们都非常默契地进行这一番操作。

一天中午，他走进教室，破天荒地对我说："我来了。"平时，他从来都是我行我素，不会给老师打招呼。我兴奋地回应道："是小锐来啦！如果我能听到'陈老师，我来了'那就更好了。"他停住脚步，愣了几秒。

冰冻三尺非一日之寒，正当我不抱希望时，"陈老师，我来了"这声音似乎是从飞速转动的舌头上滚落下来的。不过，我已经很满足了，示意他去做课前准备。

早读前的练字时间，我也时常会刻意地走到石锐的旁边，用手摸着他的小脑袋说："小锐的字越来越清秀挺拔了，真让人赏心悦目。"每个班级都有很多孩子，孩子们都希望被老师关注，可是对关注度的渴求程度不

给一点时间,陪你长大

一。有些孩子,老师对于他们的关注,是锦上添花,而对于有些孩子而言,那就是雪中送炭,石锐就属于后者。

一天的语文课上,在认读生字词的环节,我"斗胆"抽了石锐的名字,按照惯常,他会置身事外,左顾右盼。等待了十几秒之后,他竟然站起来了,还流畅地将词语读了出来。那一刻,我感觉自己见证了奇迹。

后来,我还发现当其他同学的作业被老师表扬时,他也会学着其他同学的样子鼓掌。那时,他脸上的笑容和整个教室的笑声融在一起,是那么和谐。

石锐在班级慢慢地变得"普通",当然,和其他孩子一样,偶尔也会出现一些小状况,但是我能确信的是:他不是来自星星的孩子,只是在成长中遇到了一些困难。

对于任何一个成长中遇到困难的孩子,只要我们用心地去了解他、接纳他、支持他,给他一个适宜成长的环境,他就可以在这个环境中慢慢自愈,待到某个时间,也会花开烂漫。

一个孩子,什么时候最需要爱?什么时候是最好的教育契机?就是他遇到困难的时候。

从"走近"到"走开"

成都市晋阳小学　范艳丽

　　翻看自己曾记下的教育日记，发现很多页面都离不开一些在班级里显得特殊的孩子。他们可能是先天智力有缺陷，可能后天行为上有问题，可能因家庭教育缺失导致性格缺陷，可能成长中特殊事件造成了外显的"格格不入"……不出意外，他们的故事总会时时浮现在我的脑海。

　　前不久，被一个毕业四年的学生约了。一个那时总被大家照顾的女孩，六年里，她是特殊的，也是幸福的；她是多舛的，也是幸运的。四年了，她总会给我的QQ留言，还会在我们未解散的群里一遍遍留言："范老师，我好想你。""同学们，我想你们。"我脑子里的那个女孩，她还好吗？见到她，在她毕业的中学门口，一脸怯怯的笑，一脸淡淡的羞涩。和她吃午饭的过程中，几乎都是我问她答，关于学习、同学，还有她的家人。偶尔，她会问起我儿子，她还记得他的小名"豆豆"。因为有事，我得离开。在分开的路口，我望着她过马路，望着她一直频频回头，直到路的转角我才迈腿离开。我担心这样一个从小就需要特别照顾的孩子，进入社会的时间离她越来越近了，她行吗？

　　记得小学一年级报到的时候，我因为"书雨"这名字很诗意，也对和她的见面充满了期待。见面后才了解到她因为药物原因导致智力低下、左脚微跛。她个子高，要么一个人坐在教室后面四处张望，要么会在离我较远的地方打量着我和其他孩子。这样的她在欢笑打闹的一年级娃娃中显得十分孤独。也许她不能拥有健全的身体，但她也应该有一个更快乐的童年

给一点时间,￼
　　　你长大

吧。我暗暗决定走近她，让孩子们也走近她。

　　因为她的敏感，我的走近十分小心。最初我只是有意识地捕捉她的眼神，及时展开微笑——尽管她会躲闪。慢慢地，她会羞涩地回以微笑，我就会"碰巧"在经过她身边时停下来，同她一起朝同一个方向望去。我尽量避免故意找话和她聊，但我会和她一起去感受旁边孩子的玩耍。有一次，三个拽着衣服排成长队的孩子追着另一个孩子突然向我们这边冲过来，眼看要撞上，我和她尖叫着跑到一旁，随后我俩都情不自禁地大笑起来。那以后，她竟不经意间离我近了，开始羞涩地轻声叫我："范老师，你看……"下课休息时，我时不时斜靠着身子坐到她座位的前面，静静地看她写写画画或者局促不安地翻书，时间或长或短。在她开始习惯我的做客后，她偶尔会蹦出几个字"哎呀，画错了""橡皮呢"……我便如获至宝借机入盟。也许就只是用橡皮擦替她擦擦，也许就只用笔勾一条线，也许和她用同样的方式翻翻书……在这样的过程中，我只是同伴，或者是学习者，我避免刻意、避免唐突、避免让自己看起来无所不能。她像个守垒员，而我小心地计算着自己的步履，绝不触碰她无力的学习等话题。等有了这些长长的情感积累，课后、午休我和她在一起就成了自然而然的事，慢慢地我们身边时不时地也会有其他孩子待着。

　　可她和其他孩子一起时，几乎只是一个旁观者，没有交流、没有参与，我知道这是弱势者对外界强烈的不安全感导致。我走近了她，可我无法带给她来自伙伴的快乐。为了让她从我身边走开，真正生活到群体中去，真正学习生存交往，我开始让她和同学们看到她的长处。书雨在学习上主要是逻辑思维能力不足，从句子开始她就无法对词语进行正确地排列，阅读理解就更困难了，但她对简单生字的记忆出奇的准确。从一年级到六年级毕业她每次的听写都很不错，得满分的情况也不鲜见。所以每一回生字词认读都被我变成了她的主场，批改完听写更是不忘宣扬她的成绩。生活中她关心同学，总是第一个将自己的东西借给有需要的同学；摔倒后总会坚强地站起来，忍着痛对撞倒她的同学摇头表示没关系……每次这样的细节我都会有意无意地讲给大家听。当然让她走到群体去，需要安全导绳，这就是小天使。我偷偷观察我在和书雨一起时谁给予的关注和围观最多，在我提到书雨时谁的目光最柔和，谁会在课后对书雨的靠近不排斥……因为天性的原因，总是女孩子偏多。于是我从中选择了两个性格不张扬沉稳的孩子作为小天使，创造机会让她们和书雨一起完成任务，一起玩耍，并借机表达自己的真实感受，从而引导她们帮助书雨走到更多的孩子中去。日子走得很慢，这样的浸润也很慢。后来，书雨又经历了额头烫伤，从二楼楼梯摔下等意外，每一次返校后，班里的孩子都会给予更多心疼、更多关心。渐渐地，她也会在小团队活动中发表自己的想法，和伙伴们打闹了。到了五年级，书雨早早地来了例假，每次她都会弄脏凳子，总有女孩子主动帮忙擦拭，主动帮忙把凳子抬到厕所去冲洗。这样的画面常常会触动我，我知道这样的画面也一定温暖着书雨，影响着其他孩子，因为他们选择对这样的情况不议论不评判，这何尝不是一种保护？

六年的回忆如水而过，现在她就读职高，未来进入社会，她行吗？当天下午两点多钟，我错过了她的一个电话。五点多钟，她打电话过来："范老师，你事儿办完了吗？要回去了吗？"得知我马上要回去后，她说："那你路上要注意安全！"是我听错了吗？没有，这样的叮嘱出自她口中，我好意外，又似乎在情理之中。快七点钟，电话又响起，还是那脆脆的声音："范老师，你到了吗？""刚到。""到了啊，那你早点休息！"这一刻，我好欣喜！不是为自己，是为她的贴心；这一刻，我好羞愧，为自己的老眼光，误判了她的成长。我忘了，她除了智力低下也有长处，何况她每日每夜用她敏感的心（比一般孩子更敏感）在学习、在进步。固然她不容易脱颖而出，不会进步神速，但我相信，单凭这份善良和贴心，她一定能走进群体，总会有一群人接纳她——如同六年级六班的孩子们一样。

她的故事好长好长，细碎的拼接看不出她经历的悲喜，然而每一处拼接的背后，有来自班集体的接纳和陪伴，更有她自身闪烁的光。如果说"书雨"是孩子家长在她未出生就寄予的美好希望，那么对于陪伴她六年，

给一点时间，等你长大

至今仍旧常常联系的我来说，这两个字就是鞭策，就是警示：无时无刻不提醒着我有一些孩子更需要我们用智慧"书"写教育历程，用陪伴的"雨"露去滋养花蕾！

我与"小马达"的成长故事

电子科技大学附属实验小学　苟雪梅

2021年秋季，我新接一个三年级班，教语文。全班53名学生，31名男生，学生整体好动。其中有一位小男孩，体内像安装了一个小马达。

他精力异常充沛。每节课上，他手不停地捣鼓着各种物品，文具、衣服、水杯等等，玩高兴了，"一失手"，发出巨大的声响，总会吓人一跳，打乱课堂节奏。一个人玩怎么尽兴呢，戳戳同桌，敲敲后边同学，扔个东西逗逗远处同学是他的拿手好戏。每次下课，不该去的地方，他偏要去；不该做的游戏，偏要做。

他情绪容易失控。课前静息不安分，同学提醒，他一定会愤怒反驳"凭什么点我的名"，甚至动手打提醒的同学；上课乱动，被老师提醒，组长按班级约定扣他的积分，便号啕大哭，掀桌子；跟同学玩游戏，经常弄得大家很不开心，甚至大打出手，弄伤同学。在他情绪很糟糕的时候，是不允许别人说话的，否则就如火上浇油，他的情绪会完全失控。

从教22年，我还是第一次遇到这样的"小马达"——跟家长沟通后确认，孩子患有多动症。尽管在吃药，但效果并不明显。

遇见挑战，便遇见成长。于是，我开始与"小马达"一起书写我们的故事。

给一点时间，*你长大*

给杏仁核"降温"

"在我们大脑的下层，住着一个叫杏仁核的小家伙。这个小家伙一升温，我们就很容易生气。生气时是一种什么滋味呢？我们一起来聊聊吧！"

为了更好地了解"小马达"，我开始阅读一些脑科学和心理学的书籍。一节语文课上，我带着全体学生，一起了解杏仁核，回忆生气时难受的滋味，了解生气的坏影响；再通过阅读绘本《苏菲生气了》，学习化解坏情绪的方法：离开生气的环境，深呼吸，到大自然中去吹吹风、听听鸟鸣，奔跑，大声喊叫，等等。

我借助情绪图，引导同学们识别情绪，重点认识生气、愤怒的表情特征。让他们知道，当身边人是这样的表情的时候，说明他的杏仁核温度很高了，心里的火山要喷发了，我们就不要去激怒他。

最后，每个孩子还领了一个小任务——给爸爸妈妈讲杏仁核的故事，建议爸爸妈妈少生气。

孩子们第一次听关于杏仁核的故事，觉得非常新奇，课堂互动非常积极，课下也兴致勃勃地给爸爸妈妈分享。

借一次"小马达"不在教室的时机，我给其他同学讲："小马达"的杏仁核比一般人的更容易升温，所以当看到他情绪不好的时候，我们就不要去打扰他，让他跟他的情绪单独待会儿。

课堂上，看到"小马达"坏情绪冒出来的时候，我会对他说"你现在看起来很生气，趴在桌子上休息一会儿，给杏仁核降降温，下课我们再好好聊聊"；如果他哭了，我会对他说"你哭了，看起来很伤心、委屈，你哭一下吧，下课我们再好好聊聊"。同学们也懂得"他需要跟自己的情绪单独待会儿，不能去打扰"，该听讲听讲，该做作业做作业。

一般情况下，他会听从建议，安静地在座位上与自己的情绪待会儿。等下课我找他交流的时候，他的情绪已平复下来，便会主动说："老师，我知道我错了，对不起，我以后不这样了。"

寻找暂停区

可是,有时候"小马达"的情绪完全崩溃,他不愿意静静地跟自己的情绪待会儿,吵得我们根本无法继续上课。他的坏情绪影响到了我,心里一股无名火噌噌地往上冒,最终我被自己的杏仁核绑架,冲他大吼,一顿数落,企图用老师的权威将他镇压下去,挽回自己的尊严。然而,这样的做法只会更糟糕,他会歇斯底里地大哭大喊。

不能被"小马达"的坏情绪绑架!我提醒自己,开始寻找积极暂停的办法。

我们班教室在一楼,外面有一个小水池,水池里养了一些金鱼,水池周围还种了很多的绿植。一天午餐时间,我路过教室门口,"小马达"正在教室里大哭大闹,询问原因,他带着怒火说:"添餐员死讨厌,我不喜欢吃萝卜丝,他偏要给我添,故意跟我作对!"守餐的老师走过来说:"给他讲了半天也不听,就在那儿吼,我脑袋都被吼晕了。"

我知道,此时给他讲任何道理都于事无补,于是我说:"你要不要暂时去外面坐坐,看看鱼池里的鱼,再想想要不要吃饭。"他置气地说:"我不去!"

"我建议你去外面坐坐,跟你的情绪待会儿!"我紧盯着他。他似乎感觉到了我没有一点儿退步的意思,愤愤不平站起来,推开同学,跺着脚走了出去。

来到走廊上,我指了指围栏下的长椅,说:"你在这儿坐坐吧,你看,池塘里的鱼游得多欢呀!"他坐了下来,我走回教室去看同学们吃饭。

过了一会儿,他走到我的面前,平静地对我说:"苟老师,我要吃饭。"我一看,怒火已经从他的脸上消失,理智已经恢复,便问道:"你为什么要吃饭呀?""因为我要给身体补充能量呀!""嗯,是的,我们活动时身体需要能量,我们学习时大脑也需要能量。你要吃好饭,下午上课脑袋才会转得飞快!""好的!""那回去吃饭吧!"他面带微笑回到座位上,很

给一点时间，

让你长大

快吃完了饭。我立即当着全班同学的面表扬他：主动到冷静区与情绪待会儿，很快处理好了情绪，也认识到了自己的错误。全班同学为他送上热烈的掌声。

从此，只要"小马达"不能在座位上平复坏情绪的时候，我就会邀请他去冷静区——小水池那儿待会儿。

现在四年级，我们搬到了四楼，离小水池太远。于是我给他找了一个新的冷静区——窗户旁——窗口望出去的围墙边有一排高大的银杏树，围墙外小区内也是绿树葱郁。当他需要跟自己的情绪好好待会儿的时候，便邀请他趴到窗台上，眺望树，看树叶在风中起舞，看小鸟在枝头欢跳……

培养小助理

"小马达"的电量太足，跟他同桌过的人，要么不胜其烦，死活不跟他同桌；要么被他带偏，上课不听讲，玩成一片。

后来，我给了他一个特权——自己选同桌！

他的眼睛倒是雪亮，选了班上成绩好，性格也好的一个女孩子，女孩也欣然同意。可是两天下来，这个女孩受不了了，哭着对我说："苟老师，可不可以给我调一下座位嘛！"说真的，我非常不忍心，可是，如果这个女孩都不愿意当他的同桌，其他人也不会愿意的呀。

怎么办呢？经过思考后，我决定深入了解她的感受和需求，对她进行心理疏导，争取把她培养成我的小助理。

我把她带到操场，跟她单独聊"小马达"的故事："他的杏仁核跟我们有些不一样，他需要一些时间去驯服他的杏仁核。你看，每次他生气之后冷静下来，都能认识到自己的错误。他很想得到你的帮助，你还愿意给他机会，再帮助一下他吗？"小女孩很善良，她表示愿意。

于是我们一起梳理"小马达"情绪容易失控的各种情况：认为不该扣他积分的时候，不喜欢的小干部批评他的时候，想抄她的作业不给他抄的时候。然后，我们针对以上情况开始想对策——

当要扣他积分的时候，先跟他沟通一下，问问他是否认同。如果不认同，就跟他解释一下。同时，也给他制造挣积分的机会，告诉他只要当天没有生气就可以给他加积分。

当他不喜欢的小干部批评他的时候，可以这样安慰他：你可能有点儿生气，如果你觉得他批评得不对，下课我可以帮你去沟通一下。

当他想抄作业时，可以主动询问：你是不是不会做，我可以给你讲讲。如果当时不方便给他讲，可以先给他抄，下课再给他讲讲。

小姑娘很聪慧，按照我们沟通的方法去帮助"小马达"，还为他设立了专项奖，按约兑奖。他们之间的冲突减少了，"小马达"对这个同桌也充满了敬畏。偶尔犯浑的时候，我就故意逗他："你这样的话，我就把你的同桌换了！"他就会赖皮地直摇头："不，不要，不要！"

"我也不想呀，可是我就是控制不住呀。"这是"小马达"在情绪很激动时常说的一句话，这是他渴望被接纳、被帮助的呼喊。工作22年，能遇到这样一个与众不同的孩子，我把他作为上天送给我的一份礼物，一个鞭策我成长的礼物：面对不同，放下权威，放下整齐划一的规范标尺，接纳包容。

当我示范如何接纳包容学生的不同时，班上的其他学生也学着接纳，"小马达"也学着接纳——他接纳自己的坏情绪，渐渐学会跟坏情绪独处和解。因为我们的接纳，"小马达"情绪失控的次数有所减少，上课听讲的时长有所增加，与同学的冲突也随之减少。

与"小马达"的故事还未完，我将继续与他共书写，共成长！

钢琴曲背后的牵挂

成都市桐梓林小学　侯慧萍

优雅的钢琴曲悠悠传来，是那么舒心，那么令人陶醉。

记忆将我拉回到那一年9月，休完产假的我回到了校园，回到了自己的工作岗位。我迎来了一个崭新的班级，一群天真烂漫的一年级萌娃。

我们班一共50人，教室本来就不大，这50个孩子将教室挤得满满当当。这当中就有一个非常有"个性"的孩子——小宇。

深刻的第一印象

开学第一天，按照惯例，老师都会给孩子们进行入学教育。我和副班主任李老师（也是我们班的数学老师）分别给孩子们讲常规要求。我说："如果在听课的过程中有什么问题，请举手告诉老师，不要问与课堂无关的内容。"话音刚落，一个瘦瘦弱弱的男孩子歪歪斜斜地举起了小手，边举手边用眼睛在教室扫视。"小宇，请问你有什么事吗？"小宇操着一口顺溜的普通话说："老师，请问我们教室有多少张桌子？""50张。""可我觉得没那么多。"我觉得有些奇怪，为什么突然冒出这么一句话呢？这个孩子可能有点意思。

果然，接下来的一个小时里，小宇由一个爱突然发问的孩子转变成一个好动的孩子，完全不止一个画风。他开始坐不住，随意找同学说话，开始影响周围的同学，让我印象最深刻的就是他那仰天大笑的独特姿势，就像老师根本就不存在似的。放学了，每个孩子都得到一颗小星星作为奖励，唯独小宇，我们没有发给他。因为他几乎一直顽皮到放学，我和李老师招呼很多次，都无济于事。我和李老师决定放学单独留他下来教育他，直到他意识到自己的问题。

他的母亲也是全程参与，配合我们做好工作。因为小宇在小学的表现，连她都始料未及。接受了我们的教育后，小宇意识到自己的错误，我们把小星星发给了他。

这个孩子在开学第一天给我留下了深刻印象，他的名字是我第一个记住的。

说服教育

正式上课了，小宇是很快进入状态还是变本加厉呢？答案是后者。

小宇的小嘴巴总是有那么多讲不完的话题。老师在上面讲，他在下面说，甚至哈哈大笑。自己一个人说还不够，还要带动其他小朋友和他一起说。有时别人不理他，他还故意去拿走别人的东西，或者动别人一下，来激怒人家。总之，即使不能把别人拉到一起和他上课讲话，就算看着别人对他皱眉瞪眼他也非常开心。

孔子讲教育的第一条方法就是说服教育。我尝试去说服小宇。每当他上课不专心听讲，打扰其他同学的时候，下课我总会把他叫到我的身边，帮助他意识到自己的错误，告诉他应该怎么做。一次又一次，小宇好像都明白自己做得不对，但走出办公室，就把老师的话抛到了九霄云外。

搭一座家校心桥

单纯的说服教育效果不太明显，于是乎有了小宇妈妈第一次被老师通知到学校进行交流。小宇妈妈说:"本来我被医生诊断不能生下孩子的,因为我有心脏病。但是,当我得知自己怀孕了的时候,我不顾家人的集体反对,毅然生下了这个孩子。他现在的行为,和我家庭教育有很大关系。因为生下他之后,我做了一次开胸手术,没有办法去管教他,都是交给了家里的亲戚。也就那两年,小宇处于没有人约束的状态,也就造成了他现在的举止。我也很无奈。但是我希望侯老师能够帮我,帮我教育他,需要家长怎么配合我都愿意!"

听了小宇妈妈的话,看着她恳切的眼神,我想,这个孩子,我一定要努力去帮助他!

有一次,同学们都在认真做操,只有小宇一个人站在那里一动不动。我问他怎么回事,他说手疼。我一看,他只是剪指甲剪得稍微过了一点,手指甲和肉连接的地方有些泛红。我说那不碍事的,不影响跑步做操。可小宇更做出一副非常可怜的样子,冲我直跺脚,说:"就是不能跑步,就是不能跑步!"我将小宇的表现拍成照片,也拍成视频。等做完了课间操,我将小宇单独叫进办公室,和他谈心。告诉他,做课间操像他这样真的不像一个小学生应该有的样子。谁料到,他还是很固执,并且又冲我跺脚,嚷道:"我爸爸有素质,还有钱!"我从这句话中察觉出了什么,一边平复他的情绪,一边问他关于家庭的问题。小宇看到我想帮助他,开始慢慢告诉我:"我爸爸老是在客厅抽烟,我说他,他还说爸爸做的都是对的,爸爸没有错。我妈妈说他,他也这么对我妈妈……"

望着小宇,我不知道说什么好,我觉得有必要和他妈妈进行进一步的沟通。于是我将拍的小宇课间操的照片和视频发给他的妈妈,并让她抽空来学校一趟。和小宇妈妈沟通到家庭环境对孩子的影响,小宇妈妈一脸的无奈。她说:"这些应该是家丑了,我都不好意思向您诉说。不过请您将今天孩子的表现发到我微信上,我拿着您发的消息去和小宇爸爸沟通。"

第二天,小宇的表现好些了。他妈妈说,他的爸爸态度也有所改变。

爱是最好的良方

中国有一句古话:"亲其师,信其道。"要让小宇听从我的教导,首先得让他内心和我亲近才行。我下课常常把他叫到身边来和他聊聊他最近的一些情况,看到他做了一个小手工也会由衷地夸奖他,并和他探讨这个手工的精妙之处。他渐渐感觉到老师对他的关爱之后,很多工作做起来就容易多了。

我想一件一件帮助孩子意识到自身所存在的问题并去转化它。小宇的妈妈也十分配合,连续不断地让小宇带她写的书信给我。"侯老师好,我昨天想了一整夜,想到了以下几点:做操不好好做,我们就专门纠正他做操,不做好课间操就不停止对他的纠正;如果他不好好吃饭,妈妈就让他少带一点饭……每次有针对性地对他进行惩罚。""小宇昨天回家后总体表现还不错,除了午休没管好自己被'帮助',其他还做得比较不错……希望他能在这些方面继续有所改进。""这段时间小宇在家中的表现还算不错,除了不爱阅读,其他都还可以,我看到了他在家中的进步,我深知他的进步和老师的教导密不可分,谢谢您……"

表面上这场转化进展得很顺利,似乎可以平稳地过渡到大功告成的那一天,但是我心里总有一种不太踏实的感觉。

以他山之石攻玉

有时候,教育是需要契机的。

一连平静了好长一段时间的小宇,突然又开始反复了!

那是一个星期三,我去参加区教研。新来的副班主任何老师在学校照看孩子们。中午,我刚到学校,碰见迎面走来的何老师。何老师告诉我,小宇今天课间操去上厕所,趁着出来的这段时间在女厕所门口堵着女生不让她们出来,造成了一个女生的头撞到了地面,起了一个大包。

小宇闯祸了！我组织双方家长进行沟通。刚开始小宇的母亲有一些推卸责任的做法，但当女孩子的爷爷来处理这件事情的时候，我看到了一位退休教师的豁达与胸襟。爷爷说："没事，我看看，只要没有什么不适的反应就算了，我也是通情达理的人。我认为没有必要带孩子去医院，去做一大堆的检查。因为我们大人对这件事情的处理态度会直接影响到孩子今后的成长。但是孩子，你这么做确实不对，以后千万要改正啊！现在是小事，以后酿成大错了可没有老师和家长来帮助你，只有公安机关了。"爷爷的一番话说到人的心里去了。我单独和小宇的妈妈沟通，通过对比女孩爷爷的做法，也让小宇的妈妈意识到自身教育的不足。

事后，小宇的妈妈特地给我发来微信，向我道歉，为她当时想维护儿子而当着儿子的面说了推卸责任的话而向我道歉。我也借此机会让她明白我们对孩子的引导以及大人的言行对孩子成长的重要性，并告诉她，我没有放弃小宇，更没有否定他，一直相信小宇一定会成长为一个优秀的男子汉的！小宇妈妈发了一大段消息过来，说："侯老师您这么说真的让我无地自容，我今天确实太着急了，没有从根本上了解这件事情，以致造成了误解……谢谢爷爷的宽容和理解，也谢谢老师的耐心帮助和不放弃，我会用尽浑身解数来引导孩子慢慢改变……"

釜底抽薪的机会

堵女厕所的事情就发生在前一天。下午第一节课，我在办公室认真备课。教跳绳的应老师突然敲开了我办公室的门，旁边站着小宇。我很惊讶！小宇昨天才被教育了，这又是怎么了？应老师说："这孩子，上课10分钟了，还在外面玩，而且独自一个人玩。今天我上室内课，谁知一眼就看到了他。"

小宇逃课了。

下午，小宇妈妈来接他。找了一大圈都没见着小宇人影。最后在学校操场的围墙边找到了他。我觉得釜底抽薪的机会来了,这次,我要让小宇明白一些道理,直击他问题的所在!

我将小宇领到教室门口,让他观察清洁小组的同学做清洁的过程。我没有理他,只让他静静地看,认真地想。

清洁做完了,我让小宇站到我身旁,问他:"就拿做清洁这件事情来说,你觉得你和其他小朋友有什么不一样?"小宇说:"别人都很乐意,很开心。可我却挑三拣四,甚至推三阻四。"我说:"好,你认识得非常清楚。那实际上,你和别人有区别吗?你是不是比别人更特殊?"小宇说:"不是,我和他们是一样的人。""可你为什么老是想搞特殊呢?"小宇默不作声。我大声说出两个字:"态度!"我细数了小宇从去年开学至今所有出现的问题,包括上课不听讲,还不断影响别人,甚至嫌弃学校食堂饭菜不好吃,要求妈妈每天为他带饭,到最近惹出这么多麻烦。对别人要求高,对自己没要求。

听了我的教育,小宇低下了头。时间不知道是怎么过去的,我只记得后来小宇向我深深地鞠躬,说出"我错了"三个字。望着他们母子俩离去的背影,我轻舒了一口气。第二天,学校组织外出社会实践。看到坐在大巴车座位上不再随意影响他人安安静静的小宇,我知道,我所期待的已经近了。

反思教育的本质

德国著名哲学家雅斯贝尔斯说:"教育的本质是一棵树摇动另一棵树,一朵云追逐另一朵云,一个灵魂唤醒另一个灵魂。"

陪伴小宇的这段时间,我也在反思自己,我要求孩子们认真听讲,那我就要一丝不苟地备课;我要求孩子们积极参与,那我也要认真投入;我要求孩子们努力争取,那我也要全力以赴。

就这样,我用自己的实际行动,去影响小宇,去影响班上每一个学生。也许在潜移默化中，一种品格或精神会在他们心中悄然生长。

　　每到教师节，我都会收到小宇妈妈发来的视频，那是小宇端端正正地坐在钢琴前弹奏着《老师》。优美而深情的旋律，是小宇最特别的爱的表达。一支钢琴曲，一份牵挂，让我感到无比温暖。

小刺猬的成长

成都市武侯科技园小学　胡欣怡

说起我们班的小宇同学，那真的是全校闻名，无论是同年级的老师还是学校领导，都对这个一年级满校园跑，让老师和家长硬生生找了一天的孩子印象深刻。

我在四年级接到这个班的时候，提起小宇，有个同学就跟我说，他脾气不好，爱打人。坐在第一排的他，脸色瞬间就变了，他瞪着眼睛死死盯着说他脾气不好的那个同学，大声反驳："你乱说！我才没有！都是他们惹我！"

我正想问问情况，旁边的同学都七嘴八舌地说起他的故事，他满脸通红口不择言地反驳着，气得胸口剧烈起伏，最后直接冲出了教室。我怕出事，赶紧出去看，他已经跑得不见踪影了。旁边的同学跟我说，他就是这样的，一生气就跑去厕所，要不就去楼下，一会儿就自己回来了。

后来亲眼见到多次他和其他同学的冲突后，我算是知道暴脾气的孩子脾气能有多暴了。数学老师告诉我，这个孩子从小被医生确诊患有多动症。家长也很配合，让孩子按医生的建议，吃药缓和症状。但是吃药让他能在课堂上坐得住了，也直接影响了他的思维，课堂上他似乎难以理解老师讲授的内容。于是，当时的班主任和数学老师就跟家长商量，给他停药了，至于他上课坐不住、下课控制不住脾气的情形，也只有老师多费心盯着了。在前面三年的学习中，同学们都习惯了他不好惹，也知道班上就数学老师压得住他，他不敢在数学老师面前造次。

我仔细观察他平时的一举一动，发现他不发脾气的时候，非常喜欢跟同学们凑到一起，并且经常能在活动中有非常独到的见解，也很会想办法解决问题，是个头脑灵活的孩子。但这种和谐的氛围往往持续不了多久，一旦其他同学对他的观点表示质疑，他就会开始激动，不停地跟人辩论，辩着辩着就升级成了吵架，甚至动手。最后的结果一般都是同学委屈地找我告状评理，他气鼓鼓地趴在座位上喘粗气。

我有些头疼他这么难以控制的脾气，又能明显感觉他的矛盾：他想跟同学们玩，但总控制不住自己的脾气，同学们因为他脾气不好疏远他时，他一边难过，一边拿“我才不稀罕跟他们玩”来安慰自己。

处理了几次他和同学的矛盾冲突后，我总结出了经验：对于他来说，事情本身不是重点，重点在于别人对他的看法，在于别人是否误解了他的意思，这才是他情绪的爆发点。

后来我在处理他与同学的矛盾时，就会有意缓和气氛，引导他心平气和地说出自己的想法，并正确地解读他人的话语。最可笑的一次，是他跟同桌闹得不可开交，竟然只是争论到底是你先对着我“哼”还是我先对着你“哈”的。他俩闹到我面前的时候，我努力憋着笑，非常严肃地说：“既然你们都说服不了对方，其他同学也没有看到当时的情况。这样吧，小宇，你说小慧对着你‘哼’了一声，不尊重你，那你‘哼’一声回去。小慧，你说小宇对着你‘哈’了一声，不尊重你，那你‘哈’一声回去。你们一人一声，直到大家都解气了再说。”

两个同学都憋了一口气。

“哼!”

“哈!”

“哼!”

“哈!”

“哼……哈哈哈哈!”小宇忍不住笑了，小慧也“哈”不下去了。

“胡老师，这也太幼稚了吧。”小宇说。

"对呀,胡老师也觉得有点幼稚,那现在,两个幼稚鬼,你们能告诉胡老师刚才为什么吵起来了吗?"

两个同学气氛缓和了,情绪也下去了,都表示没有鄙视对方不尊重对方的意思,回去后还玩起了"哼哈二将"的游戏。

遇到问题处理问题,显然不是长久之计,我一直在想,怎么样让他自己主动地有意识地控制自己的情绪。要让一个学生愿意主动改变,就要让他感受到别人对他的信任。对小宇来说,班上的同学和从一年级起就教他的老师们,对他已经形成了固有印象,我哪怕告诉他,老师和同学都相信他,也没多少说服力。而新接手这个班的我,该怎样做呢?

在一次放长假回来上学后,才上了一节课,同学小慧不小心碰到了他,他转头一看,马上就要爆发了。我立刻打断了他,非常惊讶地问:"小宇,你今天变化好大啊,小慧刚才不小心碰到了你,还挺重的,你都没有发脾气呢。我感觉你过了一个假期,一下子就长大了呢!"

他有点得意又有点想表现得稳重些,努力没有笑得太开心,用一种"对,老师你终于发现了"的语气说:"那当然,我已经长大了,会控制自己的脾气了。"

我想,可不能放过这么好的机会,要巩固一下成果:"小慧,你觉得呢?"

小慧点点头:"我觉得他脾气是变好了,小宇,对不起,刚刚撞到你了。"

小宇一副这点儿小事算什么的表情道:"没关系,同学之间要相互宽容。"

整整一天,小宇都带着会控制自己脾气的自豪感,在自己快要发火的边缘都及时地控制了自己。

我不失时机地对他加以教育。几天后,找了个他刚刚进教室的机会,假装没有看到他,询问在我身边改错的同学:"最近小宇感觉脾气好了很多，是不是?"改错的几个同学都七嘴八舌地说:"是啊是啊,他都没有打人了。""嗯嗯,今天我们体育课还玩你画我猜呢!"我说:"是啊,其实小宇不仅脾气变好了,他本来就有很多优点的,他思维可灵活了,他那脑瓜子里,总能想到别人想不到的好点子。"

小宇就笑着走过来说:"因为我要动脑筋啊,老师说了,脑子不用就废了。"

我也笑着说:"好呀,那你以后想到什么好点子,可要多跟同学分享啊。"

小宇得意地回答:"那是自然!"

后来,整整一个学期,他发脾气的次数一只手都数得过来。他经常在要发火的时候,吸一口气,说:"算了,我不跟你说了,懒得跟你计较!"然后走开,调节一会儿,就没事儿似的跟其他同学玩去了。

最严重的一次,是他被几个同学误会,气得跑到教室外面的地上坐着。谁都劝不了,上课的老师也不能把他喊起来,班上同学赶紧到办公室找我。

我走到教室门口的时候,弯了弯腰,没有说话,伸了一只手给他。他抬头看到是我,犹豫了一秒钟,拉着我的手站起来了。我轻言细语地问他事情的经过,又跟他聊了几句。他总算缓过了情绪,回座位接着上课去了。

我很感动他对我的信任,他慢慢学会了控制情绪,被全班同学接受,他再生气也不会对同学动手,再生气也不会跑离教室了。

一个孩子,当他一直表现得暴躁,情绪剧烈而极端,那是因为他没有得到足够的信任和平等沟通的体验。在不断处理他与同学矛盾的过程中,我从他父亲那儿了解到,他在家里,除了奶奶,其他长辈虽然也爱他、关心他,但说话比较凶,也爱挑刺,所以他对别人的否定非常敏感。一个小学的孩子,他在家庭里长期感受到的是否定,长期积累的是不满的情绪,到了学校自然就集中爆发了。当他把这些情绪对着同学发泄出来,同学们就对他越来越疏远,越来越不信任,从而形成恶性循环。

我跟小宇的家长在长期的沟通中建立起了足够的信任。这为后来处理五年级他的一次"罢课"事件打下了基础。

当天正是星期五,学校开运动会。运动会向来是孩子们特别热爱的校园活动,容易兴奋,小宇也是如此。由于他在排队中克制不住多次讲话,我提醒几次他仍不改正后,就批评了他几句。数学老师甚至拿了自己身上带的糖给他吃,带他去旁边说了几句后,又让他回来。回到队伍中的他,旧态复萌,数学老师忍不住发火了,说:"你这么没有组织纪律,运动会还怎么参加?"

谁知他倔脾气也上来了:"不参加就不参加!我才不稀罕!"说完就冲回教室了。

我和数学老师怕他一个人出事,赶紧跟上去了,在他推桌子之前制止了他。数学老师跟他对质几句后,他大声说:"我不在这儿读书了,你再也不是我的老师了!"

数学老师坐下来,寸步不让地说:"好!你不当我是你的老师,那你坐下,我们来好好说一下这个事。"

小宇梗着脖子说:"我不是这个班的学生了,我没资格坐这个班的凳子!"

"我允许你坐!"

小宇刚才的气势一下子就变弱了,他不想按照老师说的坐下来,但是找不到理由反驳,于是气呼呼地坐下来了。

数学老师于是开始跟他谈,如果不做她的学生了,那得把他这几年从老师那儿学的知识还给老师,那就两清了。

小宇简直都蒙了,他以为单方面断绝师生关系已经使出了撒手锏,万万想不到是给自己挖了个坑。他憋了会儿,说:"可是我都记住了,我又没办法忘，我怎么还给你？"

数学老师说："那你写下来，把这几年的数学知识写一遍交给我，我就算你还给我了，从一年级开始吧。"

小宇哇的一声就哭了："一年级的我早就忘了！"

数学老师退了一步："那就从这学期开始。"

小宇没办法，眼泪汪汪地开始写数学知识，一边写一边说："写就写，我还给你！我还给你了我就去别的学校，我再也不在这个班级这个学校读书了！"

数学老师跟我对视一眼，都知道这孩子今天是要轴到底了，不彻底解决，下周来还有得闹。我于是温和地说："好，你要转学，胡老师不拦着你，到时候胡老师亲自去请教导处的老师给你转学籍。但是我得先给你爸爸说一声，你们周末就先去找一下周围的学校，看你想去哪个学校，说好了，我们再把你转过去，否则我们这边转出了，你没有找到愿意接收你的学校，那你怎么办？"

他一边写着，一边悄悄打量着我给他爸爸打电话，似乎是有点不知道怎么下台，又不肯承认自己实在是无理取闹。

小宇爸爸到学校的时候，一个劲儿地给我道歉，说孩子不懂事给老师添麻烦了之类的话。我跟小宇爸爸打电话说的是转学的事，但在等他过来的途中就发了短信，要小宇爸爸配合我们演一场戏，假装真要给小宇转学，并且要带小宇去周边学校问问，看哪所学校愿意接收他。

小宇爸爸二话不说，依计行事，当天就带他去周边学校问了。我特意嘱咐过他，小宇非常聪明，如果你只是问问校门口的保安，肯定是骗不了他的，一定要真正询问转学事宜的流程。

小宇跟着爸爸离开了学校，自始至终都扭着头看向一边，用沉默的姿态表达自己的坚决。等到了周一，还是爸爸陪着他到学校，他态度端正地承认自己的错误和任性。

从那以后，他再没有让我们操过心，反而越发贴心了。因为他本就是个极聪明的孩子,当他控制好了自己的脾气,那情商之高,全班他数第二没有人敢数第一。

六年级的儿童节上,哭得最大声的是他;毕业那天,忍不住跪下感谢老师教育的是他;毕业后每每教师节都回来看老师的,还是他。

我后来常常想,小宇固然因为患有多动症,而让老师和家长都格外费心,但真的没有哪个孩子是不想学好的,也没有哪个孩子是不渴望被信任和肯定的。我也很庆幸,在其他老师和孩子家长的共同努力下,这个多动症的孩子从情绪失控的边缘回到了正轨。

毕竟,有哪个小刺猬不渴望温暖和拥抱呢?

理解顽童，走近顽童

四川天府新区籍田小学　蒋佳川

2012年9月我正式成为一名小学教师，接手了我的第一个班级——三年级一班。刚接手三（1）班时，有三位同学给我留下了深刻的印象，吴英就是其中之一。他皮肤白皙、身高突出，是一个漂亮的男孩子。但他总是含胸驼背低垂着脑袋，我一度以为他是一个性格内向的学生。一个月后，我彻底否定了自己的看法。

他常常捉弄同学，会偷偷把同学的书本、文具藏起来，让对方像无头苍蝇一样到处寻找；他会在课堂上传小纸条，扰乱课堂秩序；他常常不按时按量完成作业，考试成绩一塌糊涂，让语、数、英三科老师唉声叹气，而他却嬉皮笑脸满不在乎；他常常因为一言不合就对同学大打出手，把班级搞得鸡飞狗跳；他不接受老师的任何批评，经常跟老师唱反调……他的种种行为都表明了一件事——这是一个调皮的男孩，一个让老师头痛的顽童。

成为他的数学老师兼班主任后，我尝试过一些办法来改变他：跟他谈心，晓之以理、动之以情，希望他不要再捉弄同学，但他总是左耳朵进右耳朵出，全然不在意我说什么；跟他的家长交流辅导作业的技巧，希望通过家长的监督来提高家庭作业的质量，但每天交上来的家庭作业依旧缺质少量；安排"小老师"帮助他学习，希望用优秀同伴的力量来转变他的学习态度，但他十分排斥"小老师"的帮助……经过一个学期的努力，这些办法都失败了，他依旧吊儿郎当地对待学习，乐此不疲地捉弄同学，期末的考试成绩糟糕透顶。

面对吴英，我有一种束手无策的挫败感。但命运就是这样的神奇，当你灰心丧气的时候往往就是转机到来的时候。

三年级下学期的某一天，我正在办公室批改作业，一个同学跑进来喊道："老师，不好了，吴英和张阳在英语课上吵起来了，吵得好凶，英语老师都喊不住他们。"我赶紧跑到教室制止了两人的争吵，并把他们带到办公室了解事情的经过。原来是一组单词引发的争执，英语老师请吴英读单词，在吴英读单词的过程中张阳一直在后面"嘿嘿嘿"地笑个不停，吴英以为张阳是在嘲笑他的发音不标准，于是冲张阳大声吼道："你笑什么笑，你有病吗？"由此开始了激烈的争吵。经过交流，张阳也承认确实是在笑吴英的英语发音，但他表示自己没有恶意，就是忍不住想笑。

英语发音不标准是很多学生在学习英语的过程中都会遇到的问题，孩子们也常常拿发音不标准这件事互相开玩笑，但没想到吴英的反应会如此激烈。此时，我才发现吴英顽皮的外表下、满不在乎的态度下隐藏着极度的敏感与深深的自卑，或许他对学习的态度没有自己表现的那样满不在乎。

那天，我和他俩进行了深入的谈话，我说："我已经了解你们在英语课上吵架的经过了。吴英，我明白你为什么生气。说实话，我的英语也不好，我要鼓起很大的勇气才敢在其他人面前说英语、读英语，如果有人笑我，我也会伤心、难过和愤怒的。今天你还是比较克制，没有动手，这一点让我很欣慰。"听了我的话，吴英紧绷的神经松弛了下来，表情也没有那么苦大仇深了。然后，我拿过英语书给张阳，让他把刚才的单词读给我听，张阳读得磕磕绊绊，许多单词的发音很不标准，慢慢地，张阳读单词的声音越来越小。我让张阳停下来，问道："你觉得自己的发音标准吗？"张阳摇头。"是的，你的发音也不标准，你和吴英在英语学习上都存在困难。所以，我认为你应该是最能理解吴英心情的人，理解他面对英语的紧张，理解他需要很大的勇气才敢在大家面前读单词。如果今天受到嘲笑的

给你一点时间长大

是你,你不难过吗?将心比心,你也会难过的,对吗?"听了我的话,张阳抿着嘴唇低下了头。在我的要求下,张阳向吴英道歉,两人又一起向英语老师道歉。

这件事情后,吴英有了一些变化。我说的话他愿意听了;我安排的班级活动他愿意参加了;不按时按量完成的数学作业,也会歪歪扭扭地写完交给我,当然大部分题解都是错的。

我不禁开始思考:为什么之前他不愿意听我的话,现在却又愿意了?

我想,大概是在上次的英语口音事件中,他感受到了我对他的理解和善意,所以他开始愿意听我的,给我一个教育他的机会。英语口音事件仿佛是一块敲门砖,将吴英那扇紧闭的心门敲开了一道缝隙。也许,他之前无视我的教育和帮助就是因为我从来没有站在他的角度去看待问题、解决问题。因此,我开始去了解吴英,从他的家长那里,从他之前的班主任那里,从各位科任老师那里,从同学那里。

经过了解我才知道,吴英的父母很早就离婚了,现在的父亲是他的继父。母亲再婚后又生了一个小弟弟,小弟弟在家里得到了妈妈、外婆和继父的宠爱,他很失落,觉得自己不受重视,他调皮捣蛋就是为了引起大家的关注。另外,他的成绩不好,尤其是数学一直垫底,因此常常被外婆和妈妈数落,他觉得自己很没用,对学习的满不在乎也只是为了掩饰自己在学习上的无力。吴英的内心充满了自卑、敏感,甚至是愤怒与难过。

对有的学生而言,优异的成绩就是他的底气。在了解了吴英的情况后,我决定先帮助吴英提高成绩,而他也非常配合。课间休息时,我会要求他留在教室里改错,把错题一个一个讲给他听,帮他分析错误的原因。放学后,我会把他留下,指导他提前完成数学家庭作业中比较难的部分,减轻他回家后的作业负担。课堂上,我会抽他回答一些比较简单的问题,在他回答正确后表扬他,让他获得学习的满足感。每次单元测评后,我会指导他进行试卷分析,让他发现自己的进步,树立学习数学的信心。我会定期联系他的家长,交流吴英的变化和进步,并建议家长有的放矢地表扬吴英。同时，我积极跟语文和英语老师沟通，大家互相配合形成教育合力，一起帮助和引导吴英。

经过一学期的努力，吴英的学习态度有了转变，学习成绩也有所提高，上课不再乱写乱传纸条，能积极地回答问题，作业的质量也越来越高。尤其是数学，进步明显，在后来的数学检测中，他的数学成绩几乎没有下过 90 分。

有一次，他偷偷告诉我，外婆和妈妈知道他数学考了九十多分非常开心，他觉得自己还是很有用的。这个自卑的孩子在学习上终于扬眉吐气了。

在帮助他提高成绩的过程中，我一直想解决他爱捉弄同学这个毛病，但效果不佳。一件事情的发生，让我有了改变他的契机。

四年级某一天放学时，吴英急匆匆地跑来找我告状，原来他的书包不见了，他怀疑是某同学把他的书包藏了起来。见他如此着急，我反而冷静了下来，心里还暗暗高兴，教育你的机会终于来了。在陪他找书包的过程中，我问他："书包不见了就不见了，不用这么着急，重新买教材就是。""那怎么行！我的语文书做满了笔记，数学练习册都做了一大半了，明天还要读书，我怎么上学呀……"吴英说着就哭了出来。"现在知道着急啦，上周你把李雨的英语书藏起来，我看你笑得挺开心的，我还以为你不在乎书本呢？""我怎么可能不在乎自己的书本，我辛辛苦苦地写了那么多笔记。""吴英，你的书包不见了，你会着急，那你换位思考一下，那些被你藏起书本的同学，他们不着急吗？他们的语文书上也写满了笔记，他们的练习册也已经做了一大半。他们的难过和你现在的难过是一样的！我从来没有期望过自己的学生会成为成功人士，但我希望我的学生不要成为给他人制造痛苦的人。"

后来，我们在操场的大树后面找到了吴英的书包。原来最后一节课是体育课，他为了早点回家就把书包带到了操场，上完体育课又忘了这件事。虽然这是一个乌龙事件，却让吴英体验了一次找不到书本的着急上火、担心难过。"己所不欲勿施于人"这个道理他应该是体会到了。这件事后，他再也没有偷藏过同学的书本，班上也少了一些告状的同学。

在跟吴英相处的过程中，我明白了两个道理：第一，老师在教育和帮助学生时，要对症下药，展现老师的权威和能力也许很重要，但更重要的是多站在学生的角度想一想问题，这是走进孩子内心的关键。第二，比起空洞的说教，切身的体验更深刻，对于敏感的孩子，不妨引导他们多站在他人的角度想一想。

后记

2022年9月12日，我和搭班老师戴着口罩在校外的人行步道边给新生发教材。受新冠疫情影响，开学后一直在进行线上教学，新入学的孩子们还没有得到教材。忽然头顶传来一个犹豫的声音："蒋老师？"我抬头一看，一个高瘦、白皙的少年正站在我的面前。"你是……吴英！""是我，毕业这么久了，你还记得我呀？""为什么不记得！我可教了你们4年。"说着，他从口袋里掏出手机，打了一个电话，说道："李雨，我看到蒋老师了，就在小学门口，赶快过来！"看着面前这个阳光、自信的大男孩，我一时感慨万千。那天下午，我们三个聊了很久，聊了他们当下的状况，聊了他们未来的规划。我开玩笑道："我那时很凶，恨不恨我？""没有，绝对没有！我们毕业这么多年，没有一个同学说你不好的话！"吴英回答道。

回到办公室后，跟同事聊起这件事，我说："不知道为什么，听到他这么说，我特别开心，比我获得了荣誉称号还开心。"我想，这大概就是老师的幸福吧！

爱，让我们彼此遇见

成都市武侯实验中学附属小学　康丽娟

爱，是教育力量的源泉，是教育成功的基础。就如丰子恺所说的那样："教育上的水是什么？就是情，就是爱。教育没有了情爱，就成了无水的池。任你四方形也罢，圆形也罢，总逃不了一个空虚。"

不是老天偏爱"笨小孩"

小博文是个拘谨沉默的孩子，课堂上回答问题时，无论我如何启发，如何鼓励，他也一句话不说。那躲闪的目光，无处安放的小手以及不停抖动的双腿……就像一只陷在重围中的小鹿，那么无助。

小小的人儿，也懂得生活的苦恼，时常听得他叹气："哎，我真的是一个笨小孩。"

我便来到他身边，拉开椅子，坐下，清唱："老天——爱——笨小孩！"

他笑了一下，眼圈却红了："康老师，我的听写还是写不出来，我的数学解决问题还是不会做，我的……"

我赶紧搂住他的肩，轻轻拍："老师也有不会写的字啊，还记得那天课堂上，我也写错字了；还有那天的试卷上，我也做错题了；还有……"

小孩先是一愣，接着破涕为笑，拉着我的手说："原来，我们都是笨小孩啊。"

给一点时间,你长大

这个慢热的小孩,在学习上总会"摔跤",而摔倒了却不愿爬起来。因为他说:"爬起来之后,还是会摔跤,躺着多好啊!看,天多高,天多蓝啊!"我跺跺脚,想愤然离去,但却不能,我要想办法让小孩对学习感兴趣。

喜欢摆弄花花草草的我,在网上购买了两个大花盆放到班级小阳台。

小孩跑过来,悄悄地问:"老师,这是要干什么呢?"

"我要种菜。"我放下花盆,拍拍手上的灰尘。

"真的吗?我也想种。"小孩有些激动,直搓手。

"可以,明天种子就到了,我到时候叫你。"小孩开怀大笑,一蹦一跳地离开了小阳台。

第二天,我在网上购买的蔬菜种子经过长途跋涉终于到了。午休时间,我去门卫室取回快递,拆开包装,拿着两包种子喜悦地向教室走去。"博文,博文,种子到了,快跟我来小阳台!"只见小孩屁股一抬,快速离开座位,高兴地小跑到阳台。我拿出一包种子递给他,一包留在自己手里。我一边撒种子,一边说:"种子撒下去,再盖上土,浇水,就等着它们发芽!"我话还没说完,就瞧见小孩有模有样地往另外一个花盆撒种子,盖土,发现有不平整的地方,还特意拿出小钉耙耙两把。

趁着小孩给种子浇水的时候,我连忙问:"博文,你还记得我们刚才是怎样播种的吗?"

小孩愣了一下,望着我说:"记得啊!先撒种,接着盖土,再浇水。"

"那你今天开心吗?"

"开心!"

"嗯,开心就好!现在老师奖励你把刚才咱们做的事以日记的格式记录下来,记得要写上自己的心情哦!"

小孩看着我,呆住了,而水壶还在不断地往下滴水。他好像在说:"谁说老师是笨小孩呢?"然后我背着手,笑着满意地离开了小阳台。

接下来的日子里,我期待着小孩的种植日记本能躺在我的办公桌上。

一天，两天……终于在第四天，一本小字本出现在我的办公桌上了，封面上用彩笔画了一棵小嫩芽，还工工整整地写着"博文种植日记"。第一天，小孩记录了我们的种植过程，还特意在最后一句写上"今儿，我真高兴！"第二天，只有一句话，"今天，种子没有变化。"第三天，第四天，依然如此，我在日记后写上我的评语："日记格式正确，观察仔细。"

周一早上，我把包放到办公室后，便准备去教室组织学生到操场参加升旗仪式，刚走到楼梯转角处，就听见教室里吵吵嚷嚷的。一个小脑袋探出教室后门："康老师，快来，种子发芽了，同学们都在小阳台挤着瞧。"我三步并作两步，赶快走进教室，一来担心阳台小，孩子们不安全；二来我也想看一看博文的劳动成果。果然，绿绿的小芽个个精神抖擞，迎风挺立。我用手机记录下孩子们的笑颜，记录下绿芽的生机。而小博文也在日记本上这样写道："今天是星期一，我早早地来到教室，想去看看我的种子发芽了吗。放下书包，推开小阳台的门，'哇！发芽了！发芽了！'我高兴得手舞足蹈，还大声尖叫。我的尖叫声引来了一群小伙伴，他们你推我挤，不一会儿便把我挤出了阳台，我害怕他们伤着小苗。于是，我便站在教室后门口，一会儿看他们，一会儿看走廊，阳台上的人越来越多，有的站在教室里的板凳上，有的站在小水池边上，还有的趴在窗台上，真吓人啊！咦，康老师怎么还不来呢？我要告诉她，我们的种子发芽啦。"

班会课上，小博文站在讲台上读完自己写的种植日记后，台下响起热烈的掌声。小孩在掌声中红了脸，也红了眼。

"一把钥匙开一把锁。"我用小小种植让小博文找回了自信。此时，谁还能说我们是笨小孩呢？我知道，不是老天偏爱"笨小孩"，是"笨小孩"更懂得努力。

与你们同行，风景独好

小博文的小菜苗越长越喜人。每天清晨，当白云刚刚擦亮那淡淡的晴空时，一个个小脑袋瓜便出现在小阳台前，使劲儿地往前凑，而此时的小博文，倚靠在门边，嘴里哼着小曲，手里拿着笔和本子，不停地写着，写着……小脑袋瓜们回过头，看着嘴角上扬，哼着小曲的小孩，他们噘起了小嘴，心里不乐意了。我看在眼里，乐在心上。课间休息时，我在家委会群里和家长们商量，请他们帮忙置办一些多肉苗、多肉盆和泥土。我打算利用周二班会课时，和孩子来一场"肉多多"种植记。

班会课上，我抱着一个大纸箱来到教室，一群孩子叽叽喳喳，好不热闹。我打开纸箱，拿出多肉苗，多肉小盆整齐地摆放在讲台上，孩子们一下子就沸腾了。

"我也有植物了！"

"我也可以种种子了哎！"

……

忽然一个声音响起："怎么没有土？"我循声望去，原来是小博文。

"哎呀，老师忘记拿土上来了，可是土好重的，我一个弱女子，怎么拿得动呢？"

"我去，我去！"一双双小手在我眼前挥舞，舞得我眼花缭乱，我急忙抓住一两只小手，"去吧，去吧，在办公桌下面，小心一点，别把土弄撒了。"

不一会儿，男孩子们抬着土上来了，个个满头大汗，但却神采奕奕。我找来四个洗手盆，把装土的袋子剪开，然后把土倒进盆里，一切准备就绪。

"好了，孩子们，谁来当老师的小助手，把多肉和盆分发给大家呢？"

小博文第一个举手，不等我叫他，他便站起来说："老师，我来，我有经验，不会弄坏多肉的。"我冲他点点头，只见他走上讲台，小心翼翼地拿起一棵多肉放在手心，再拿起一个小花盆，轻轻地走到同学的座位前，再轻轻地放在同学的桌上，一棵，两棵，三棵……直到44棵都放好。此时，我的心中有个声音在呐喊："亲爱的小孩，当你手捧多肉，对它呵护有加时，你的善良感染了我们；当你满脸微笑将多肉递给同学时，你的快乐传递给了我们；快看，每朵花儿，每片叶子，都在为你高兴。"

"我们第一步要先给盆装土，不能装太多，也不能装太少，看，像老师这样，轻轻地一勺一勺地舀，再轻轻晃动一下小花盆，土和盆口平行就好了。看明白了吗？孩子们。"

"看明白了。"

我立刻将四个装满土的洗手盆发给四个大组，放在第一组同学的课桌上，每组同学轮流上来装土，交谈声，欢笑声，花盆掉在地上发出的哐当声，各种声音混杂在一起，宛如闹市的一首交响乐。

"现在我们要开始种多肉了，小眼睛，看老师。我们先把离根部比较近的叶片轻轻掰掉，然后用食指在盆中心挖一个小坑出来，再把多肉轻轻放进去，埋土，压实了。"我一边种，一边说。

台下的小孩们跃跃欲试。我一边巡视，一边指导。种好的孩子眉开眼笑，捧着手中的花盆，如珍似宝。掰不掉叶片的孩子着急万分，嘴里念念有词，手指不停翻转。不一会儿工夫，所有孩子的小花盆都种好了。我拍拍手，示意他们安静。孩子们将种好的花盆放在课桌上，坐直，一张张小脸掩不住的喜悦。

"孩子们，2020年是不平凡的一年，新冠疫情暴发，钟南山爷爷第一时间赶往武汉，指挥作战，许多叔叔阿姨坚守在抗击疫情第一线，他们冒着生命危险与病毒作斗争。5月，我们返校上课了，看着你们灿烂的笑脸，如花的生命，老师感到高兴。今天，我也将这小小的生命交给你们，希望你们也能做一名卫士，爱护它们，呵护它们。你们能做到吗？"

"能！能！能！"响亮的回答响彻整个校园。我耳边回响着孩子们稚气的声音，眼前闪过一张张如花的笑脸。我想说："孩子们，我爱你们。快乐就是那一张张笑脸,快乐就是那一句句'能'。我善良的孩子们啊,与你们同行,单调的风景充满诗意,平常的日子变得新鲜,天空都变得空灵而明净。"

  快乐在左,你们在右,而我,就走在你们的中间。谢谢你们,我亲爱的孩子们,爱,让我们彼此遇见。

与众不同的王

成都市桐梓林小学　李星星

"一二三!""请坐端!"小学一年级刚开学不久,天真的小朋友们时而调皮,时而乖巧,绝大多数孩子很快适应了小学一年级的生活。而他,却与众不同。他皮肤白白的,个儿高高的。老师平时跟他说话,他也总是眼睛望一边,回答问题就用"嗯嗯嗯"。

开学第一周,他每天上学迟到。由于没有按时进教室,我便马上跟孩子妈妈联系。"老师,今天迟到是我的错,闹钟没有响!""老师,今天早上吃馒头,我催了他,他呛着了,对不起,我错了!"……孩子妈妈回复我迟到的理由总是千奇百怪,关键都是妈妈的错。经常和妈妈交流后,我才知道,孩子是单亲家庭,妈妈一边工作一边照顾孩子。所以,在迟到的事情上,我也没有过多地追究,只要不是很晚,只要没有超出学校上报人数的时间,我就不再催他。他姓王,名副其实就是我们班的"迟到小王"。

迟到也就影响自己一个人,这都不算事。他是我们班的"山大王",则是另一码事了。一年级的时候,美术老师提醒他做眼保健操,他疯狂地把课桌推翻;数学老师制止他打同学,他就用拳头打数学老师;体育老师批评他爬篮球架,他闭着眼睛拼命地哭;德育主任喊在走廊游荡的他回教室上课,他却回家跟妈妈说老师用剪刀恐吓他;我让同学喊他回教室上课,他就捡石头扔同学……他就是"自由王",想上课就上课,想干什么就干什么。他还是"脾气王",乱发脾气。脾气说来就来,等脾气一过,老师说什么都对。本来就忙碌的一年级,加上有这么特别的他,任课老师

给一点时间让你长大

谈到我们班，谈到他都直摇头。他就像我的指挥棒，天天"指挥"我团团转。他就像我的点火器，随时都可以让我郁闷一整天，担心一整天。

直到有一天，我听到李镇西老师对我们说："当你遇到顽童时，恭喜你，你有了科研对象了！"于是，我也转变自己的观念，经常在要发火的时候，心里默念："研究对象！研究对象！"在这句法宝之下，我也渐渐地平和了。

有什么好办法让孩子少发脾气呢？我想，奖励嘛，奖励对孩子来说总是一件好事情。我和孩子约好奖励办法。开始，每天按时进教室上课就能得到一颗奖励星；后来，慢慢地增加按时做作业才能得到两颗奖励星。开始，一天都很开心，没有发脾气就能得到星星；后来，知道有困难找老师也能得到星星。通过累计奖励星星的个数，找老师兑换礼物。奖励的办法持续了好久好久，终于让他基本上明白了学校的规则。但是，他还是时不时给我一些意外的"惊喜"。

印象最深的是三年级的那一天，学校正在迎接上级检查。我待在办公室里，心总是七上八下的，也不知道在操场上孩子们的表现怎么样。我正准备去操场看看孩子们的体育课，没有想到，刚出办公室的门，就看见小薛和小王正在打架。于是，我赶紧把他们分开，请小薛回操场上课，小王跟我到办公室。刚开始，他跟以前一样，也是闭着眼睛一直号啕大哭。我让他坐在板凳上哭，等他哭声小了，我拉着他的手，说："你睁开眼睛，看着我哭。"于是，他就轻轻睁开眼，瞟了我一眼。我立马抓住这个眼神，也真诚地望着他。他又立马躲开了我的眼睛。"告诉老师，为什么哭？""我的腰包……被他……扯坏了……"在他断断续续的哭声中，我终于弄明白了他打人的原因。现在，我也不批评他逃课，不批评他打人，干脆地说："没有关系，我让他赔！"估计这句话出乎他的意料。他抬头又望了我一眼，但是又立即躲开了。看来，他是满在乎这个腰包。"赔一个？"他摇头。"赔两个！"他点了点头，于是，我马上拿起手机，背着他，给小薛妈妈发了一条微信。"薛妈，赔我演一场戏哈！""好的，答应老师，只要小薛赔你两个腰包，你就要学会原谅别人，不可以再生气，再乱发脾气了，好吗？"哭声几乎没有了，只有点点抽泣声。过了几分钟，我再给薛妈妈打电话，我先问薛妈，看到微信了吗？薛妈说看到了。好，于是，我打开了手机免提："薛妈，你儿把小王的包弄坏了，小王很伤心，赔两个哈！"小薛妈真的懂我，一口就答应说："好，没问题。"听了小薛妈妈的话，小王的脸色才真正地缓和了。

等下课了，我让小薛到办公室，问清楚了事情的缘由。我还查看了学校的监控。原来，最不喜欢上体育课的他跟平时一样溜回了教室，体育老师可能考虑有检查的特殊性，就叫小薛去教室里喊他回操场上课。小薛走到教室门口，喊："小王，跟我走！"小王听到有人喊他，还是离开座位走了出来。刚走到教室门口，小薛就说了一句："快去上体育课！"就是这句话，小王一下就不乐意，转身就回座位。小薛就去抱着他的腰，拖他往操场走。小王哭着打着小薛，身体强壮的小薛就算挨了打，也要拼命拖他去操场。就在这拖拉打闹的过程中，我及时出现了。

下课了，我看小王基本上已经平静了。我再找来小薛。我先指出小薛的不对，再指出小王的不对，最后再教给他们交流的办法，最后把正确的交流方式演一演。这时，平静的小王也能坦然接受老师的话。两个小朋友握握手，互相原谅了对方。后来，我也跟小薛妈妈解释了这件事情，当然我不可能真的让她花钱买。我也买了两个同款腰包，让小薛当着我的面赔给小王。

现在回想起来，这样处理看似有些偏袒小王。但是从此以后，小王和我有了眼神的交流。眼睛是心灵的窗户，这句话真不假。这件事建立了我和小王之间的信任，让他真正地感受到老师是学校里可以帮助他的人。从那个躲闪的眼神开始，我就知道我们心与心之间有了一座桥。

孩子慢慢长大，转眼到了六年级。虽然还是偶尔有不和同学交流的情况发生，但是从科任老师的称赞中，可以看到小王已经学着和其他同学一样，学着控制自己的情绪，学着和同学沟通，学着交朋友……

如今，小王已经顺利进入中学，希望孩子能很快适应初中的生活，成为更好的自己！

解二年级之"寒毒"

眉山映天学校 李雅蕾

他,又打人了。用他的话说,是爆发。

初 见

他叫魏然,是这学期转入我校六年级一班的新同学。开学第一课,我就感受到这孩子"非同一般"。他的眼神里总渗出一股冷漠,就连同学们笑得前仰后翻时,他也异常冷静地坐在那里,好像教室里发生的一切都与他毫无关系。

下课后,我找了个借口请他来到我办公室,询问他对新学校、新班级、新老师、新同学的感受。他冷冷地说:"还行。只要他们不惹我,我就不会惹他们。他们要是惹我,我肯定会自卫反击的,他们会死得很惨。""自卫"这个词让我隐隐感觉他经历过什么不好的事情——他说他经历的事情是我无法想象的,被爸妈打,被老师歧视、被同学欺负。我再追问细节时,他就呼吸急促要呕吐的样子。情绪稍微平复一些后,他挽高袖子,咬着嘴唇,给我看他心情不好时自己抓伤的手臂。我心里很不是滋味,伸出手想帮他拉下袖子,他下意识地躲开了。

此刻,我确定,他的确"非同一般"。我告诉他,同学们都很友善,老师也会公正对待每一个孩子,以后有什么事可以随时找我。他冷冷地离开了我的办公室，背影里好像刻着四个字"鬼才信你"！

观　察

我和他的班主任唐老师沟通，决定召开一次本班全学科科任老师会议。因为我们认为，十几个老师有十几个老师的性格、想法、教学计划和要求，要全学科老师尽快了解他的情况，大家步调统一来帮助他，才能有效果。在会上，我把了解到的这孩子的就学经历、心理现状跟老师们聊了聊，我们统一思想，对魏然要更耐心、更宽容，发现优点及时肯定，以建立起良好的师生关系为现阶段对他"私人定制"的教育重点。因为没有好的师生关系，就没有好的教育。同时要关注他和其他同学的交往情况，有问题及时干预、引导，避免发生严重冲突。会后，班主任对宿管和生活老师，也一并转达了这个意思。

接下来的两个月里，我们在观察他，他也在观察我们。他在体育方面表现很不错，因为父母送他去参加过很严格的军事夏令营，他整队集合等做得有模有样，加上他在班上个头最高，同学们还选他当上了体育委员。老师们也不苛求他每次按时完成作业，只要他在做，老师都给予善意的提醒和鼓励。他对数学还很有兴趣，所以数学作业完成得还不错，也因此得到过很中肯的表扬。两个月的时间里，他和同学动过几次手，是因为一些小摩擦，好在没有造成身体伤害。老师只要公平处理，他也不狡辩，甘愿认错受罚。渐渐地，我再遇到他，他不会躲开我搭在他肩上的手了。

我们以为——这孩子也许不是个"大难题"。

大爆发

第三个月刚返校，他又打人了。班主任唐老师了解了具体情况：中午在寝室，魏然把自己的杯子借给了小陈，午休后回到教室，魏然想要回杯子喝水，但小陈还在用他的杯子冲芝麻糊喝。正在掰扯时，小沈站在一旁，魏然没好气地冲他喊："滚开！"小沈没有理会，魏然就推了小沈几把，小沈没有还手，只质问他："我惹你啦？我惹你啦？"这时，他看到唐老师来了，便若无其事地跑出教室对唐老师说："唐老师，我打人了！"唐老师说："怎么又打人了呢？不是说好要控制自己的情绪吗？"他也许是感到了老师的失望，扭头就冲进教室，站在讲台上，狠狠地把拳头砸向讲桌："哪个不服的全部上来！我打个遍！"顿时，全班同学都被吓住了，走廊上的老师也始料不及，唐老师和旁边的秦老师赶忙跟进教室，一边安抚他，一边把他带出了教室。

"二年级寒毒"

等平复了情绪后，魏然很后悔，觉得对不起同学。他说："我不应该把小时候积累的情绪撒在现在的同学身上。"有了前两个月建立的一点信任和好感，孩子把小时候受到伤害的经历告诉了我们。他觉得一切的悲剧都开始于小学二年级。

第一件事，二年级的时候，从小带他的爷爷去世了，他很思念爷爷。爷爷去世以后，他才回到父母身边，所以感到很陌生，就更思念爷爷。

第二件事，二年级的时候，一个同学拿扫把打他，他抢了下来，扫把正在他手里时，老师出现了，以为是他在打同学，也不相信他说的话，要求他回家写检讨。二年级哪会写什么检讨呀，在妈妈的斥骂声中，好不容易拼凑出了几十个字。后来按老师要求去一个理发店交给正在做头发的老师，老师当着整个理发店的人，狠狠地批评了他们母子。他觉得丢尽了颜面。而妈妈没有相信他说的话，事后也没有安慰他一句。

第三件事，二年级的时候，因为学习成绩不好，比较顽皮，常被老师批评。回家以后爸妈都是棍棒教育。给他留下心理阴影最大的一次，就是妈妈拿着跳绳勒他的脚脖子，幸好外婆及时进来救了他。我听到这里，心疼极了。我安慰他说："妈妈这样做是不对的，来，老师抱抱你！"我紧紧地把他抱住。他说还有很多，爸爸妈妈让他不能跟别人说……他说，这次就是因为又想起了这些事情，心里憋得慌，就爆发了。

我们正聊着时，魏然的妈妈来了。

他的妈妈正好听到了"勒脚脖子"这一段，一开始，她还是想模糊这些事情的，但激起了孩子更强烈的反感，甚至是恨意。孩子瞪着她说："不是这样吗？不是这样吗？！"妈妈这时又尴尬又后悔："可能妈妈记不清了。"她蹲下来温柔地拉过孩子的手，但被孩子狠狠地甩开了。妈妈再次靠近孩子说："妈妈现在知道错了，你愿意原谅妈妈吗？"孩子恶狠狠地瞪过去："现在已经迟了，我不可能原谅你！"妈妈眼圈一红，背过身去一个劲儿抹眼泪。我拉过孩子的手，我知道他冷冰冰的表情下尽是满肚子的委屈。他没有甩开我的手，我问他："你想要一个什么样的妈妈？"孩子说，我就认真地帮他写了下来：

1. 我想要听我把话说完的妈妈；
2. 我想要能帮我分析问题的妈妈；
3. 我希望批评我之前能先核对事实的妈妈；如果我错了，妈妈批评、惩罚，打我都行。

我看向他的妈妈问："你觉得孩子的要求过分吗？"妈妈说："不过分，不过分。我一定改正。"我又发现了孩子的另一个优点：条理清楚，表达准确。

我说："你其实很善良，你冷静下来以后，就意识到自己不应该把过去的情绪带到现在来伤害同学。你希望同学原谅你，继续和你做朋友吗？"他说，希望。我说："妈妈也是这样的，她也知道自己错了，愿意改正错误，你愿意试着原谅妈妈吗？"他看向还在抹泪的妈妈，想了一会儿说："我可以试试。"那一刻，我内心是在为孩子的宽容点赞的！

我继续跟孩子聊："今天，你发脾气，把全班同学也吓住了。就像你小时候被妈妈吓住了一样。你有什么办法消除他们心中对你的害怕吗？"

他很聪明，或者说他有过这样的感受吧，他说："我有办法，我愿意给全班同学道歉，让他们原谅我，以后监督我不要再犯这样的错误。"真的，听到这里，您觉得这个孩子有问题吗？我投去赞许的眼光："你想好怎么和他们说了吗？"他思考很久，没有说话。我知道，他需要时间和勇气。后来，我提议他和妈妈回去好好想想，怎么来帮助同学们消除恐惧，其实，核心就是回家深刻反思。但这里我为什么不说是检讨、反思呢？因为检讨、反思有强烈的自我谴责感，而帮助同学消除恐惧，有做好事的弥补感。虽然核心是一样的，但角度和感受是不一样的。

第四件事，是快离开学校时，孩子妈妈背着孩子告诉我的。因为孩子爸爸常年不在家，孩子爷爷离世以后，孩子就全靠她一个人管。她说孩子爸爸不是很会说话的人，每次向孩子爸爸诉苦，孩子爸爸也不会安慰她，导致她情绪更差，她又没有什么好的教育办法。二年级的时候，有一次孩子又犯错，她生气极了，就打电话让孩子爸爸来教育孩子。孩子爸爸让妈妈离开房间，他要在视频电话里单独和儿子谈谈。过了一会儿，当妈妈再次走进房间时，看到孩子跪在地上，对着手机视频里的爸爸一个劲儿扇自己的耳光。我再一次震惊，是怎样的威慑力，能够远程让孩子如此这般？！我的心再一次揪紧，觉得自己刚才给孩子的拥抱，时间还太短！

我告诉孩子妈妈，孩子这些反应，都是因为曾经感受到的爱太少。虽然你们的确内心很爱他，但因为表达方式问题，孩子没有感受到。这个时候再补不上，以后肯定就更来不及了。

我想起前一段时间的一件事情：有一天魏然呕吐，我们准备通知生活老师带孩子去医院就诊，但孩子希望通知妈妈来接他去医院。我们电话联系了她妈妈，妈妈有些冷漠，一会儿说自己来不了，一会儿说要下午才来……

我就此事谈了我的感受。妈妈说他经常那样，她觉得问题不大。我告诉她：关键不在问题大不大，关键在于孩子那个时候特别需要你，想得到你对他的重视，而你如此磨蹭，会让孩子误以为你不爱他。可能就是因为平时这样的点点滴滴积累，让孩子感觉太冷，都快中"寒毒"了……

最后，我又以孩子发生过的几个事件辅导这位妈妈，如何积极引导孩子。孩子妈妈似乎开窍了！我们达成一致意见，近期，她只管负责表达对孩子的关爱，纠正孩子错误的事情，交给我们老师来做。因为现阶段，老师和孩子的关系要好很多。妈妈先要和孩子破冰，以后才能有效参与教育。

爱是最好的解药

第二天，孩子来到学校，拿出一封写给同学们的公开信。妈妈说他写得还不好。我用眼神提醒妈妈后赞美孩子说，他写得很真诚。等魏然做好准备后，我和班主任一起陪同他去教室。我对魏然妈妈说："你觉得尴尬，就不去教室了，我们陪孩子去。"魏然妈妈说："我在教室外面吧。"

孩子们看到我们进了教室，迅速安静了下来。我说："昨天发生的事情，同学们都知道吧？""知道。"孩子们齐声回答。我说："今天，魏然同学有些话想对同学们说，大家掌声鼓励！"在我的提议下，教室里响起了掌声。我觉得"想对同学们说的话"和"鼓励的掌声"，比起"公开检讨"更能让魏然感受到温暖和善意。

我以为魏然会拿出稿件照着念。只见他把信捏在手心里，藏到了身后，来了一场脱稿"演讲"：对周一发生的事我非常内疚，当时我是因为（此处省略掉事情经过及他心情的描述）……我一定会改正自己的错误，请大家不要害怕我，请大家相信我。"话音刚落，教室里掌声雷动，这一次掌声是自发的。我抓住这次机会，采访了几个同学："第一次鼓掌是李老师提议的，但这一次，我没有叫你们鼓掌呀，你们为什么会给他掌声呢？"孩子们都说，因为他很真诚，他们相信魏然会改正。我特意问了被魏然推搡了几次的小沈："他都对你动手了，你为什么还给他掌声呢？"小沈说得非常好："因为他已经认识到自己的错误了，他也是被以前不开心的事情影响,不是故意的。刚刚他的态度很真诚,我相信他会改正的。"多么善良的一群孩子呀,我深深地被孩子们感动了!

我对魏然说:"刚刚同学们的发言中,有两个词语频繁出现,你听出是哪两个词语吗?"魏然真的很聪明,他说:"是真诚和相信。"我说:"对,你的真诚感动了他们,他们相信你可以改正。你会辜负这份信任吗?"他坚定地说:"不会!"

又一个月过去了,魏然看我们的眼神里,有了越来越多的温柔。也许他还会反复,但我们相信,在爱的环抱下,二年级"寒毒"一定会被化解!

顽童"危机"

成都市同辉（国际）学校　李云霞

曾有老师说，一个班优不优秀，主要取决于男生。小学阶段女生都很乖，要是运气好，班上的男生守纪上进，那这个班级就优秀，要是男生非常好动，影响班上风气，成绩也必然不好。瞧瞧，男孩儿们得到这样的评价，日子肯定"难熬"了。

可是，活泼好动是男孩儿的天性啊，所谓"顽童"是也！

顽童小A

"叮"一声响，钉钉有新消息了。我立即点开阅读。

"×老师，晚上好呀！"

"想请老师帮忙确认一下，我们今天在背诵《关雎》这首诗，最后一句里面的'钟鼓乐之'里面的乐这个字读 lè 还是 yuè 这个音？"

复课的第一周，就有家长向我提问了。看来这个孩子课外古诗词积累得还不错呀，我心里暗暗高兴。

新接手二年级一个班，正在整顿纪律重建课堂规则，课堂上我特别注意起这个孩子来。他语言表达还挺有逻辑的，是个不错的苗子。一节课上刚讲了一会儿，就有很多孩子注意力涣散，他的小手还在桌上放得端端正正的，清瘦的脸上两只大眼睛直望着我。这个榜样可以树立起来，我立即对大家说:"看看我们小 A 坚持坐得端端正正,没有说小话,是守纪律的乖孩子。还有哪些小朋友像他一样?"谁知,孩子们不仅没有向他学习,集中注意力坐端正,反而一石激起千层浪,纷纷七嘴八舌地指责起来:"他才不乖呢!""他经常乱动!""他最不守纪律了!""以前老师都在说他不乖!"真是群情激愤呢。我诧异地看了他一眼,发现他端正的坐姿僵硬了,闪亮的眼神黯淡了,脸上挂着一丝难堪。我定定神,让孩子们静下来,温和地对大家说:"小 A 以前怎么样,已经成为过去,现在老师看到的,是遵守纪律的乖娃娃。我希望看到更多这样的孩子。"

又是几天过去,孩子们对新老师的新鲜感也退去了。课堂上的小 A 还真跟前两天不一样了。"×老师!"他举着手,直从第一排奔到了讲桌前,我让他回到座位。该读书了,他的手在座位下摸来摸去。过了一会儿,我在讲桌上寻找键盘,他"噔噔噔"几步就窜了上来,要帮我找。同学发言了,他的手摸到了同桌的辫子上。再过一会儿,"我来我来!"他又从座位上蹦到了我面前……一节课他在座位上坐立难安,不是站起来就是下座位。怪不得之前我表扬他,同学们对他意见那么大呢。

不过,他的发言同样精彩。讲到李白,他能一口气不带喘地把《蜀道难》给全班同学背一遍;回答问题,他能分出 1、2、3 条来讲得头头是道。这真是个思维敏捷,动作也敏捷的男孩儿呀!他的动作敏捷在一定程度上,扰乱了课堂秩序。想来,以前的老师没少为他的"多动"而头疼吧,真是个"顽童"!

顽童小 B

这个"顽童"外表看起来斯斯文文清清秀秀,个头不高不矮,坐在教室第三排。眼神格外灵动,总是追随着我,但就是没有举手发过言。于是在接新班的第三天,我请他起立回答问题。开始男孩怎么都不站起来,鉴于是新班,我猜想他也许是答不上来,又请了别的同学来回答。

又一次上课，看他情绪挺好，就请他背诵古诗。他仍然拒绝站起来。之前看他在座位上背得挺认真呀，背诵肯定是没有问题的。我继续鼓励他。如是再三，他终于站起来了！可仍然不肯开口，站在座位上把身体扭来扭去，噘着个嘴。我仍然温柔地引导他，可他突然哇的一声，号啕大哭！孩儿的脸，六月的天啊，这下顽童之相毕露。看见他眼泪的我傻眼了，只好请他坐下。孩子们还不忘宽慰我"他就是这样"！"以前×老师请他回答问题，他也哭"！难道这是个特殊儿童？前任老师没交代过呀。

下课后，我邀请他来到办公室，坐下来，送他一颗糖，他开心地收下了。还真是孩儿的脸，六月的天，变得真快呀！看气氛正好，我小心地询问起课堂上的事情来。谁知，他不好意思地告诉我："我……我就是害怕背错，不敢在全班同学面前背。"这么简单，就闹出那么大阵仗？我接的不是一年级呀。我不敢置信。"这样吧，你要是害怕在全班同学面前背错，现在只有×老师一个人，你先在我面前试试，我帮你听一听好不好？"我微笑着对他说。他羞怯地点了点头，然后小声背了起来。一字不错！我课堂上的判断是正确的，他确实会背。于是，我对他说："乖乖，你看你多能干啊，全部背对了！"他望着我，又露出了灿烂的笑容。"你在老师面前都能背对，在全班面前肯定也没问题。待会儿上课咱们就背一背，好不好？""好。"这次，他笑眯眯地离开了办公室。

语文课又开始啦，我再次请他背诵，他立即站起来，流利地背完了全诗。全班响起了热烈的掌声。

在小学，这样的男孩还有许许多多个。

小 A 们冲动、鲁莽的行为，使他们成为老师眼里的"课堂秩序破坏者"，爸妈也常无奈叹息："男孩子就这样，硬是改不了。"

小 B 呢，眼泪做的林妹妹呀。据了解，他爸爸常年在外出差，平时一般与妈妈在一起。独自扛起养育大旗的妈妈，难免脾气不好，常常让孩子不准这样不准那样。类似的家长常以批评、斥责等方式，否定像小 B 这样的男孩子，希望他们像女孩子一样温柔听话。在这样的导向下，男孩子越来越听话，也越来越阴柔，男性的刚强、勇敢荡然无存。甚至还有只跟女孩儿一块儿玩的，爱翘兰花指的……更像女孩子了。

这样极端的两类"顽童"，不由让我陷入困惑之中。思索、阅读、请教、交流……一层层神秘的面纱逐渐揭开。

男孩女孩，是有差别的，在小学阶段较为明显。在智力、语言发展、行为、兴趣等方面均存在男女性别差异。小学阶段女孩智力优于男孩，口头言语发展女孩较男孩发展快，发展水平高……听，女孩子说话多流畅，多有感情。男孩子呢，更易冲动，一冲动就打架，常让老师生气："你的嘴长来干吗的？不会讲道理吗？"小学的男孩子们，不知不觉就陷入了"不会说话，光会打架"等各种危机。或者像小B那样，"像个女娃娃"成了这类男孩身上的另类标签。

对于优点和缺点同样突出的小A，我对他放宽了尺度，不强求他一定要坐得规规矩矩，小手也可以搞动作，但耳朵听、脑袋想不能缺席。可他倒好，并不领情，还振振有词："我爸小时候也这样！现在还做高级工作呢。我以后也会跟他一样。""我的精力不发泄出来，晚上睡不着！"

真是让我哭笑不得，还不得不跟他斗智斗勇，一方面用"青出于蓝而胜于蓝"来鼓励他，要超越爸爸！他吧嗒几下嘴巴，终于没再蹦出什么词儿，口头被我说服了。另一方面，我赶紧联系他的家长，让家长一定要合理规划孩子放学后的时间，增加运动安排！坚持一段时间后，小A在课堂上得到许多正面评价，他学习的劲头更足了，"多动"的范围也逐步缩小，从"课堂秩序扰乱者"降级到了"课桌秩序扰乱者"。虽然他远未成为一个规规矩矩的课堂纪律遵守者，但抹杀了性别差异的教学是不科学的。男孩，我尊重你的性别差异，我允许你慢慢来。

小A是典型的男孩子，与女生的差异很明显，而小B则过度中性化了，和女孩的差异越来越小。通过和小B家长的交流，看到小B爸爸更多地出现在孩子的生活中，成为小 B 的男性角色榜样，我倍感欣慰。小 B 妈妈也更加注重自己的教育方式。现在，小 B 好长时间没哭了哟。

同时我在想，只有男孩才能勇敢吗？只有女孩才能细心吗？勇敢、自信、善解人意等特质，应该成为男女两性共有的特点。身为教师，更应尽可能打破性别偏见，让每个孩子成长为更好的自己！

我畅想着这样的未来——每个"顽童"都可以得到健全的发展，自信而充实地生活，不必被自己的性别所限制！

"捣蛋鬼"秒变"蜘蛛侠"

成都市第三十八幼儿园　廖丽涛

"小朋友们都不喜欢跟我坐"

刚接手大三班的时候，辰辰小朋友就给我留下了非常深刻的印象。他总喜欢一个人抬椅子挨着老师坐，于是我就问他为什么。辰辰最开始告诉我说："我不喜欢和他们一起坐。"可是通过一段时间的观察，我发现尽管辰辰挨着老师坐，但是只要是在上课的时候，不管是才开始上课，还是课上到一半，辰辰老忍不住用自己的方式去吸引旁边小朋友的注意。他一会儿发出各种奇怪的叫声，一会儿又突然哈哈大笑，有时候还会悄悄走到其他小朋友面前，莫名其妙地敲一下别人的脑袋，甚至有时等我起身和小朋友互动时，还会悄悄移走我的椅子……一旦有小朋友对他的行为作出回应，不管大家的回应是笑话他，还是批评他，他都会觉得非常开心。

通过和班级老师沟通我了解到，从小班开始辰辰就属于班上调皮、好动的小朋友，和小朋友之间经常发生矛盾。班上的其他家长因此意见非常大，纷纷向老师表示不让自己家孩子和辰辰一起玩。而辰辰妈妈在知道自己孩子打人的时候，每次都是听辰辰单方面说自己没打人，因此也和其他家长之间发生了多次不愉快。所以原来班上的老师，为了减少家长的投诉和出于保护辰辰的目的，只要是集体教学活动都会让他一个人挨着老师坐。久而久之辰辰也就习惯性地一到集体教学活动，就非常主动地抬椅子挨着老师坐。经过了一段时间的相处，当我再次问及辰辰不和小朋友坐的原因，辰辰终于不高兴地说道："因为小朋友都不喜欢跟我坐……"

他在用他的方式触碰世界

在经过班级幼儿同意后，我鼓励辰辰坐在小朋友身边。刚开始的时候辰辰表现还不错，可没过一会儿，辰辰时不时用手敲旁边小伙伴的脑袋，一会儿又去推另外一个小朋友，一会儿又去挠小朋友痒痒……小朋友们都来告状："老师辰辰弄我的头，老师辰辰推我，老师……"几次三番以后，每天都有小朋友不断地来跟我告状，每次我都会很有耐心地跟辰辰沟通，有时候辰辰不理我，有时候也会答应我上课期间不随意打扰其他小朋友。可是接下来的几天，这样的情况还是会经常出现。于是在自由活动的时候我走到辰辰身边，蹲下来问他为什么要去打扰旁边的小朋友。辰辰不说话，只是用双手叉在自己的腰上，把脸撇在一边，一副很生气的样子。

到了户外活动时间，辰辰一个人跑到了操场的另一边，在到处寻找什么。不一会儿就听到辰辰兴奋地大声喊起来："你们看，我捉到了什么？"小朋友们迅速地围了过来，辰辰高兴地说："看，我捉到了一只大蚊子，它叫水蚊子。"旁边的一位小女生慌忙拍了一下他的手说："赶紧扔了，会咬你的。"话没说完，她就把辰辰手上的蚊子拍到了地上，眼疾手快的乐乐慌忙抬起脚，踩死了蚊子。辰辰突然伤心地号啕大哭起来，不管怎么哄都不说话，就使劲地哭。看到辰辰哭了，我的心情突然变得很沉重，辰辰一直是个要强的孩子，开学这么久以来，从来没有看到他哭过。不管发生什么不愉快的事情，他最多只会双手叉在腰上，狠狠地跺一脚，然后就气愤地跑了。今天怎么会因为这么小的一件事情哭得如此伤心？等辰辰情绪稳定了一些，我走过去轻轻地抱了抱他，并帮他擦了擦眼泪，拉着他的手说道："辰辰你刚刚好厉害哦，怎么敢捉那么大的蚊子呢？"辰辰断断续续地说："因为我想把它带回家，喂我家的蜘蛛，我想跟小朋友分享我家里养的蜘蛛……"忽然我仿佛明白了，为什么辰辰上课总喜欢去打扰旁边的小伙伴，他只是在用他自己的方式去吸引其他小朋友的注意，他想和小朋友交流，他也想交到好朋友……但他却并不知道这样的交往方式别人可能不喜欢。同时我也反思了自己，我是否真的足够了解辰辰呢？

弗洛伊德在《自我与本我》中正式提出人格结构说，认为整个人格由本我、自我和超我三大系统组成。本我是人格系统中最原始、最隐私的部分，它处于潜意识的深层，由先天本能、基本欲望组成。结合弗洛伊德本我的解说，由此也可以理解，我第一次问辰辰为什么不和其他小朋友坐一起的时候，辰辰会说自己不喜欢和小朋友一起坐。其实辰辰的内心深处是想和小朋友一起玩的，但是由于前期和小朋友之间发生的不愉快，没有及时得到解决，所以他只能在内心忍受这种状况。而自我的主要任务是使本能的冲动获得最大限度的满足，同时又与外部世界和超我维持和谐的关系。所以在课堂进行一半的时候，辰辰还是会忍不住通过自己的各种方式去吸引其他小朋友的注意，以达到自己内心的需求。弗洛伊德认为，超我发源于自我，是儿童接受父母的是非观念和善恶标准的结果。由于前期当辰辰和同学发生冲突时，辰辰的妈妈只是一味地相信自己孩子片面的说法，辰辰也同时受着妈妈的影响，觉得自己没有错，所以辰辰不正确的交友方式一直没有得到改善。而辰辰妈妈之所以面对家长和老师的多次投诉，采取听之任之的态度，也源于自己内心的自卑和不安。加上辰辰妈妈得到孩子在园的反馈，绝大多数都是不好的表现，站在妈妈的角度肯定会第一时间保护自己的孩子。那我到底应该怎么帮助辰辰呢？

闪闪发光的"蜘蛛侠"

《儿童的人格教育》这本书中提到："如果我们想要理解儿童的某一特定行为，就必须首先了解其总体的生活史。儿童的每个活动都是他总体生活和整体人格的表达，不了解行为中隐藏的生活背景就无从理解他所做的事。"于是我特地多次利用放学时间与辰辰妈妈交流,才了解辰辰家里确实养了蜘蛛。妈妈说:"辰辰从小就跟别的小朋友不一样,特别喜欢蜘蛛、螳螂、蚂蚁等小动物,家里养的就是白额高脚蛛……"

我到底该怎样去回应这个特别的小朋友,并帮助他重新和其他孩子建立连接呢?我想到了"蜘蛛侠",这个深得孩子喜爱的英雄形象,常能激起孩子们的欢呼声。蜘蛛是否能成为改变其他小朋友对辰辰看法的契机呢?既然辰辰喜欢养蜘蛛,肯定了解关于蜘蛛的很多知识,何不给他一个在集体面前表现自己的机会,让他也成为小朋友心目中闪闪发光的"蜘蛛侠"呢?

于是在第二天的餐前活动"我是小小播音员"环节,我特意向小朋友强调,今天这位神秘小朋友带来的播报内容非常新奇,而且可能会让有的小朋友害怕。小朋友们马上都被吸引住了,这时候我叫了辰辰的名字。辰辰愣了一下,看了我一眼,我对他笑了笑,说:"没关系,老师相信你没问题!"辰辰慢慢地走了上来,刚开始他的声音很小,到了后面越来越自信,声音也越来越大。小朋友听得津津有味,时不时地发出"哇"的声音,眼中充满了羡慕和敬佩……他们都被辰辰吸引住了,没想到辰辰竟然知道那么多关于蜘蛛的知识。此时辰辰的脸上洋溢着喜悦的神情。后来,我经常会和辰辰聊天,引导他与其他小朋友相处,也经常鼓励他利用"我是小小播音员"时间,大胆向小朋友展示自己家里养的各种蜘蛛。辰辰每天都会和小朋友分享他和蜘蛛的趣事,有时候还会把蜘蛛带到幼儿园来。就这样,蜘蛛给辰辰和小朋友之间架起了沟通的桥梁,慢慢地,辰辰上课越来越专注,和小伙伴交往也越发自信,我和辰辰也变成了无话不说的好朋友。看着辰辰能够自信、大方地和同伴友好相处,我由衷地感到高兴。

给每个孩子发光的机会

在电影《蜘蛛侠》里,蜘蛛侠之前只是一个普通的高中生,当他意识到责任和理想时,他开始成长,蜘蛛侠的形象也随即丰满。"平凡生活"和"拯救世界",它们的统一性,就在于"成长"二字。往往一个孩子要强、霸道,在另一面也可以是勇敢、坚韧、正义,这个转换,取决于我们对孩子的发现和支持。心理学家埃里克森把自我意识的形成和发展过程划分为八个阶段。其中学前期(3—5岁)表现的是主动感与内疚感的冲突。在这一时期如果幼儿表现出的主动探究行为受到鼓励,幼儿就会形成主动性,这为他将来成为一个有责任感、有创造力的人奠定了基础。如果成人讥笑幼儿的独创行为和想象力,那么幼儿就会逐渐失去自信心,这使他们更倾向于生活在别人为他们安排好的狭窄圈子里,缺乏自己开创幸福生活的主动性。

我非常庆幸自己对于辰辰的兴趣爱好没有忽视或者厌恶,相反的我看到了辰辰和其他幼儿不一样的地方,多次创造机会让他在集体面前分享自己和蜘蛛的故事。正是在一次次不起眼的分享中,辰辰获得了同伴的肯定,也获得了自信,从而为后期和同伴友好相处奠定了基础。辰辰用自己特殊的方式与小朋友交流,无意中却打扰到其他孩子,于他而言,是困惑与难过的。而作为老师,我们应该不断地走近他,理解他,并给他一个展现自我的机会,这个特别的小孩就会开始发出他独有的光芒!

一根棒棒糖引发的师生情

成都市新都区天元中学 林大琼

在我十几年的教学生涯中,我遇到的学生大多各有所长,可以说各有千秋。我爱给他们取昵称,诸如"才子""助理"一类的。当然也有难以找到合适的词儿来形容的,其中最顽皮也最让我头疼的便是他——小俊。

2019年5月,我忙于参加各种学习类的培训活动,我和小俊谈得最多的就是关于他的作业(他很难做到按时交作业)。其中,除了临近期末时说好的考及格他做到了;除了他想当广播站副总编,我要求他坚持一周每天自己写稿子并按时交给我,他做到了以外,其他作业均被他以各种理由一拖再拖……

那两天我一直在想,如何才能让他把作业保质保量地补上,可他突然说以后再也不来学校了。

就因为让他补作业,他不愿意,所以选择休学?

不管什么原因,收到他发的第一条信息时,我的内心是震颤的,接着我的视线便开始模糊了……

在询问了无数次之后,我才了解到,他休学的原因是不喜欢被学校的规章制度所束缚,留在学校里对他而言就是一种折磨。

无论关心他的政教主任和班主任如何挽留和对他进行说服教育,总之,他去意已决——父母担心他走极端,便依了他。

按理,这样的"刺头儿"离开校园了,再也不会让我们头疼了,大多数老师都会感到如释重负。可我当时却很失落,同时也很担心,为他的前途担忧，他休学后能干什么？在社会上会遇到什么样的人？误入歧途了可怎么办？

我不敢继续往下想……

接着，他提及我们师生相处两年多来的很多往事，以此来表达对我的感谢。这一波"回忆杀"令我感动不已，同时也让我伤感难耐。

后来他问我，可以为我和其他两位老师点歌吗？我责怪他说人都走了，点不点歌已不重要了。

可就在那个时候，我突然意识到，这或许是一个能让他回心转意的契机，于是我便建议他下周二回学校，亲自主持一次广播。因为那天要开例会，表彰广播站近期的优秀成员——优秀名单里有他。他很高兴地答应了，从字里行间里我能感觉到，他很期待周二快点到来。

而我却在暗暗筹划，如何利用下周二的广播时间和午自习时间，发动全班同学挽留他。他呢，则用心地写点歌稿。

以下是稿件内容：

我是八年级三班的××俊，我想点一首《最美的太阳》送给林老师、王老师和包老师。

林老师，谢谢您这么久以来对我的信任和包容。所有老师里面，我最喜欢您。因为我要干什么，您都能给我留机会，几乎没拒绝过我。虽然您有时候会因为我某些方面没做好而骂我，我也知道您是为我好。

当我来到广播站想做副总编的时候，很多人不同意，最后还是您帮我解释、给我留机会。是您教我，让我从以前的不懂得尊重到现在学会尊重他人。我还是会犯错会怎样，但林老师依然选择包容我。谢谢您，林老师！

我××俊是真的喜欢你们几位老师，是真的爱你们。你们是我人生路上的指路人，是我的恩师，我真的很感谢你们！

这是我们广播站开播以来，唯一没有被编辑部和我修改润色过的一篇稿件。周二如期而至，他穿了一件红色T恤回到学校。那一刻，我忽然发现，站在树下认真主持的他帅极了。

没人相信，这是一个对学校厌恶至极的孩子，至少我不那么认为。

我提醒政教处王主任和他的班主任老师，小俊回校为我们点了歌——他亲自写的点歌串词，并提醒两位留意收听这个孩子的心声。那一刻，我想我们三位老师的心情都是五味杂陈的……

午自习时间到了，我满足了他的小小心愿——全班每人送一根棒棒糖给他（作为期末A卷考及格的奖励）。每个同学拿着棒棒糖走上讲台，都晓之以理、动之以情地劝说他、挽留他，请求他留下来，回归温暖的大家庭。

那些劝勉的话语从同学们嘴里说出来的那一瞬间，我很真切地感觉到，这群看似不懂事的孩子突然长大了。我才猛然发现，我们的教育点滴，是走进了孩子们的心里的。

一位女同学甚至提出，只要他愿意回学校，只要能回来再陪伴大家一年，借她的钱可以不还，其他同学有类似情况的都纷纷表示可以一笔勾销，可以当作什么也没发生。

可遗憾的是，哪怕他最喜欢的老师——我，带着哭腔劝他回归大家庭，但他依然不为所动。这次挽留，不得不以失败告终。

后来的近一年里，小俊让我感到很暖心，他没有混迹于江湖，没有无所事事，他继续在学习——在相对安全的环境学会了牵挂，对我们嘘寒问暖；还学会了远离垃圾食品，叮嘱我少点外卖，注意添加衣物；我时常提醒他，哪怕工作需要，也要远离某些不适合他的人和事，学会"敬而远之"。

更让我们感到欣慰的是，虽然暂时离开了校园，但他依然是我们学校广播台的副总编辑，每天坚持在广播台的群里分享好词佳句和近期的热点、焦点新闻，积极地为师弟师妹们找广播素材。只要我在群里发了通知，他总是第一个响应。我有求，他必应！

2020年春节，疫情肆虐，他还远程协助上网课的我，教我如何录屏，告诉我手机其实有很多很实用的功能，鼓励我说老师您并不笨，只是少有时间研究电子产品而已……

将近两年的授之以渔，他"回师以鱼"，解了我不少的燃眉之急。

2022年10月以来，小俊就入党一事多次向我咨询。新冠病毒肆虐的这几年，党员的冲锋陷阵，牺牲小我、顾全大家的精神，对他产生了很大的影响，他也想成为一名党员，也想为社会做哪怕一点贡献。

之后，我便常看到他作为志愿者，在封控区域为社会尽一份力的身影。

"现象学教育学"的开创者之一、加拿大阿尔伯塔大学教育学教授马克斯·范梅南说道："教育学就是一种迷恋他人成长的学问。"我不敢说我已深深地迷恋上了教育这一职业，但从他的成长中，我确实感受了作为教师的幸福感：我们不经意的、微不足道的言行，在学生的成长中是会留下痕迹、产生影响的。

教育的种子或许短时间内不会呈蓬勃发展的态势生长，但它终会慢慢成长，染绿孩子们的某段青春时光，成为师生之间值得永久怀念的独一无二的、不可复制的珍藏。

所以，作为老师、家长的我们，以牵着蜗牛散步的心态静待花开吧，某年某月的某一天，你定会收获满满的春光……

迟开的花朵

成都市棕北中学西区实验学校　刘　静

遇上这个孩子，我一度情绪低落到极点，我也曾感叹为什么自己的运气如此之"好"，这样的孩子转学到我们班？我也曾愁眉苦脸地去找校长，絮絮叨叨地抱怨孩子的情况。也许，这样自己的心里能好受一点，也许自己在给自己找个台阶：如果这个孩子有什么特殊状况发生，自己至少能够少担些责任。

第一次相见

这个孩子叫彤彤，刚转学到我班。当孩子妈妈领着彤彤第一次来班级的时候，我并没有觉得她有什么异样。彤彤长得胖乎乎的，圆脸，大大的眼睛，白白的皮肤，有些可爱，只是她来的第一天一整天都保持沉默。我问她："你从哪个学校转来的呢？"她面无表情地盯我一眼，一言不发。其他同学好奇地围着她，想和她聊天，她把头深深地埋在课桌上，独自沉思，并不理会其他同学。看到这一幕，我想起彤彤妈妈嘱咐我的一句话："我这个女儿性格有点怪。"于是我招呼其他同学各自散去，我想她第一天来到新的环境，可能还不太适应。

给一点时间，
　　　　　　　　　　　让你长大

问题逐渐显现

　　渐渐地，我发现彤彤上课完全不在状态。上课的时候，她的眼神经常是游离的，不看黑板，也不看课本，一支铅笔可以玩上大半天。我于是大声地提醒她："彤彤，看黑板！"她仿佛没听见，继续玩铅笔。当我提醒她第三次时，她旁边的同学实在听不下去了，帮我敲敲她的桌子："彤彤，刘老师在叫你！""哦……"她这才缓缓地抬起头，面无表情地看我一眼，继续我行我素。

　　开学前几天，她已经第五次没交作业，我不得不去催促她。她看着我淡淡地说了一句："我不会。""那我再教你一次。"我把课本翻开，重新把上课内容给她讲一次。终于，她能慢吞吞地把作业写出来了。

　　数学老师课堂小测验，彤彤只会两道题，100分的试卷只得了20分。数学老师愁眉苦脸地对我说："怎么办呢？四五年级的内容都不会，怎么学六年级的内容？而且孩子态度怠慢，经常不交作业，有时就算完成作业，也是我多次督促。畏难情绪也很严重，不喜欢动脑思考问题，作业本上只要自己不会做的都空着不写，或者随便写一两个字。"数学老师一说就来气，噼里啪啦继续对我抱怨。"你说的所有情况英语老师已经给我反馈了一遍，而语文学科也一模一样。"我无奈地对数学老师说。于是我请来了彤彤的妈妈，彤彤妈妈第一句话就令我觉得难堪。"刘老师，我的女儿就是个奇葩。她的性格特别怪，不爱学习，极端懒散，能不写作业就不写，所以学习很差，成为现在这个样子了。""那你肯定没有管她，才让她养成这样的习惯。""孩子一直在我身边呢，我一直在教育，但我教子无方呀！"看着一脸无奈的妈妈，我都不知道如何安慰才好。

　　于是我和数学老师决定对彤彤严要求，多督促。我把她的座位换到第一排，上课走神了，我们就多提醒；不写作业了，我们就盯着她完成。在家，我请彤彤妈妈也盯紧孩子的家庭作业，让她不偷懒，慢慢养成好习惯。经过一两周的努力，我慢慢看到了成效。作业从完全不做到能做两三天了，拖欠课堂作业的现象也越来越少。

正当一切都往好的方向发展时，语文课上发生了一件事。在课上，我请孩子们上台依次复述课文《小英雄雨来》。轮到彤彤复述了，她的普通话有很明显的口音，她一开口，下边就有一个同学偷偷地笑她。彤彤发现了，气急败坏，嗖的一下冲到那个笑话她的同学面前，狠狠地骂他："你有什么了不起？你凭什么骂我？你这个坏蛋！"说完还举起拳头准备去揍那个男生。我赶紧飞跑上前，正欲解决纠纷，她就气冲冲地跑出了教室。

事后跟她妈妈联系，我了解到孩子脾气暴躁，在学校在家都以自我为中心，家里爸爸妈妈妹妹外婆都围着她在转。她认为自己生活在最高层，谁都要迁就自己，稍微不如意就要发脾气，并且迁怒于别人。孩子妈妈告诉我，孩子每个月都有几天炸毛期，这几天她在家脾气坏极了，每天欺负妹妹和外婆。早上彤彤赖床不上学，她歇斯底里地在家里教训彤彤，惹得邻居都快打110报警，妈妈自己也处在崩溃的边缘。我找到彤彤聊天，谈她的坏脾气，她自己倒是很快承认了，可是开始找别的原因，说班级其他同学孤立她，不和她玩，自己很伤心，所以脾气坏。

彤彤很会给自己找理由和说瞎话。没写作业，她说她头疼，生病了，可是经过了解她一点事都没有；不去做课间操，不上体育课，说自己早晨在路上出了车祸，被电瓶车撞了。起初我还信以为真，结果马上就被其他孩子反映彤彤下课时又蹦又跳，一点事儿都没有。和孩子妈妈联系，妈妈说，在以前的学校，孩子从来都不参加任何体育锻炼，没人能说动她去上体育课，心理老师认为孩子心理有问题，要及时去做心理辅导。孩子经常说谎，找借口，已经习以为常。了解到这一切以后，我突然感觉很恐慌，就好像我新认识的一个朋友，却从来没有真正了解他，每天都有层出不穷的新问题钻出来，考验我的耐心我的决心。因为我不知道也无法掌控她什么时候会炸毛。

给一点时间，

　　　　　让你长大

矛盾大爆发

终于有一天，我和她的矛盾大爆发了。那天上课，刚进教室，班长就来汇报："刘老师，彤彤连续第三天迟到，又给班级扣分了，这周的流动红旗泡汤了！"我一听气就上来了，按捺住不悦的心情问彤彤："你怎么又迟到了？昨天不是和刘老师说好了今天不再迟到了吗？""我只是说可能不迟到，又没有说一定不迟到。"彤彤满不在乎地回答。还没等我发作，旁边马上有同学忍不住帮我："你昨天向刘老师保证今天一定不迟到的，没说可能。"一听其他同学帮我，彤彤马上就发作了，冲到那个同学面前说："你哪只耳朵听到的？我没说一定。你又不是我，怎么知道我说的话？"我气不打一处来，使劲地教训彤彤，把开学以来所有的隐忍所有的不满全部发泄出来，谁知她比我声音还大，说她一句她顶三句，我俩就这样在课堂上吵起来。后来，我看到其他同学正不知所措地看着我，意识到自己的失态，我只能偃旗息鼓，就此作罢。一场闹剧就这样结束了，我心里很难受，一天都患得患失的。

我问自己："我为什么会控制不住自己的情绪呢？我为什么要和她对着吵呢？"我感到深深的挫败感，觉得开学以来自己所有的努力所有的付出都是无用功，面对这样的孩子我无计可施。

我接受不了自己的教育失败！也许这就是我无比难过的原因。等渐渐平复心情，我开始和自己对话。我和她吵是因为我不能容忍她老是迟到，希望她很快能改掉迟到的坏毛病。结果如何呢？结果她没有改掉坏毛病，我们还两败俱伤。如果我不那么着急呢？再缓一缓，再多几天，是不是她接受得更好一些呢？或者和她妈妈联系一下，一起来纠正她迟到的缺点？

要学会等待

经过认真反思，我觉得整件事是我太着急了，孩子身上的缺点，我总是希望通过一次两次就把它摘得干干净净，而忽略了孩子身上的坏习惯已经养成，岂能一次两次就能摘除干净？苏联教育家苏霍姆林斯基曾说过："每个孩子都会有一个觉醒的过程。"所以我们老师要学会等待，这不仅是一个教师的教育智慧，更是一个教师专业成熟的标志之一。我必须静静地等待孩子自己觉醒，也许是一年，也许是两年甚至更长的时间。

学会等待，意味着能尊重生命的差异，意味着教师能用发展的眼光看待学生，意味着能够用从容的态度对待自己所做的工作：不急于求成，不心浮气躁。

事实上，我在写下这段文字时，彤彤就正好在我的办公室，因为她已经连续两周没有写周末的作业了。我心平气和地告诉她："你从转学到班上来，对比以前已经有了很大的进步，你已经坚持了两周不落下作业，按时完成作业。周末的时间长，作业相对多一些，你更要克服懒惰的心理，按时完成周末的作业。刘老师相信你能慢慢地改掉坏习惯，把落下的作业补上。"她认真地看着我，轻声说："好的。"从她的大眼睛里，我看到了诚恳。其实，过两天我能否收到她补写的作业，我心里是没底的。但是我的心态已经平和了很多：很多时候我们在教育孩子的时候不愿意承认自己的失败，其实就是自欺欺人。我们对这些特殊孩子的成长，不能一味地打压对抗，我们只能等待孩子的自我觉醒、自我成长。谁能预料未来的彤彤会成为什么样子呢？说不定若干年以后她就会成为一个热爱学习、性格温和的乖妹子呢？

我一直相信，每一朵鲜花都会盛开，只是时间的早晚，所以我一直在等待。

"后进生"的后劲

成都市新津区外国语实验学校　刘明全

中午,没有去班上守着学生上午自习,结果又出事了,主人公还是屡出问题的L同学。要说有什么变化的话,那就是以前他打架的对象是男同学,这次换成了女同学。准确一点说,也不叫打架,因为女同学毫无还手之力。

午自习结束后我走进教室,见吕同学哭哭啼啼的,一问缘由,才知道被L同学欺负了。事情的起因是L说信不信我打你,吕说不信,于是一个耳光就招呼上了。吕同学也不甘示弱,打了L后脑勺几下,也许是打疼了L,L抡起胳膊肘打到了吕同学的腮帮,吕疼得眼泪哗啦啦地流下来。

原本都不想请家长,但想到开学以来L已经是第四次和同学发生冲突,我觉得有必要和家长沟通一下。一个电话过去,L妈妈接的电话,我说孩子有点事情,麻烦她来一下学校。她说,她在上班,要六点下班,她看他爸爸有空没有,让他过来一趟。我说行,要是L爸爸没空,就等她下班过来。

半个小时之后,L的爸爸来到学校,走到我的办公室,问:"那个老师在吗?"同事答:"哪个老师。"对曰:"尾号是4235的老师。"同事问:"孩子在哪个班?"对曰:"不知道。""班主任是谁?""不知道。"幸好我从班上回到办公室,才没有让尴尬继续。我心想,这就是L的家长?孩子在哪个年级不知道,哪个班,不知道,班主任是谁,不知道。真的是一问三不知。面对这样的家长,我心里已经犯起了嘀咕,家庭教育估计是指望不上了。

我将L的爸爸请进办公室，开始聊孩子在家的表现。L的爸爸在这个时候接了一个电话。我听到的内容是"找到老师了，你好好打你的麻将"。我猜，这应该是L妈妈的电话。她不是在上班吗？敢情上班就是打麻将啊！看来麻将比儿子重要得多。

据L的爸爸说，他和L的妈妈经常晚上不在家，孩子晚自习结束之后，都是一个人在家里，为了方便联系，给了L一部手机，具体干什么，他们也不知道。我问："那你们知道孩子的成绩吗？""知道，从小学到现在，一直都不是很好。"我感到略微有点欣慰，因为他总算知道点什么。"你觉得孩子的行为习惯咋样？""他啊，就是懒，早上我一般不叫他起床，看看他要睡到多久，反正迟到了老师会批评的。"敢情啥都是指望老师！接着问："孩子在家冲动吗？""就是有点冲动，要干吗就干吗，拦不住。尤其是这两年，稍不留神，火气就上来，两只眼睛瞪得要多大有多大，像是要吃人的感觉。"

问到这里，其实就不用再问下去了，结合孩子在学校的表现，再看孩子在家的表现，加上这样的一对父母，我觉得要想改变孩子，难！可转念一想，孩子是无辜的啊，他发展成现在这个样子，毋庸置疑，家长有不可推卸的责任。冰冻三尺非一日之寒，十几年的时间，这对家长除了在麻将场和生意场叱咤风云，何曾管过自己的孩子？何曾知道自己还有个孩子？

其实类似这样的家长，在学校比比皆是。他们很多时候看到的仅仅是孩子的不良行为，看到的仅仅是问题，而不是孩子。作为教师，尤其是班主任，面对这样的孩子，除了同情之外，我觉得还必须把他拉回正轨。所以我决定采取一些措施。

第一，在态度上，和善而坚定。要想解决孩子的问题，我们在态度上要平和，因为教师的态度和情绪，直接决定了孩子对你的认可程度。也就是说我们需要在纠正孩子之前和孩子建立情感联结。所以我提醒自己一定要控制好情绪，尽管他几次动手，但我都保持了镇定，就是希望他看到，解决问题不一定需要用拳头。我清楚重要的是解决孩子的问题，而不是去追究孩子的责任。坚定表明的是一种态度，我们针对的是你做的这件事，而不是你这个人，我们只对事件作出表态。希望孩子改正的是行为，而不是全盘否定一个人。

第二，让孩子参与，并提供可接受的选择。要想一个孩子不惹是生非，最好的办法就是让他有事情做。因为只有做了事情，才会逐渐培养出责任感。我让他参与的第一件事情就是公区卫生，请他从打扫和监督中选择。提供选择，是希望他明白，生活中有很多选择，有很多决定需要自己去做。最终他选择的是监督别人打扫。现在他作为检查人员，跟之前因为犯错误而被罚打扫卫生的感觉完全不一样，如果说以前有怨气，那么现在是有点"洋气"，因为这代表老师对他的一种认同。

第三，给孩子提供帮忙的机会。学校每周三和周五会发放水果，我问哪位同学可以帮忙，只见L的手举得高高的。于是我便顺水推舟安排他负责班上水果的发放。之所以让他做这件事，是因为以前他在班上总是不愿意和人交流，表达能力不行。我就想，既然表达能力不行，那就用行动来表示。而水果的发放，则是一种爱的传递。尽管这是学校的水果，但L同学能够义务帮忙发放，这个行为本身就值得表扬。当他把水果发放到其他同学手中，听到那一声声的"谢谢"，我想，礼貌的种子就在他的心里种下了。也许他就会发现，原来人与人之间是可以文明交流的。

第四，别忘了他是谁的儿子。解决问题还是要从根源上来，所以我还是坚持和家长进行交流。我的做法是，保持微信联系，至少一周一次，反馈孩子在学校的情况。尽可能说孩子的优点，同时希望了解孩子在家的情况。作为家长，当然愿意看到自己孩子的进步。所以从一开始的不耐烦，到后来的积极交流，家长态度的转变让我倍感欣慰。这时我又想，我们的努力真的足够了吗，也许还可以再尝试一下，也许就差那么一次交流，一次谈话。就在昨天，家长主动给我打电话，问孩子的情况，因为他发现孩子最近在家开始背生物、地理，这简直是破天荒的事情。他压根没想到，孩子居然会放下手机，拿起书本。我能感受到家长的欣喜若狂，更能体会作为家长对孩子的那种埋藏在心中的爱。午休的时候，我把孩子请到身边，还没开口，孩子就有点稳不住，对我说："老师，我最近没有犯错误。"听着这话我哭笑不得，感觉孩子都形成了条件反射。但我心里是暗喜的，因为当一个孩子意识到自己没有犯错的时候，表明他平时就在留意哪些是错误，这样他犯错误的机会就少了。我说："老师没有说你犯错误，别紧张。今天想表达两层意思，一是你爸爸说你最近表现得很好，今天特意打电话关心你的学习，没有一个父亲不爱自己的孩子，虽然你父亲不善言谈，但是对你的爱丝毫不减，我今天就是帮你父亲传递他对你的爱意的。二是你最近的工作做得很出色，感谢你为班集体作出的贡献。"孩子听完，表情甭提多复杂，因为他没想到我找他居然不是因为他犯错误，也没想到父亲会这么关心他，更没想到我会感谢他。他礼貌地说："谢谢老师，我会努力的。"这话我听过很多次，但是从他的嘴里说出来，具有特别的意义，我想我们静静等待的那朵花，可能会开了。

第五，分散他的注意力，转移他的行为。通过观察，发现这孩子特别喜欢打篮球。正好我也是一个篮球爱好者，我就想，何不趁此机会，加强和他的交流呢。能够在他喜欢的事情上，让他崇拜我或者靠近我，那么我的工作也许就会事半功倍。我看了一下我的课表，恰巧体育课的时间我都有空，于是每到体育课我就换好衣服，早早去球场热身。到自由活动的时候，他走过来，一脸不相信地问我："老师，你还会打篮球？"我也卖卖关子："业余水平，还要你们多多指教。"然后开始三打三的半场对抗。几个球下来，他发现，上了老师的当，投篮、突破、传球，防守，一看就知道老师水平远在他之上。这让他对我刮目相看，因为他一直以为，当老师的都是书呆子，怎么可能会打球。而且以前他的老师经常说："不要去打球，会影响学习。"没想到我不干涉他们，还和他们一起打球。这让他对老师的认识产生了根本性的变化。一局之后，我们暂停，开始总结刚才的不足之处。我还告诉孩子们，运动对大脑其实是最好的休息，我读高中的时候，每次大考之前，都是先运动，再复习，效果特别好。

此外，我还帮他们组织班级篮球赛，目的就是希望他能在不同的赛场找到真正的自我，让他明白自己并不是一无是处。看着他在比赛中奔跑，为了一个篮板球积极争抢，为了一个球没打进而懊恼，我确信，这孩子是有集体荣誉感的，是完全可以改变的。

第六，培养社会情感。每月4日是我们班的班级活动日。我一般都不管，完全放手让孩子们去准备节目和道具。但我会特别和组长打招呼，一定要让L帮忙，比如买零食、搬凳子、制作道具等。一句话，就是想让他为班级做点什么。因为是他买的零食他就会格外珍惜，不会浪费；是他摆放的凳子他就会格外照顾，生怕被弄坏了；是他做了道具他就会在参与的时候更加投入。一次次的班级活动，总能看到他忙碌的身影，让他不再置身事外，而是投入其中。我想长此以往，他这好斗的脾气也许就会慢慢消失了。

第七，建立日常惯例，每周一报，适时表扬。《正面管教》中我特别喜欢的一个说法就是"长期而有效"。长期而有效，说明育人这项工作需要有做持久战的准备。因此我和他约定，每周五的时候，来我办公室进行汇报。一开始我是想监督他，后来我发现完全没必要，因为现在的他思考的是如何才能让发放水果省时省力，思考班级活动还能做什么。于是汇报变成了点对点的表扬。我想，通过表扬来强化他的进步远比通过惩罚来制止他的错误更加有效。

苏霍姆林斯基说过："当我们无法改变他的家庭环境的时候，那就要让孩子在学校的每一天、每一秒都和乐观的、积极的、向上的内容联系在一起，这样他才会逐渐喜欢学校，喜欢正面的东西，然后慢慢就会有正义感，充满正能量。"魏书生老师说："其实每个人都有两面，一面是正义，一面是邪恶，当正面的东西多了，那么邪恶的东西就少了，说不定就消失了。"虽然L在学习上欠的债还一时难以还清，但他在行为上的进步让我坚信他会在人生的道路上越走越宽，越走越好。

"火药桶"变形记

成都市华兴小学 卢晓燕

李镇西老师说过:"学校教育非常重要,但无论多么重要,都只是家庭教育的重要补充。"这足以说明家庭教育在孩子成长路上的重要性。但是现实生活中,却经常存在这样的情况:某些孩子的家庭教育是严重缺失的,家长的职责分工不明,出现了"丧偶式育儿"的现象。针对这些问题,如果老师一味地要求家长跟进和完善他们的家庭教育,可能也只是徒劳。所以这时,就真的需要老师用智慧和耐心,去一步一步引领家长,帮助孩子,让孩子在行为习惯上逐渐改善,慢慢向良好靠近。

一个随时会被点燃的"火药桶"

小刚同学的家庭情况是这样的:他妈妈自身文化程度不高,承担的家庭教育职责极少,只能为孩子提供必要的生活后勤保障,在学习习惯和行为养成方面,她是根本管不住这只"顽猴"的。所以家庭收入及孩子教育的担子全落在了爸爸的肩上,用小刚爸爸的话说就是"从孩子的头发丝到脚指头都是他亲力亲为"。所以小刚就在"好似单亲家庭,却不是单亲家庭"这样的环境中长大。爸爸忙于工作,对孩子的关注力不从心,每次小刚犯错,他都是恨铁不成钢的一顿打骂。长期以来,孩子的行为习惯就出现了问题,最为严重的是小刚还表现出了"唯我独尊"的火爆性格,且具有一定的攻击性，不懂得怎么和其他同学相处，一旦发生一点小摩擦，他总是挥起拳头，恶狠狠地看着对方，好像一个随时会被点燃的"火药桶"。

"火药桶"成因分析

（一）家庭教育缺失

因为小刚接受不到家庭的关注及教育，孩子的母亲甚至认为，"我只用负责他吃饱穿暖就行，教育那是学校和他爸爸的事情"。爸爸在孩子犯错的时候，教育的方式简单粗暴，信奉"棍棒底下出孝子"，殊不知严重挫伤了孩子的自尊心和自信心。孩子在家中感受不到温暖和关心，一直处于被责骂的地位。近朱者赤，近墨者黑。家庭环境直接影响孩子的心理、性格的形成，家庭成员不和、教育达不成共识，会导致孩子失去父爱或母爱，致使孩子产生心理障碍。可以说小刚的家庭教育既没有环境氛围，也没有情感氛围，更没有文化氛围。

（二）性格自卑叛逆

小刚的性格虽然比较外向，但是自律性较差，处理问题的方式像他爸爸一样简单粗暴。在同学群体和亲人环境中常处于被人遗忘的地位，严重挫伤了他的自尊心，逐渐形成破罐子破摔的想法。小刚的心理发展不平衡，且自卑，催生了他"我命由我不由天"的狂妄自大和不自律。

（三）沟通误会丛生

苏霍姆林斯基曾把学校和家庭比作两个"教育者"，认为这两者"不仅要一致行动，要向儿童提出同样的要求，而且要志同道合，抱着一致的信念"。因为学校教育和家庭教育，就像一辆战车上的两匹战马，相辅相成，缺一不可。

小刚的家长没有认识到自己就是教育者,作为班主任我少不了和他爸爸交流,但是交流的过程被误会为"老师告状",他爸爸每一次都表达对孩子犯错后的道歉和对老师的感激,而我真实的想法并不是告状,而是想和他对孩子的教育方法做一些沟通。但遗憾的是,每一次的电话都被孩子爸爸误解为兴师问罪,孩子又会被数落和批评一顿,这样一来我也产生了自责和无助感。

改变"火药桶"现状的方向及策略

(一)巧建"家人群"

"有话不能好好说"是小刚在家里的基本常态,面对他的错误和极端性格,我认为首先还是得让他爸爸学会好好说话。家庭成员的态度和情绪控制,是帮助孩子搭建一座亲情沟通的桥梁。得知小刚的表哥在同年级的另一个班级,于是我就以"一家人"的形式建了一个小群,群里我会时不时把学校近期要做的事情、一些教育文章等分享出去,两个孩子及两个爸爸,慢慢地都能读懂"潜移默化的暗示",我在里面好似也成了他们家的一员。这种小圈子的建立,化解了孩子父亲"很丢脸"的担忧,慢慢地也学会了和孩子好好说话,群里时不时地一个表情包、一句问候,也让沟通变得温暖了。

(二)"惯"出安全感

小刚难以控制情绪,一点小矛盾就会挥起拳头,其实这是安全感缺乏的表现之一,因为他已形成了"拳头能挣回面子"的简单认知。我采取了很多老师、家长很难接受的方法:"惯"着他。

他和同学发生矛盾时,我先找到这个同学,提前和他"密谋",做好安抚工作,让这个同学暂时做一个"背锅侠",在公开场合我话里话外流露出对小刚的袒护,最后我也会用"但是"指出他的不足。这个时候小刚的情绪已不再抵触,甚至会用心地去思考自己的错误。当然这种方式的使用,作为老师一定要把握好分寸,不然最终就会演变成"互相伤害"。

从教育学角度说,这种"给他更多"的方式,是唤醒安全感的方式之一,比如他想要吃糖,我们可以问他,一颗够吗?要不要再来一颗?通过这样的方式,慢慢补足孩子的安全感。这种方式到一定时候就得收手,或者说要"恩威并施"。

(三)"画"出自信

小刚内心变得温柔后,也有了一定的情绪控制能力,但是还得帮助他找回最重要的一项能力:自信。

那天他突然问我:"卢老师,我身上有优点吗?"我惊愕地看着他,停顿了一秒,才恍然说:"当然有了。"显然我的迟疑给他带来了"不信任"的失落。我在脑海中搜寻关于他优秀的记忆,郑重地对他说:"你上次做清洁就很积极,这就是优点。"他双眼一瞪:"那次是轮到我当劳动小组长。"没想到这种"轮班"能让他放在心上,我看到了他脸上的笑容。

他其实还有优点,就是喜欢画画,虽然有时候在课上偷摸着画,但我还是鼓励他多画一些有想法的作品,可以多画画心里想的人和事,也可以画一画未来的自己。每次班级办板报都有他的影子,绘画比赛也拿了奖,他脸上的笑容越来越多,自信心慢慢回来了。

教育反省

在孩子眼中老师是完美的超人,简直无所不能,信任和依赖让他们对老师产生敬畏心,老师对他们说的每一句话,仿佛都是圣旨。老师心中如果没有"一杆秤",就会给孩子贴上"好"或者"坏"的标签。当老师把孩子贴上"坏学生"标签的时候,孩子便逐渐失去了获得肯定的机会,他的自尊心、自信心在老师的不关注、不相信中消失殆尽，最终变为自暴自弃。处于失败和困境中的孩子，内心对老师的依赖感其实比任何时候都强烈。

每一个愤怒的小孩并不是遇火就炸的火药桶，暴躁的攻击性行为是这个阶段很多孩子共同的特征，只是在特定时间、特定事件中某个孩子的这个特征被放大了，这种无限放大就会掩盖其他孩子身上相同的问题。包括我们每一位老师，回望自己的童年，其实我们也曾有过行为不当的过往。所以为何我们现在就不能包容和克制一些呢？往往这时，就更需要我们老师用智慧、耐心去理解和引领家长，去陪伴和帮助孩子。

此事过后，我真正明白了：老师不能只是温情地旁观学生长大，我们要在相处的点滴中一起长大。我很享受这种并肩共同成长的感觉。

你的笑容终将绽放

四川省双流棠湖中学　卢　玥

在每个班级里，学生的性格总是多种多样的：有的活泼好动，有的文静可爱，有的聪颖顽皮。班里大多数孩子都能融洽相处，成为朋友，但也难免会有个别学生因性格孤僻会对周围的人产生一种不信任感，从而对父母、老师及同学关闭心灵之窗。

这样的孩子，如果不及时加以引导，对其身心健康非常不利。因此，引导性格孤僻的学生以积极的心态对待生活和学习是每个班主任都需要重视的问题。

中途接班，困难来袭

去年，我中途接手了据很多同事说班风学貌都不太好的班级：八年级五班。作为中途接班的老师，我既要在较短时间内熟悉全班同学，又要尽快带领全班同学走上班级发展的正轨，努力营造良好班风学风。对从未中途接班的我来说，的确是一个不小的挑战。带班一周后，梳理工作思绪，发现摆在我面前众多任务中难度最高的，应该算如何带好学生小军这件事了。

镜头一：沉默不语，难以沟通

说起小军，还得将思绪拉回到刚接手五班时，由于对班上的情况不太熟悉，再加上开学事务太多，竟无意间犯了一个错：开学第一天班上有个学生未来报到，我这个新班主任却毫不知情。第二天核对名单时发现此事，赶紧给家长打电话，得到的答案是：昨天来报名时快中午了没报上，孩子下午就不敢来了。

什么？我有没有听错，初二的男生会因迟到而不敢来报名？还像个小孩子那么胆小？这个学生到底是个怎样的人，带着满腹疑惑放下电话，我又投入到了忙碌的班级管理工作中。

下午，由妈妈陪着，小军提着书包面无表情地站在了我面前。在询问他未及时报到的原因时，我上下打量着他，我问几句他答一句。向他妈妈交代了几句之后，我将他带到了教室，坐在了最后一排的空位上。小军留给我的第一印象是：性格内向、缺乏青春活力、少年老成。

镜头二：表现异常，常被欺负

就这样平静地过了一周，有一天晚饭后接到了小军妈妈的电话。她说小军被班上的几个男生欺负了，让我管管。

我的眼前不禁浮现起那几个男生的样子，他们的确算是班上比较调皮的学生。不过，在一个班级里难免出现同学之间的小摩擦，由班主任老师批评教育一番，便应该没什么大问题。于是第二天便找来当事人，询问原因，说是为了一时好玩便惹了小军一下，我便立即让他们向小军道歉，再教育一番这事便过去了。

随后的一次小作文，小军在字里行间透露出他对班上同学的恨，甚至说自己像一台杀人机器。诸如此类令人毛骨悚然的字眼让我不由将小军平时的反常表现联系起来：他不愿意与别的同学为伴，独来独往；课堂上基本呆坐于位，再活跃再有趣的课堂气氛对他似乎都毫无吸引力，对知识的吸收非常慢，其他学科老师向我反映他上课基本不做笔记；课后一人摆弄自己的东西，从不与其他同学玩耍嬉戏。

直觉告诉我：小军不是一个普通的学生，在他身上一定发生过什么事。一向自信的我开始变得有些不自信：这样的学生我能带好吗？他会不会给我惹来更多的麻烦？我对眼前这个不愿与外人沟通甚至有些古怪的学生感到棘手起来。

镜头三：过于自我，古怪任性

班上有一个男生叫小凡，因为反应要比其他同学慢一点儿，所以常常受到同学的欺负和嘲笑。后来经过我的教育，其他同学都停止了自己的不良行为，可唯有小军还是欺负他。

起初，听同学说起小军欺负小凡，我觉得特别纳闷：虽说小军常受到别人的欺负，而老实憨厚的小凡是决不会去惹怒他的，那小军为什么会欺负小凡呢？带着这样的疑惑，我对小军的观察和关注更多了起来。

一天中午，分餐的同学跑来对我说："卢老师，小军不吃饭。"我问原因，同学说："好像是因为小凡比他先吃，他就生气不吃了，以前也出现过几次。"

我找到小军，问其原因，他一声不吭。

天啊，我当时只感觉自己快崩溃了！怎么会遇到这样一个古怪的学生，在他身上出现这样令人难以捉摸的行为！可问题摆在面前，还得硬着头皮解决。

晚上又和他妈妈在电话里交流了一番，我终于找到了一些导致小军反常举动的原因：小凡和他都曾受到过同学的欺负，他便觉得同学们喜欢将他和小凡列为一类人，而他又不愿意同学们说他像小凡那样笨，所以他感觉同学们嘲笑小凡就是在嘲笑他。而越是这样，他越将过去受到的欺负全部怪罪于小凡。只要小凡一经过他的身旁，他便会大发脾气，只要小凡比他先吃饭他就不吃，只要听到老师表扬小凡的进步他便不高兴……对于这种特殊的现象，作为班主任，我不得不改变处理方式，让分餐的同学每次先叫他打饭，尽量将他和小凡隔开点。

镜头四：怪癖行为，同学难忍

小军还有一个让同学们难以接受，也是最令老师和家长担心的怪癖举动：他的课桌上大部分时候不摆任何书本，他每天一到校，就开始吐口水在手上，然后用带着口水的手一遍一遍地擦拭桌子，有时候还要用沾着口水的手去抹头发。所以，他的桌子上或头发上总是湿湿的，且常常散发着阵阵异味，特别是天气热的时候。

对于这样一个几乎不愿和外人交流的小军，让他改掉这个怪癖行为肯定不容易。我跟他妈妈反映了这种情况，并且建议她带小军去医院检查一下。但小军妈妈碍于面子，不愿意承认孩子的反常举动。

分析原因，心中有底

对性格孤僻学生的疏导教育是班主任工作中的一个重要内容。只有客观了解他们特殊的成长经历和特殊心理要求，老师才能更加注重教育的艺术和技巧，进而采取更有针对性的教育方式。如果老师不能及时对其进行教育引导，会进一步加深这类孩子的自我封闭心理，导致他们身心不能得到正常发展，甚至出现极为严重的后果。

针对小军在班上的种种异常表现，我上网查阅了大量相关资料，发现小军应该属于性格孤僻型这类人，其基本表现是：不愿与人接触，对周围的人常有厌烦、鄙视或戒备的心理。这种人还常常表现出神经质的特点，其特征是做作和神经过敏。他总认为别人瞧不起他，所以凡事故意漠不关心，作出一副瞧不起人的样子，其实内心很脆弱，很怕被别人伤害，于是就把自己禁锢起来不与人交往。由于这种人猜疑心极重，喜欢独往独来，因而越发与别人格格不入。人际关系不良的结果，使他陷入孤独、寂寞、抑郁之中。

我继续寻找造成孤僻性格的主要原因，发现有：本人气质因素、抚养教育不当、缺乏交际能力和方法、被伙伴欺负等。那小军是由哪种原因造

给一点时间,象你长大

成的呢？

夸美纽斯认为，鸟儿在春天繁殖，园丁在春天种植，人类的教育也应从人生的春天即从儿童时期开始。孩子在呱呱落地之后大多数都是站在同一发展的起跑线上；父母作为孩子的第一任老师，对孩子性格的形成至关重要。

华盛顿大学的心理学家菲利普斯认为，许多儿童在生命的早期没有学会基本的社会交往技能，从而也不能以正常的方式和别人交往。这使得他们在人际交往中遭到拒绝或打击，如耻笑、埋怨、训斥，使他们的自主性受到伤害，随着这种失败次数的增多，对人际交往失去信心，与别人产生隔膜，在团体中找不到归属感，便把自己封闭起来。

带着疑问，晚上我又一次拨通了小军妈妈的电话，将其反常的现象和他写的东西告诉了她，并希望从她那里寻找到造成小军现在这种情况的原因。

他的妈妈告诉我说，小军小时候常被人欺负，有一次甚至被同学打得一边耳朵的听力出了问题。可每当他回家说起被欺负的事时，都未能引起妈妈的重视。就这样，一直被同学欺负的小军开始封闭自己，不愿意与其他同学说话，即使是同学想善意地和他开开玩笑，他也会生出一种强烈的不安全感。

小学毕业后，妈妈将他从老家转到了现在的学校，目的是希望他能从过去的阴影中摆脱出来，能像其他的孩子一样快乐、健康成长。可任何一个班上都难免会有几个比较好动的学生，他们的表现又开始令小军产生不安全感，而越是感觉不安全他就越想借自己的吼叫来试图驱赶恐惧。这样一来，班上一些调皮的学生便开始有意无意地去惹他，想看他发怒的样子。

听着他妈妈的诉说，我突然觉得那几个调皮学生欺负小军的画面是如此可悲，同时也觉得小军的不幸经历令人如此揪心。

挖掘策略，有的放矢

（一）动员家长，携手修补受伤心灵

首先，让小军感受到家庭的温暖。

我跟小军妈妈沟通：父母要和睦相处、互敬互爱，使孩子生活在温馨、和谐的家庭环境中，不要用伤害性的语言或消极的语言来批评孩子，让孩子身心得到健康的发展。因此，建议小军的妈妈和爸爸多关注小军的生活、学习和健康，每天抽时间与他散步、交谈，使他感到自己在父母心中的地位和分量，心中得到爱的温暖与满足，建立心理安全感。

其次，为小军创造与外界交往的机会。

听小军父母说，他们家开了一个小卖部，平时忙于打理店铺的夫妻俩几乎很晚回家，更别说周末带小军出去玩了。于是，我建议小军父母一定要尽可能地创造条件让小军多与同伴交往。比如：家长可利用节假日多带孩子到公共场合玩或常带孩子走亲戚、访朋友，也可请孩子的同学到家中来和孩子一起玩。在这些活动中，有意识地增加孩子与人交往的机会，让他感受到与人交往的快乐。

（二）积极暗示，帮助小军树立信心

暗示是指在无对抗态度条件下，用含蓄的方法对人的心理和行为产生影响。这种心理影响表现为使人按一定的方式行动或接受一定的意见。多数性格孤僻的学生无论在父母还是在老师、同学眼里都是"怪人"，在这种心态的作用下，他们对这类孩子的暗示也就是消极的："这个孩子像个哑巴一样，这个孩子做事太拖拉了，这个学生真笨！"

这些语言都给了性格孤僻的学生一种"我真的是不行"的暗示。如果我们把这些批评、鄙视的话变成鼓励的话，效果就会大不一样。多给学生鼓励和表扬，就包含着给学生一种积极向上的暗示，会取得更加良好的效果。

小军虽有这样那样的缺点,但留意观察他还是有很多优点:虽然有时要发脾气,但对老师的教育态度很端正;迟到次数很少;校服很整洁等。我经常利用和他交流的契机告诉他我很欣赏他的这些优点,让他渐渐树立起对自己的自信心。

(三)动之以情,营造班级温暖氛围

孔子说过,其身正,不令而行;其身不正,虽令不从。只有教师真正地关爱性格孤僻的学生,再对全班同学动之以情,晓之以理,才能激发全班同学对他们足够的关心、爱护,才能让性格孤僻的学生真正地感受到集体的温暖,敞开心扉,融入班级大家庭。因此,作为班主任老师,我首先尽可能多地去寻找关心小军的机会:天气冷了,问他衣服穿得厚不厚;午餐时,问他饭菜分量够不够;班上的活动鼓励他去大胆地秀一秀。

性格孤僻的学生,往往得不到同学的喜欢,同学们一般都不会主动与之交往,甚至鄙视他们。如果这时老师不对全班同学进行正确的引导,那只会加深对性格孤僻学生的伤害。

利用班会课,我借故将小军叫到了办公室,关上教室门后,我郑重地对全班同学说:"从卢老师接手八年级五班后,我一直希望我们这个班能成为一个温馨的大家庭,每个同学都能相互帮助、相互关心,同时我也希望我们每个同学都能自信、快乐、健康成长。然而,在我们这个大家庭中,却经常发生欺负同学的现象。作为这个班的班主任老师,我感到很悲哀。"

说完这句话,我抬头看着那几个曾经欺负过小军的同学,见他们都将头埋得低低的。停顿了几分钟,我便将小军曾经在小时候受欺侮的痛苦经历、家长的不重视以及现在他内心时常产生的恐惧感讲给他们听。看着学生们眼中透露出的惊愕和同情,我顺势提出自己的期望:"希望同学们今后都不去欺负他、嘲笑他,而去多帮助他,真正走进他尘封已久的内心。"

为了能让小军有一种安全感，有几个学生主动申请坐到他的周围，便于课上课下能帮助到他。这以后，很长一段时间，都没有再听到小军被欺负的事。有时在课间碰到他，我便从班上的同学不再欺负他、许多同学对他的关心、很多老师所给予他的关爱，讲到人与人之间和谐相处的重要性以及遇事要沉着、冷静的方面耐心地开导他、教导他，直到他微笑点头。

（四）设计活动，搭建同学之间的沟通桥梁

利用平时的语文课和班会课，我有意设计一些必须通过合作才能完成的活动或学习任务，目的就是促进学生感受到其他人对自己的喜爱和关怀，促进学生间情感的加深。同时借助这些活动鼓励其他同学多与小军接近，提高他在学生中的地位，鼓励他多与其他同学交往，让他变得开朗起来。

令我欣喜的是，有好几次小军那个组的同学激动地对我说："卢老师，小军有进步了，我们那组的平均分上升了！""卢老师，小军今天的点子很好！""卢老师，小军今天地理课听得认真！"听到同学们的表扬，我很激动，看来付出终于有收获了。

（五）借力老师，创造课堂展示机会

作为班主任老师，为了能让小军在学校能得到更多关爱，更科学地帮助他成长，我充分借助了科任老师的力量。我将小军形成现在这种孤僻性格的原因详细告诉了各位科任老师，并请他们在平时的课堂上多留意小军的表现，多关心他，多给他创造表现自己的机会，为他的成长搭建宽广的成长平台。让他能早日在我们大家的共同努力下变得开朗起来，让他在这个本应富有青春活力的年龄能够重新找回自我，尽情释放被压抑的心情。

（六）保持耐心，真诚应对所犯错误

平静的湖面总会有泛起涟漪的时候。虽然同学们对小军的现状有了正

确的认识，也给予了充分的理解，但毕竟小军的孤僻性格、异常行为不是短时间就能完全改变的。所以，这一群正处于青春期的学生有时候看到小军不可理喻的行为时，难免会产生抱怨或者引发过激行为。

上学期临近期末考试时，有一天我快走到教室门口，忽然听到教室里传来一阵阵吵闹声，里边还夹杂着"别打了，别打了"的劝架声。我心里一紧：谁这么大胆，快上课了还在打架？

走进教室一看，围着一圈人，中间站着的是小军和小吉，我心里一想，莫非是小吉欺负小军了，这小子并不像是欺负他的人呀。见两人在众同学的劝阻下还跃跃欲试，我立即进门阻止了两人的行为，并责问小吉："你怎么又欺负小军？"他满眼委屈地说："老师，我没有。我经过时不小心将手放到了他的桌子上，他就不分青红皂白地骂我，我当然受不了啦，就……"周围的同学也七嘴八舌地向我描述起了事情的前因后果。我听出了个大概，说是小军不允许别的同学接触他的桌子，还因这个原因和好几个同学也发生过矛盾。

看来是我冤枉小吉了，我赶忙将小军叫到了教室外，见他还怒气冲冲，我语气有些严厉地质问他："你到底想干吗？你难道心里没有装着别的同学，没装着这个班吗？"他沉默了，可不久嘴里又嘀嘀咕咕地说着："我不喜欢别人把手放在我的桌子上，我叫他拿开，他不拿……"面对着眼前这个对老师的关心、对同学的帮助漠不在意的学生，我真的有些茫然失措。

忽然耳边又传来了他妈妈向我哭诉他过去遭遇的声音，我想也许正因为不幸的经历让他对周围的环境产生排斥，因为自闭而缺乏与其他同学的相处的能力。此刻我若一味责骂显然无济于事，看来还得继续用爱心和耐心去打开他的心扉。

付出总有收获，喜迎花开

经过我和同学、老师、家长一年的努力，与我刚接手八年级五班时相比，小军在品行、学习、与同学的相处等方面进步了不少。好几次，小军妈妈在与我交流小军在家里的进步时，话语中无不透露出欣喜和感激。

有一天午餐时间，我在讲台收伙食费。正埋头记名字，耳畔突然传来小军的声音："卢老师，给，我的生活费。"我惊讶地抬起头，小军竟自己上台来交生活费了！正在吃午餐的同学们也都诧异地抬起头，要知道小军的生活费从来都是他妈妈亲自交给我或是我到他座位上去收。

就在我为他的胆量增大而欣喜的时候，他轻轻从衣服口袋里拿出一样东西放在我的面前。我一看，是一根棒棒糖。我有点惊讶，忙说："谢谢小军同学。"他露出甜甜的微笑，回座位上去了。

我真不知道该用什么样的词语来形容我当时的心情。为了这样一个性格孤僻的学生，我在他身上花了太多的心血，由于他的不稳定情绪，我经历了太多提心吊胆的日子，也因为时常处理他的突发事件我承受了太多压力……

也许曾经，我不知道为小军所做的这一切到底能有多大的效果，也许我曾经在众人的不理解中有过迷惘、有过怀疑，但在此时，曾经的困惑与抱怨在这一刻统统清零！

我坚信：我的辛勤耕耘终于开花结果。

这根小小的棒棒糖就是对我过往的付出所给予的最高肯定与奖赏。

在教育的路上，我们难免会遇到性格各异的学生。当面对那些性格孤僻，或有性格缺陷的学生时，我们一定要特别注意我们的态度和方法，一定要有等待学生转变的耐心。

相信只有用适当的教育艺术和技巧多与这些孩子沟通、交流，多给予关爱、抚慰，我们才能走进他们的心灵。用真诚的爱去改变他们，我们就一定能让他们找回昔日温暖而灿烂的笑容！

给一点时间，等你长大

成都市第十一幼儿园　鲁正群

一条小小的毛毛虫，历经时间的磨炼，总会破茧而出，变成一只美丽的蝴蝶。幼儿的成长也是这样的一个变化过程，如果我们多给孩子一点时间，多给孩子一些机会，也会惊喜地等来华丽变身。

一年前，提到班上的毛毛小朋友，幼儿园的人无所不知，从门口的保安叔叔到厨房的阿姨，都不止一次见识到了他的惊人能量和暴躁脾气。拒绝晨检、拒绝进餐、拒绝睡觉，不参与幼儿园的一切活动，只当一个游离在外的旁观者；爱跑出教室，爱大吼大叫，爱说暴力语言，小心翼翼地爱着自己的一切东西，对幼儿园的所有漠不关心。

一年后，提到毛毛，所有人都露出了笑容，赞美夸奖之情溢于言表。他是暖心的大哥哥，乐于助人，经常帮助弟弟妹妹；他是热心的小帮手，经常帮老师做事情；他是认真的小老师，经常带小朋友做游戏。他会热情地与老师打招呼，他会友好地和小朋友相处，他会带着一箩筐问题来问幼儿园的所有人，他会专注地参与到幼儿园的所有活动中，他也乐意把家里东西带到幼儿园来分享。

一年时间，从一个"独行侠"变成大家的榜样大哥哥，我很欣喜地看到了他一路走来的点滴变化，正是这些改变，塑造了现在的他。而他的故事，也坚定了我的信念：儿童是一个发展中的个体，给一些时间，走进他的内心，他会变得更好。就让我们通过一些片段，走进毛毛的故事吧。

2015年9月9日

毛毛是班级里最大的哥哥，刚进小班时，已经三岁八个月了，不仅个子最高，块头也最大。开学第一天，在爸爸妈妈离开教室后，毛毛便在声嘶力竭的呼喊声中冲出教室，保育老师随后追到毛毛，使出全身的劲把四十多斤的毛毛抱回教室。回来后，毛毛撕下教室里关于他的所有照片，放进书包里，甚至连擦过鼻涕的卫生纸也放进去了。那一天，他没吃午饭没有睡觉，只吃了点水果和饼干。他也没有参与集体游戏，只是在教室里走走看看，偶尔大喊："我要把幼儿园炸了！"

分析：从社会交往上来看，毛毛是一个以自我为中心的孩子，不会主动与人交往，自我意识特别强，非常看重自己的东西。在和家长交流中，我们了解到，毛毛在以前的幼儿园，也不愿意贴照片。从生活习惯上来看，毛毛没有良好的午睡和进餐习惯。通过与家长交流，我们还了解到，毛毛爱吃拉面和排骨，爷爷很爱他，便会按他的喜好做好吃的。和其他小朋友一样，来到一个陌生的环境中，毛毛也出现了分离焦虑，但是他的情绪和行为反应更为强烈，对幼儿园有一种明显的厌恶心理。我们所能做的就是给予更多的耐心，帮助他减少负面情绪，喜欢上幼儿园。

2015年10月23日

开学以来，我们会以"温馨提示"的方式请家长配合每月主题活动，带一些废旧物品来园，但毛毛从没有带来过，反而把在幼儿园完成的美术作品带回了家。毛毛很少与同伴交流，集体活动时教室座位围成半圆形排列，毛毛总是坐在最后一个，与同伴保持一定距离。当天下午，我们开展了卖烤串的角色游戏，请了几个孩子当老板，其他孩子当顾客。毛毛也举手了，成了土豆摊老板。在游戏过程中，毛毛卖出了很多烤串，并和客人交流："土豆两块钱，你要给我钱。"但在收玩具环节，毛毛拒绝别人来整理自己的摊位，把所有材料搞得一团糟。

分析：一个多月来，毛毛在生活方面不用担心了，能午睡、吃白米饭。社会交往方面，虽然有了参与活动的意识，但以自我为中心，有很强的控制欲，尤其是对自我物品的控制。如果自我需要没有得到满足，就会产生破坏性的行为，而不会用语言来表达。

2015年11月12日

以前总是穿着衣服午睡的毛毛，现在会脱了衣服再睡，可是脱了后，他不会穿，就会叫老师来帮忙。当然，我们也会请毛毛帮帮忙，比如给植物浇水，丢下垃圾袋，他会很乐意。当天下午，教室里的一棵自制苹果树掉了下来，毛毛赶紧跑来告诉老师，老师请毛毛一起帮忙修补好。毛毛很快拿来双面胶，老师撕下来，他便把胶粘上去，神情专注，持续了好几分钟终于完成。于是老师在全班孩子面前表扬了毛毛，毛毛笑了。

分析：在幼儿园生活中，毛毛逐渐由一个单独的个体转变为集体中的个体，他开始寻求帮助，开始关心集体。我们希望毛毛感受到他在集体中的重要性，在给予他帮助的同时，也提供他帮助我们的机会。在这种积极互助的氛围中，毛毛有了一种满足感和荣誉感，不再排斥幼儿园，甚至愿意为班集体做事。

2015年12月24日

圣诞节快到了，老师请小朋友们带一些圣诞饰品来装扮教室，很多小朋友们都带来了，令人意外的是毛毛也带来了一袋圣诞礼物，主动交给了老师。老师便抓住难得的机会，邀请毛毛一起用他带来的礼物布置环境，一会儿请他跑跑腿，一会儿请他拿下胶布或把废纸投到垃圾桶。毛毛像个小跟班似的，很认真地完成了老师交给他的任务。下午手工活动，毛毛完成了一个瓶子娃娃，老师问："可不可以送给我？"毛毛居然同意了，直到放学，也没有要回自己的瓶子娃娃。

分析：这是毛毛第一次愿意把家里的东西带来幼儿园，也是他第一次愿意把自己的东西送给别人。对于一个自我意识、独占心理非常强的孩子，这无疑是一个巨大的改变。在这个有安全感和成就感的集体中，他不再以自我为中心，学会了分享和付出。

2016年1月22日

小班上学期的最后一天，幼儿园开展了以绘本剧表演为主的离园活动。我们班表演的是《永远吃不饱的猫》，毛毛选择扮演太阳。前期毛毛参与了在班级教室和舞台的多次表演、彩排，但正式表演时，他罢演了。当天，全园的家长朋友们都来了。毛毛的爸爸妈妈没有来，但爷爷来了，毛毛看到爷爷后，就嚷着要和爷爷在一起，无论老师怎么劝说，毛毛也不愿意上舞台。

分析：在毛毛适应集体、适应幼儿园的过程中，我们以为他已经成功了，但从罢演事件上，我们遗憾地发现，还需要继续努力。在没有家庭介入的幼儿园生活中，毛毛是一个日渐独立的个体，但当家人来到幼儿园时，他对家庭的依赖，让他有了充分的理由脱离集体。我们还需要和家长长期沟通，达成教育共识。

2016年3月1日

小班下学期开学第一天，毛毛回到了幼儿园。这一次，他主动接受晨检，主动与老师打招呼，游戏时友好地和同伴玩耍，上课时举手回答问题，吃完午饭自觉脱衣服睡觉。一整天下来，毛毛都能遵守常规，没有过激行为。

分析：我们以为经过了一个寒假，毛毛可能会再次产生焦虑和不适应问题，但是一切都很正常，什么也没有发生。毛毛是真的能够快乐地生活在集体中了，这得益于上学期的适应过程和家庭引导。

2016年5月13日

午睡起床后，毛毛很快穿好了衣服鞋子，站在旁边看老师梳头发。老

给一点时间

像你长大

师看到一个年龄稍小的孩子不会穿衣服，便随口说了一句："毛毛，你去帮弟弟穿衣服吧。"毛毛走到床边，一副大哥哥的样子，告诉小弟弟要伸腿，先穿好裤子，又一番努力，穿好衣服，最后很仔细地帮小弟弟穿好鞋子。整个过程是缓慢的，同时需要动作指导和语言交流来配合，但是毛毛没有放弃，非常有耐心地完成了。

分析：曾经，毛毛也不会穿衣服，甚至为此大哭大闹，而现在，他可以帮别人穿衣服了。从被帮助到帮助人，从帮助老师再到帮助同伴，毛毛是真的喜欢上了班集体，能用礼貌友善的方式与人交流。

关于毛毛的故事还有很多，比如：缠着园长妈妈问三峡大坝的故事，邀请老师周六去图书馆看书，一本正经地解释怀孕的老师是散步的老师……我很庆幸看到了他入园以来的变化，陪伴他走过了三年的时光。

后来毛毛毕业了，校园里依然流传着他的故事，还有他留下的痕迹，那是他种的红薯。我清楚地记得，当时他带来了两个红薯，他说爸爸告诉他，红薯要切成块才能发芽，所以保育老师拿来小刀，他很小心地把红薯切成了块，然后把红薯埋进了土里，浇水，等着它发芽。可是这些红薯块却迟迟没有动静，好像进入了冬眠。我以为毛毛小心翼翼种下的红薯就这么没有了结果，可是没想到，在毛毛毕业后的新学期，我经过曾经的班级，发现红薯居然发芽了！

我当时就想，如果毛毛看见了肯定很兴奋，如果毛毛看见了肯定觉得很有意思。他一直都保持着对这个世界孜孜不倦的好奇与探究，如果他看到了，他肯定会跑来向我们炫耀吧，他肯定会说个没完没了！但是毛毛不会知道，也不会看到他的红薯发芽了，他可能还会种下更多的种子，看到更多的种子发芽开花吧。就让这棵小芽静静地成长吧，别人不知道，但我知道，它是毛毛的。他切下的小块，他埋下的土，他浇过的水，他的劳动与期盼，都有了结果。

细细思考，幼儿园里的孩子又何尝不像埋在地里的红薯呢，他们可能也等待了很久，等待着阳光雨露把他们唤醒。就像毛毛，初入幼儿园，脱离熟悉的家庭，来到陌生的环境，不适应不喜欢，但看似蛮横的抵抗下也有一颗柔软的内心。如果我们也是对抗的态度，那可能就是一场无休止的"战争"。换一种方式，静静陪伴在孩子身旁，观察他的进步，发现他的闪光点，他也会一点点成长吧。每一次微小的变化，就给予大大的鼓励与肯定；每一次善意的行为，就当众给予大大的表扬与赞赏。于是慢慢地，从抗拒到喜欢，从冷漠到热情，长时间量的累积，有了质的变化，孩子也在老师和家长的爱与支持下，成为更好的自己。

有人说，教育是牵一只蜗牛去散步，慢一点，再慢一点，跟随它的步伐，总会有些成长不期而遇！

感谢出现在我们身边的每一个人

成都市西北中学外国语学校　罗　怡

时常在网络、电视上看到有关校园暴力的新闻，作为一名只教九年级从来不当班主任的化学老师，我一直觉得校园暴力离我很遥远。令我意外的是，在我去年教的九年级二班，校园暴力那么悄无声息地发生了。我想把这个故事写下来，希望更多的教育者加以重视，未雨绸缪才能防微杜渐。

有一天我正在办公室批改作业，一个名叫黄申的学生突然找到我，说下节课的体育课已经跟老师请假，想和我聊一聊。我正襟危坐，预感事情不小。果然，我听到了一个让我相当震惊的消息——黄申被全班孤立了。

原来，黄申和班级另外十个人共建了一个QQ群，他们从七年级到八年级一直关系很好。但一天晚上，他们突然在群里面对黄申说很不友善的话，黄申气不过和他们争执起来，最后黄申被踢出群。第二天到学校后，黄申发现大家都不再搭理他。值得一提的是，那些原本保持中立的人被要求必须站队，一旦选择了黄申，就会一起被孤立。所以最后，没有人站出来抗议。

更令我愤怒的是，他们班居然一直都有这样的现象，七年级时的李鑫，八年级时的王宇航、唐钰贞，都被孤立过，其中王宇航还被孤立过两次。至于被孤立的原因，无非就是觉得某个人嫉妒心强、某个人爱出风头等等。

我看着眼前的黄申，高大魁梧的身材和悲愤委屈的面容形成很大的反差。虽然黄申有些贪玩，但开朗外向笑口常开的性格，还是让人觉得他很可爱的。我以自己的经验给黄申建议并安慰他："谁痛苦谁改变，反思自己和同学相处中做得不对的地方，在未来调整、改正、提高自己，让自己的眼泪流得有价值，把今天的坏事变成明天的好事。也感谢你对我的信任，愿意把这件事告诉我，我会认真对待的。错误是学习的最佳时机，我希望这个经历最终都可以帮助大家越来越好。"

  黄申走后，我陷入了久久的沉思。青春期的孩子，最看重的就是同学对自己的评价，每天被大家排挤，该有多么孤独无助啊！失去了集体的温暖和归属感，被孤立者还能心平气和地学习吗？更关键的是，人无完人，对别人的缺点（也许根本谈不上缺点）表现得如此狭隘，这样的生活态度，自己将来会幸福吗？这个班喜欢孤立人的现象，必须想办法根除。据黄申说，在这里面带头的人是钟明杰、郑松和程友健，其中又属钟明杰最具号召力。我恍然大悟，难怪全班同学都叫钟明杰"杰哥"。我一直觉得钟明杰礼貌内敛，遵规守纪、成绩优异。前不久钟明杰还对我说了一句很感动的话："我们都喜欢上化学课，你就是我们全班人心目中的理想型教师。"我不禁思考，我要怎么做才对得起"理想型"这样的夸奖呢？把这些孤立黄申的人叫来办公室批评一顿，要求他们必须和黄申保持朋友关系？我马上否定了这个想法，用我作为老师的权威强行要求必然会招来反感，他们被责骂后说不定会更讨厌黄申，再或者为了不再遭受我的责骂，未来变得阳奉阴违。我的目的可不是想要他们变得关系更差、人格更差。

  突然想到一句话："人都有三种共同的天性，求知、爱美、想好。"我坚信我们班没有一个坏孩子，他们的内心都是想好的，只不过在日常的生活环境中他们缺少关爱理解、缺乏正确引导，导致他们的内心处于比较麻木冷漠的状态，甚至于他们通过对别人施加伤害来寻找存在感。苏格拉底说："这个世界只有一种善，那就是知识；只有一种恶，那就是无知。"人因为无知才会犯错，一个人的无知给别人造成短痛，给自己留下长痛，因为自我的无知其实最终只会限制自我的发展。因此，换一个角度，犯错误的学生未尝不是一名受害者。对此，我应该给他们以帮助，而不是施以惩戒。想到这里，我突然觉得自己找到了方向，我暗暗提醒自己，好的方法不是让学生屈服，而是让学生信服。其实学生的所有问题归根结底都是思想问题，所以我接下来想要做的就是修正他们的思想，我相信他们有了正确的思想自然会有正确的行动。

在那个周末，我开始着手写一篇文章，题目是"九（二）班观察日记——爱你我就夸夸你"。作为两个小学生的妈妈，生活难免会分散我的精力，所以这篇观察日记最后花了两个周末才得以完成，而且那段时间我的眼睛时常莫名其妙流泪，不敢看电子产品，所以这篇文章我是完全手写再语音输入电脑的。实话实说，我写得肩膀酸手臂痛，但是身体却感到有一股热血在流动，心里只有一种信念——我一定要把这件事做好。

在这篇观察日记里，我按学号夸奖了每一个人，对于黄申我是这么描述的——

  感谢与黄申的相遇，对于我要怎样走好"教书育人"这条路，黄申起到了重要作用。诚然，偶尔我会感到心情沉重，但我也很清楚，在前进的道路上，有时候我们需要这样的沉淀。我用我的亲身经历，再一次确定了那个让我无比坚信的真理——上天的安排就是最佳安排。所有出现在我们身边的人，都有积极意义，只要你愿意，你都可以从中获益。

在观察日记的最后，我这样写道——

  亲爱的同学们，我确定这些优点只是你们的冰山一角，未来还会有更大的舞台等着你们去展示，我们去发现。你是否会为别人有的优点自己却没有而羡慕或者失落呢？我告诉你，大可不必。"以铜为镜，可以正衣冠；以史为镜，可以知兴替；以人为镜，可以明得失。"其实每一个人对于我们来讲都是一面镜子，在不同的镜子里，我们既可以照到自己的光辉，也可以看到自己的暗淡。别人做得不好的地方，我们要思考以后怎么避免；别人做得好的地方，我们要思考以后怎么学习。我们的社会无比包容，它需要的是百花齐放百家争鸣，如果大家都是同一种人，大家都只擅长同一种领域，那人类就很难进步了。

其实我们班还一直存在着一位0号学生，即使她只是你们人生的匆匆过客，但她也是带着使命而来，敬畏生命的使命，忠于职守的使命。三人行必有我师。你们从她那里获得，她也从你们身上吸取。教学相长的真谛，大家从不曾刻意诠释，但从这位0号学生和你们相遇的那一刻起，教与学便自然而然地发生了。也许你们猜到了，她叫罗怡。

有人跟我说，遇到我，是他的幸运，我有强烈的共鸣，因为幸运是相互的。我会以我的方式守护这份幸运。对于我们，珍惜缘分的最佳姿态就是把握今天，活好当下。所以在最后，我要用英国著名科幻作家阿瑟·克拉克的那句经典墓志铭和你们共勉："我从来没有长大，但我从来没有停止过成长。"

我刚开始读的时候全班还不时发出笑声，到最后却鸦雀无声。晚自习放学后，郑松和程友健都跑来对我说："罗老师，观察日记写得好有意义，还想听。"钟明杰来找我聊天，在聊天中他向我坦诚自己不喜欢黄申，没有特别的原因，就是觉得黄申很烦。我心里却很高兴，毕竟学生愿意讲真话教育才有可能发生。我顺势开导钟明杰，给他讲我的人际关系经历，也谈我对"幸福"的认识以及我对他们的期望。最后，我还对钟明杰提了一个要求，那就是做任何事都一定要遵从自己的内心。

隔了几天，我询问黄申在班上的处境。他说好了很多，班上同学基本都会和他讲话，看来钟明杰他们几个对黄申的敌意在减少，因为至少不会去干涉其他同学的自由了。这对我来说也算一种欣慰。更欣慰的是，黄申说，他现在也在努力调整心态控制情绪，把大部分的时间和精力都用于学习，成绩有所提升，所以心情还是很不错的。

虽然黄申能够勇敢承受现实坦然接受现状，但是我觉得我的任务还没有完成。

一个星期以后，我开始策划做一个推广阅读的PPT——让阅读像呼吸一样自然。一方面纵观我的人生道路，书籍滋养了我的品格，我迟早要把这份美好体验分享给我的每一个学生；另一方面我能陪伴学生的时光只有短短一年，如果我希望他们有源源不断的能量和智慧，那么培养终身阅读的意识是最好的方法。

说干就干，那段时间，学生们最期待的就是我讲"让阅读像呼吸一样自然"。必须一提的是，即使我有些课堂时间没有干"正事儿"，但我们班的化学成绩完全没受影响，而且还不降反升。

在"让阅读像呼吸一样自然"课程里，我特别向他们提到了我过去读到的一句改变我的话："你想你的孩子遇到什么样的老师，你就努力变成什么样的老师。"我告诉他们："当时我很认真地思考这个问题，后来我很慎重地写下了答案——做幸福的老师。因为我坚信只有幸福的老师才能教出幸福的学生。我时常在想，我的孩子来到这个世界，除了健康，我最希望他获得的就是幸福的能力。没错，幸福是一种能力，它不是单纯的心情。我也在思考一个幸福的老师应该具备什么品质。在我看来，幸福老师的标配是仁爱和宽容。我不相信一个活在计较、埋怨、仇恨中的人会是幸福的。我因此修改了我的微信签名：去爱吧，如同从来没有受过伤害一样。以此告诫勉励自己用爱和宽容去解决一切问题和矛盾。"

当然，我主要给学生讲阅读带给我的改变，我要用我的经历让他们感受到：你读了什么样的书，真的就会想要成为什么样的人。我希望他们通过自己的体验（阅读也是其中之一）不断去修正、完善自己的思想，最大可能减少错误，避免痛苦，更迅速、更快乐地成长。

"让阅读像呼吸一样自然"还没有讲完，已经有学生开始找我借书了

（这是我给大家出的省钱主意），其中就有郑松和程友健。记得郑松对我感叹道："我没想到一本书真的可以对一个人产生那么大的影响。"他们读了我借给他们的书后，不时还会来和我交流自己的心得体会。

钟明杰也让我惊喜。一直跟我说一看书就想睡觉的他居然自己买书了。虽然只是一本推理小说，但至少他愿意尝试，就是很大的进步，我相信他未来可期。我觉得这也是钟明杰对我充满信任的体现，我想要投桃报李。刚好没多久，我从其他同学口中得知钟明杰的生日快到了。于是，我偷偷为他准备了三份礼物：一套《平凡的世界》、一支刻有他名字的钢笔、一封信。

信的内容是这样写的：

杰哥：

　　祝你福如东海，寿比南山哟！今天是你的重要日子，在重要的时刻，我必须说点重要的话——让别人因我的存在而幸福！这是武侯实验中学的校训，也是李镇西老师书写的人生格言。我特别喜欢这句话，不仅因为它折射出一个人远大的格局和高贵的灵魂，还因为它向我们诠释了幸福的真谛。我写给你，也写给自己。

　　和你的化学老师一样，你写得一手端正整齐的好字，这使你给我留下了极好的深刻印象，因为我一直相信"字如其人"。事实证明，的确如此，我在你的身上越来越多地看到了一个好学生该有的样子，坚韧不拔、积极进取、诚信正直、团结友爱……我真的为你感到高兴。

　　前路漫漫，愿你带着科比精神继续勇往直前。

　　祝你生日快乐，越长大越快乐，永远快乐。

钟明杰后来给我说，他其实一直都不太自信，我的信，带给他巨大的幸福和前进的动力。他感叹能遇到我是他的大幸运。

不久后的一天，我突然收到了黄申的好消息，他说他们全部和解了。他一连说了三个"欧耶"，可以想象他有多么高兴。我问他详情，他说上午从操场经过的时候，钟明杰主动邀请他打篮球。一切都那么心照不宣而又自然而然。

记得中考毕业典礼那天，黄申有事没有参加。他给我发了一条长长的信息，感谢我一直以来对他的关心、帮助和教导。班级活动结束后，我在办公室休息，钟明杰、郑松一群人来找我，大家非要和我再拍点照片。郑松对我说："我还有一个弟弟，希望以后罗老师来教他化学。"我哈哈大笑："放心放心，有缘人，必相遇。"

这段"被孤立"和"破孤立"的经历，不管对黄申、钟明杰、郑松还是其他的参与者来讲，都是有点难又有点甜的青葱岁月写照。我想，我们应该感谢出现在我们生命中的每一个人，发生的每一件事，因为正是他们和它们构建了我们的人生，丰富了我们的生命，充实了我们的思想，最终促成了我们的每一次成长。感谢一切！

从熊孩子到小诗人

成都市新津区外国语实验学校　罗　艳

按惯例，带完一届毕业班下来，我又开始接一年级新生了。起初，我对这一群小萌娃充满了期待，也对自己充满了信心。然而，开学第一天，小意这孩子就打破了我美好的幻想。他种种异于常人的言行，让我在开学后的两个月都处于一种焦虑到无法入眠的状态。那种每天都希望这一天赶快过去，又很害怕明天到来的感觉时刻缠绕着我。

他竟然把口水抹到我的衣服上

他总在课堂上随意走来走去，并在这里拍一拍，那里摸一摸，以捉弄同学为乐。他有时候甚至跑到讲台上拿老师的东西，跑出教室去玩，导致各科老师有时候完全没办法正常开展教学工作。他不但没有规则意识，还目中无人，并且具有很强的攻击性。

有一天，我正在上课，他又开始影响别的小朋友，我站在讲台上提醒无果，就走到他身边大声呵斥，制止他的行为。没想到，他非但不收手，反而坏笑着，先把口水吐在手里，然后又把口水抹到我的衣服上。

作为一名有经验的班主任，我知道此刻最好是冷处理。于是，我站在他旁边继续若无其事地上课。他发现这招没让我生气，他又得寸进尺地把我的扩音器给关掉。我还是装作没事似的把扩音器打开，他又给我关掉……反复几次过后,我真的忍无可忍,把他又伸过来的手打开了,他猛地跑到后面,生气地说:"你竟敢打我,我要代表全宇宙灭了你。"本来他的无理取闹使我怒不可遏,可是当他说出这句话的时候,我竟然忍不住笑了。

其实,他把口水抹在我的衣服上,还反复关我的扩音器,我的确很气恼,可是"代表宇宙灭了你",这语言背后其实说明这个孩子并没有那么邪恶,他也有一颗天真的心。

放学后,在家长的配合教育下,他为在我衣服上抹口水、关我扩音器的行为向我道歉了,也保证不会再那样没有礼貌、不讲卫生了。此后,他果然也没有抹我口水,关我扩音器,但是他还是有很多花样等着我。

他用一支彩色笔用力向同桌的胳膊划去

每天在学校他都以影响老师上课,影响小朋友学习和游戏为乐,但凡有一个人说他半句不是,他就会用更霸道的行为来报复。

有一天,我正坐在讲台上批改作业,突然听见一声尖厉的哭声,我猛地抬头循声望去,小怡正失声痛哭,她正是小意的同桌。我三步并做两步走到他身边一看,原来是他用彩色笔把旁边女孩的胳膊划了一条口子。彩色笔的头是圆形的,却能把孩子的胳膊划出长长的血痕,他是带着怎样一种愤恨划下去的呢?我一边安慰小怡,一边询问才知道他把凳子摇来晃去,人差一点倒了,同桌小怡只是轻声地说:"你那样坐,会摔啊。"他就发怒将自己正在画画的笔戳向了同桌的胳膊。

当时,我特别生气,且心疼受伤的孩子,我让他到门后面罚站冷静反思,他直接拒绝。于是,我伸手去拽他的胳臂,谁知当我伸手去拽他的时候,他像一摊泥一般滑到地上去,怎么也不愿意站起来。本想就让他待在那里,可他却到处爬来爬去,甚至又开始尖叫,吐口水。其他孩子也像看戏似的,哪里还有心思听课呢?那一刻,我真的有些无可奈何了。我既需要让课堂的秩序尽快恢复，又需要思考等家长来接孩子时，如何调解才能避免受伤孩子的家长情绪激动，导致双方家长起冲突。

一开始强迫他道歉，他不同意。他固执地认为是同桌先说了他，惹怒了他。我请他换过来想一想，如果他被别人的笔戳伤了，妈妈会怎么样呢？他说会很难过的。"那么小朋友的手臂很疼，她妈妈一定也很心疼。"我这样一说，也是为了唤起他的同理心。

等他情绪平复以后，他才勉强同意向同学道歉。虽然我已经对受伤女孩的手臂消过毒了，但我又去找来了消毒液，教他为受伤的小怡消毒。其实也就是让他明白犯了错，最重要的是面对错误和尽量弥补过错。

接孩子的家长已经排成了长队，我怀着很忐忑的心情等待着两个孩子的家长。本来跟我打招呼的时候，小怡妈妈还面带微笑，可是等我一说她女儿被同桌的水彩笔戳伤了，她那种惊诧和难过写在脸上。我赶忙把事情的原委向小女孩妈妈解释了一遍。小意妈妈也在一旁不住道歉。于是，小怡妈妈心中的火，也尽力压住了。

我说："经过我的观察，发现这个孩子到了下午会比较烦躁，而且对任何人指向他的语言和行为都带有敌意，所以他就会为一点点事情表现出强烈的攻击性。但是孩子本身是很善良、可爱的。一天，有个小女孩流鼻血了，需要纸，他马上就把自己的纸拿出来，从最后一排冲到前排小女孩面前，必须要把纸给她。"

小怡妈妈听了这番话，情绪也稍微平复了一些。

为了让孩子意识到不管是故意还是无意，只要伤害到别人就需要承担责任，我请家长配合，把小怡带去医院，让医生再对伤口进行处理。小女孩妈妈觉得伤得并不是很重，想拒绝，可她刚想开口，我就给她一个眼神，请她配合。

有时候，家长可能出于客气，或者因为孩子的伤也不太重，认为不必这么麻烦。可是对于孩子而言，当他第一次做了这样伤害别人的事后，让他知道自己做错了事情必须承担相应的后果，比劈头盖脸去骂一顿，罚一顿更加有用。犯错带来的愧疚感受，本身就是一种惩罚，外加的惩罚对于他改正自己错误的行为，意义远远没有他在处理错误造成的后果时，那种体验来得深刻，更重要的是这个过程会促进学生对自己的行为进行反思。

"你太凶了，我不想听你说话"

戳人事件看似处理完了，但是在后面连续两天的时间里，我发现原本只听我上课的他，现在连我的课也不愿意听了。我在想，这又是为什么呢？一节课上，他不断接嘴，不断下座位，甚至跑出教室。

下课后，我把他请到了办公室，生气地问："你现在上课为什么不听呢？"

"你太凶了，我不想听你说话。"他嘟着嘴，低着头咕哝着。

"是我对你说话声音太大了吗？"我问。

"嗯。"他仍低着头，不看我。

"你提的意见很好，我想我可以改正。对你说话温柔一点。就像你做得不好的地方，我让你改正一样。好吗？"我问。

"好吧。"他半信半疑地答应了。以前我们让他改正自己错误的行为时，他说："怎么可能嘛？我怎么做得到嘛？"我想通过我能做到，告诉他也能做得到。

我反思了自己在面对他的问题时，确实也只能耐心一会儿，然后就控制不住自己，嗓门儿不自觉就提高了。

阿德勒说："当一个孩子多年来一直沿着错误的方向发展，我们不可能指望一次谈话就改变他的行为方式。教育者必须要有耐心。"我想我必须改变自己，不能硬碰硬地去处理这个孩子的问题。

于是，我开始真正努力克制自己的情绪。

有一天，他故意把厕所外洗手盆放满水，整个洗手间地面被水淹了，其他小朋友连进去上厕所都没地方下脚。当我跟着告状的小朋友去现场时，我就提醒自己："冷静，一定要冷静。"我看到他脸上无所谓的表情，我也努力温柔地告诉他赶紧用拖把把水吸干净，以免小朋友踩到水滑倒或者把鞋子打湿。果然，他就积极和我一起把地面的水拖干，水台擦干了。

他下座位的时候，我平和而坚定地让他回到座位……就这样一次一次地用这种温和的方式，似乎他真的变得更加能控制自己。他开始举手发言，并且正经回答老师的问题，而不是为了找存在感说一些无厘头搞笑的话。最重要的是他想用遵守规则、举手发言，给小组加星，每次为小组加星了都觉得很自豪。这种集体荣誉感让我更加相信他其实是个好孩子。不管他惹了什么祸，我都努力克制不再发火。既然他做了那么多无厘头的事情，我都能保持冷静，那么其他孩子做错事情，我也能包容，也会习惯。于我而言，这也是一种修行。

小刺猬变得柔软，学会求助了

我温和而坚定地引导他遵守规则，尊重他人，他也开始变得柔软。

有一天，他突然哭得很伤心地来告诉我有个小朋友把他的画撕烂了。我还是头一回见到他这么伤心。我知道他爱画画，自己的作品被弄坏了，心里一定很难受。放在以前，他不会向老师求助（告状），而是直接把对方东西破坏或者攻击对方来解决这个问题。

看着他第一次这样崩溃而伤心地哭泣，我也忍不住心疼起来。我搂着他，表示跟他一样难过，又把那个小朋友找来，问清事情的来龙去脉，再让对方给小意道歉。

没想到他愤怒地说："道歉没用！"

我说："让他把你的画修复回原样行吗？"他这才点头同意，回了座位。可是最后，他把补好的画扔了，他说已经觉得没关系了。我突然意识到他的心也很柔软和敏感，他尝试寻求老师帮助的时候，是说明他对所处的环境和老师产生了信任感，和同学们之间也有了一点感情，这是一个很好的信号。

虽然每天他制造出层出不穷的新状况，比如在操场上和旗台前当众撒尿，故意去踩积水把别人衣服打湿，向同学扔沙子，本来看同学玩游戏好玩，也想参加，结果别人不跟他玩，他就把小朋友的脸抓烂，当站在我面前还要指责是对方惹了他时……我坚持一方面让他尽可能去弥补过错，一方面引导他去反思，并最终意识到自己的问题，去跟同学道歉，去面对家长，说自己做了什么，并道歉。有了反思意识，有了面对错误的勇气，慢慢也就更独立勇敢了。

李镇西老师常说要把难题当课题研究。当我面对这个孩子带来的无数难题时，我的确是很头疼的，可这也的确是非常宝贵的研究资源。我努力地去观察、比较、思考、阅读，形成对策，实践，再反思……我知道了一年级新生的许多问题其实都可以归纳为小学生活适应困难综合征：害怕陌生的环境、老师和同学，对任何人都不信任，不懂得如何与陌生的人相处，等等。当然最重要的还是家庭教育中出现的问题，小学生活立即成了暴露场。

他父母终于"愿意慢慢改进"

实话实说，虽然孩子在学校惹出了许多麻烦，遭到其他家长不断地投诉，甚至要写联名信给校长让这个孩子转学。然而，小意的母亲一开始却一直不愿意正面回应孩子身上，以及家庭教育中出现的问题。他们甚至觉得是别的家长小题大做，反应太大了。但是经验告诉我，没有哪个家长不希望自己的孩子在学校可以和同学友好相处，不希望自己的孩子上课认真听讲，只是这里面一定有更深层次的问题。不管孩子犯了什么错误，我都平等真诚地和家长交流，给他们想如何从家长的角度去帮助孩子的办法。另外，哪怕小意在学校有一丁点的进步，我也会立刻与他们分享，以便给他们更多一点信心。就这样，在和小意父母反复交流的过程中，小意父母开始信任我,并积极采纳我的建议,配合去行动,甚至向我具体了解过心理学方面的知识,试图带孩子去看心理医生。其实,这对于大多数中国父母而言都是很难跨出的一步。

阿德勒在《儿童的人格教育》中提到:"儿童心理上的自卑和以自我为中心的态度可能产生于错误的教养方式,或缺乏爱的、严苛的环境。他们会对周围环境充满敌意。"我在读阿德勒的《儿童的人格教育》这本书时,发现与孩子有关的内容时就会拍照发给他们。我也把这本书推荐给小意的父母,我们一起在这本书里找到孩子行为背后的原因,一起努力来帮助小意成长。

小意母亲说这孩子在很小的时候遭遇异物卡喉,差点丢了性命。当孩子抢救回来后,他们觉得只要孩子活着,健康长大就好,生活中百般迁就孩子,可以说到了溺爱的地步。面对孩子的诸多调皮行为,小意母亲认为男孩子小,调皮捣蛋很正常,长大了慢慢就好了,且最好的例子就是她自己的成长经历。这就不难发现小意在进入小学后过度以自我为中心,毫无规则意识,不接受任何批评和意见,且具有明显的攻击性行为背后的原因了。

丑小鸭中学詹大年校长说:"没有问题儿童,只有遇到问题需要帮助的儿童。"我深以为然。当一个遇到问题的儿童来到我身边的时候,我必须尽我所能,用我所学,去帮助他面对成长道路上的问题,帮助他成为一个更好的人。

在家长们不断施压,并且对我产生误解的时候,我仍请求家长们给孩子一些时间,也给我一些时间帮助小意。我努力营造温暖互助的班级氛围,让孩子们更多地去发现小意善良、乐于助人、为集体争光等优点。我自己也努力平和而坚定,始终相信他,鼓励他成为一个好孩子,平等对待他,不给他贴标签。一年后,他基本上可以适应小学生活——开始被人接纳,也接纳别人。虽然时间不算短,但是总算是过来了。

我们走过了有爱的一年级,度过了快乐的二年级,正式进入了三年

给一点时间，教你长大

级，错误从未间断，可惊喜也在发生。

他的心灵竟漾起了诗的涟漪

一天，我从区教科院培训完回到学校，这时候孩子们正在做眼保健操，我一眼就瞥见了小意在教室的过道里走来走去，根本没有在自己的座位上认真做眼保健操。他扭头见到我，立马溜回座位，一边做眼保健操，一边偷偷瞄我。眼保健操一结束，这个娃便拿着练习册跑来让我批改。我接过练习册，看着他问："你想我没有？"

"想你了。"有点害羞的他边啃着书角，边小声回应道。

我有意夸张地说："我可是想你得很呢！"事实上，我也的确想着他，不管走到哪里，走多远，我都想他在学校乖不乖。我就怕突然电话响起，万一又和谁闹矛盾，又到哪个班去惹事呢。所以，每次出差回来，我要最先了解一下他的情况，看见一切如常，平安无事，我才会感到踏实。

他的练习册按照我的要求，已经把全部错题订正完了。当我把练习册递给他的时候，他说："我写了一首诗。"

"真的吗？那太好了，拿过来读给我听听吧！"这的确让我喜出望外呢。

他飞快地跑回教室，拿着这首诗跑到我的面前。我接过来一看，呵，真的让我惊讶到了。

　　船上见彩鸟
　　得知是翠鸟
　　搭船捉鱼儿　吃饱
　　想和它到外祖父家
　　可爱彩鸟　头次见
　　想养不能　只能看

原文虽然有些不通顺，而且还有错别字，甚至不像是三年级学生的书写水平。令我欣喜的是他把那篇好几百字的小文变成了富有童真的小诗，非常贴切地表达了作者喜欢翠鸟，想要翠鸟和自己一起去外祖父家的心情——头一次见这样的彩鸟，很想养，却知道只能看。这说明他在学习课文时不仅入情入境，而且创造了自己的学习成果，这可比分数有意义多了。这让我想起来几天前上课的情景。

那天，在教《搭船的鸟》的第三自然段时，我让孩子们继续思考。难道它要和我们一起坐船到外祖父家里去吗？这里作者有答案吗？这只翠鸟要和"我"一起坐船到外祖父家里去吗？教室里瞬间安静下来。

忽然，小意站起来说："还是不要把翠鸟带回家吧，它会把我们都吃掉的。"这引得同学们哈哈大笑，我却蒙了，他连忙解释道："我们不是小鲈鱼班吗？翠鸟肯定很爱吃小鲈鱼啊。"我们一听，更乐了。孩子的思维多么跳跃，多么可爱啊！

下课后，小意激动地跑过来对我说："罗老师，我编了一首诗。"我一听，乐了，搂着他的肩膀，很期待他念给我听。他又说还没想好。在吃午饭的路上，他说想好了，我正想听，他又改变主意："我还是写下来吧。"于是，便有了收到他小诗的惊喜。

当然，我也抓住这一次机会让同学们看见他的进步和变化。当他把诗给我时，我故意大声读出来，正好旁边也有两个女生在改错，她们当然听得见。

歆然听了，连连赞叹说："哇，你竟然会写诗，我都不会呢。"

旁边的梓芮说："真的好棒呀！"后面陆续有人来订正错题，我都给他们读，个个都向他投去赞赏的目光。

一首小诗竟然被老师认可，被同伴认可，这便如一股蜜流，早已甜到了这个小男孩的心头吧，一定也为他注入了新的成长能量。

多年前，我也遇到一个小女孩，起初只能考十几分，可是学完艾青的《下雪的早晨》后，不久，我在她日记里读到她写的《下雾的早晨》，虽然语句不通，字都是画像似的凑出来的，可是我却激动不已。叙利亚诗人阿多尼斯说："诗歌如同爱一样，是人的创造力最深刻的表现，最伟大的表达。"我相信，愿意写诗的孩子，想象力必定是丰富的，心灵必定是纯洁的。

我欣喜的不仅仅是这首诗，而是我感受到随着小意识字量和写字量越来越大，书写进步也越来越大后，他对学习语文产生了浓厚的兴趣，还喜欢上了写日记。当他意识到自己可以独立完成学习的一些任务（习题）后，他开始有了自信，也就不再需要调皮捣蛋来找存在感了。

我们的故事未完待续……

从小顽童到小诗人，小意的确已经进阶了一大步。可你真要是觉得问题都解决了，那就是太天真了。他每天还是大错不犯，小错不断。如何让他把注意力转移到学习上，怎样才能提高他的学习能力，让他在学习上更有获得感等，这些也正是我在思考的问题和努力的方向。

儿童成长路上的问题，尤其是顽童身上的诸多问题，的确是我们的教育研究课题。我相信，每个孩子都蕴藏着无尽宝藏，只要我们有一双慧眼，或许就能发现表面是顽石的孩子，其实经过努力探索和发掘，说不定下面藏着的正是一块璞玉呢。

和小意一路走来，让我切身体会到了陶行知那句"小孩不但教小孩，并且可以教成人"的深意，而我相信，还有更多精彩的故事等着我们。

不打不相识

四川省成都市西北中学外国语学校 沈 略

春天的蓉城,如杜甫诗云"留连戏蝶时时舞,自在娇莺恰恰啼"一般,真是一派好风景。

然而,天有不测风云。"沈老师,不好啦!小耀和上体育课的陈老师打起来了。"班长小祺跑到办公室,给我带来了一个坏消息。我和小祺一起来到教室,看见"战争"已经结束,但战后的惨状却呈现在我面前:陈老师脸上带血的抓痕,小耀眼眶里眼泪在打转,裤管裹着灰尘。两人像两只愤怒的公牛,还喘着粗气。我见状,立马安抚陈老师,让他先回办公室休息。我转身把小耀叫到我的办公室,再到教室找了班委同学了解此事的来龙去脉。原来,由于下雨,这堂体育课改在室内上课。来我校实习的陈老师,组织学生在室内进行棋类训练。小耀在小组活动时,找周围的同学聊天,陈老师阻止他。小耀直接就来了一句:"××(成都方言,意即言行怪异之人)!"陈老师听后,提醒他注意语言文明,没想到,小耀还一边向陈老师吐口水,一边继续骂陈老师是"××"。血气方刚的陈老师,想把小耀拉到一边单独教育,不料小耀开始动起手来……听罢,我不由得皱眉。小耀入校不到一年,已经是第二次与老师发生肢体冲突。上学期,他与体育老师杨老师"打成一片",经过我、杨老师和家长联手教育后,本以为小耀会引以为戒,但明显让我失望了。回到办公室,我找小耀了解情况,没想到他矢口否认,拒不认错。

给一点时间，像你长大

为了解开小耀的心结，我计划去他家进行家访，期待能找到一些"药引子"。我找了一个空闲的下午来到小耀的家里，但我并没有事先告诉他的家人有关小耀的"战事"，装着不刻意的家访，以为可以了解到更多真实的细节。小耀妈妈接待了我，寒暄之后，我与小耀妈妈谈起了她的家庭，主角当然是小耀。我从小耀妈妈的口述中了解到，小耀的脾气从小到大都不太好，和小伙伴玩耍，很多时候都不欢而散。更让人吃惊的是他不仅动手打小伙伴，当特别愤怒时，极易走极端，甚至拿起凳子砸自己的脑袋。除此之外，他还有一个坏习惯就是，明明被发现做错了事，却绝不认账，还很享受与家人狡辩。至于学习，则非常吃力。晚上在家做作业，抓耳挠腮，半天做不出一道题，只得借爸妈的手机用搜题 APP 来拼凑答案。我好奇地追问："小耀的脾气为什么如此之差呢?"小耀妈妈一边叹气，一边不好意思地答道："小耀爸爸脾气差，教育孩子没有耐心，几句不合他就动手打孩子。"我接了一句："你让小耀爸爸不要这么暴力嘛，打人对孩子起了一个不好的示范作用。"小耀妈妈颇为无奈地回答："我也想啊，但是，这个孩子太令我伤心了。小学时，班主任打电话，我都心惊胆战。去学校一次，就是受一次折磨，很没面子。有一年过年，家里来了一桌客人，里面有亲戚的新女婿，头一回来家里玩。没想到，这个新女婿在饭桌上说我儿子要有家教。我那个眼泪水啊，真是流干了。我现在有时看到他就来气，也开始打!"我听到她的倾诉，感到这个家庭中的暴力色彩太浓，造成一种恶性循环。小耀妈妈还没有停的意思："现在小耀的爷爷，得了癌症。我和小耀爸爸压力好大啊，一边要工作赚钱，一边要照顾老人家。孩子又不争气，气得很。小耀最喜欢他爷爷了，现在这么大了，还要每天晚上和爷爷一起睡，不然睡不着，说怕。"我听到此处，突然发现，小耀喜好攻击行为背后隐藏着一丝胆怯。没想到，小耀妈妈紧接着的一句话让我瞠目结舌。她说："小耀爷爷身体每况愈下，疼痛得厉害，不方便陪伴小耀。小耀怕黑，又不敢一个人睡，只得与我一起睡。"没想到已经进入青春期的小耀，还要与母亲一起才能安然入睡!

通过家访，我对小耀身上存在的问题有了更深的了解。小耀的暴力倾向，源于家庭中的暴力传统，而作为暴力的受害者，现在却常成为施暴者。小耀的愤怒，并非原生情绪，更多是其他原因诱发。比如，家庭中父爱母爱温情的缺失，使他将心理的依赖偏向了爷爷，不敢一个人睡觉，缺乏安全感；学习上吃力让他倍感挫折，演变成了习得性无助；想融入同学圈子获得友谊，却被同学们嫌弃是抄作业惯犯，所以让他产生了屈辱感；陈老师的暂时隔离想法，则让他的脆弱彻底暴露在众目睽睽之下。于是乎，愤怒成为他情绪的宣泄口，打人就自然而然发生了。

在劝说小耀的家长配合我的工作之后，我反复提醒他们，切不可滥用暴力。否则，最大受害者必定是他们自己，毕竟班主任陪伴学生的时间为三年，父母还要陪伴孩子三十年甚至更久。要知道，以前放学时，小耀走到学校门口的动作慢了，爸爸骂、妈妈吵，引得无数家长和学生瞠目结舌。经过一个学期的引导，家长至少没有在校门口"先吵为快"。

看着眸子依然明亮的小耀，我五味杂陈，更多的是同情和施以援手的冲动。这既是班主任的责任，也是我内心的澎湃声音。

反省了自己介入前两次"战争"的"斡旋"效果欠佳，发现谈心是以我说为主，容易陷入说教，显然是大忌。我想了想，谈话之前，还得来个预热，不能单刀直入，显得目的性太强。孩子们对什么比较感兴趣呢？那就投其所好，时令活动用起来！学校教学楼顶有一个生态农场，每一个班级都分配到一块土地，可以种菜。在播种、施肥、浇水之中，体验农民伯伯的快乐。我觉得小耀缺乏成就感，如果从为班级做一件事开始，是不是更好呢？于是，我就分配他做农场经理，管理菜地，每一次需要同学去体验时，就让他带队，拿着我的手机负责给同学拍照。没想到，这个岗位让他建立了成就感，拿着花名册，安排顺序，看到同学不小心踩在了菜地里，他还一本正经地提醒别人，不是以前那样说脏话提醒，而是煞有职业经理人的范儿，令人忍俊不禁。经过这番体验之后，小耀见到我，眼神不再躲闪。这时，我想，谈心时机到了。

给一点时间，陪你长大

我就以农场主的身份，与小耀聊了聊农场的事情，果然，他的内心不再那么抗拒。了解到小耀是手机网络游戏"王者荣耀"的忠实用户，于是，我准备再聊聊网络游戏，把距离拉得更近。我压根没有玩过这款游戏，不过不要紧，正好我来提问，让小耀来回答，这样才容易打开他的话匣子。说起游戏，小耀可是来劲了，眼睛放光，夸耀着自己在游戏中的"丰功伟绩"。我只是静静地听，默默地看着他，不时点头微笑。听完小耀的介绍，我假装不经意问起："感谢你这么信任我，给我讲了好玩的事情。只是我有一事不明白，在游戏里，你的战队队友都听你的，你们合作得那么好，可是为什么在生活中你却与家长、老师和同学频频发生矛盾呢？"小耀先是一愣，沉默片刻后终于鼓起勇气，分享了一些我和小耀父母并不知情的秘密。初战告捷，我与小耀达成一致，我帮助他解决内心不易控制冲动的问题。我向小耀阐明保密原则，表态绝不出卖他，小耀倒是不好意思地笑了。

第二天，我鼓励和引导小耀说出他对自己的看法，找一面心灵之镜，照一照自己。早前，小耀与同学小辉因嬉戏而产生矛盾，最后升级为打架，小耀的一颗牙齿被打掉，满口鲜血。不可一世的小耀首次遭受了"校园战争"的滑铁卢。我担心他以"君子报仇，十年不晚"的心态，用更强暴力来回应他的敌人。我利用这个滑铁卢事件，让他回忆之前与小辉的"战斗"，引导他说出被打之后的感受。他直言："太痛了。不光是牙齿痛，还有被打之后的耻辱感。本来想立即打回去，但是嘴巴里有血，我只好先去清洗。再说自己当时打回去，也不一定能打赢。"我见状，立马答道："你看，你有耻辱感，那就是有自尊心的表现啊。你有自尊心，其他人也有，所以，你出手把人打了，别人也痛苦啊。"听完，他若有所思，沉默了一会，对我说："可是我天生就是这样啊。"我乘胜追击："我们不妨来玩一个游戏！"小耀听到"游戏"二字，眼睛放光了。"游戏玩法很简单，我说什么，你就说什么，这个游戏就叫鹦鹉学舌。"小耀一听，立马出现警惕的神色，以为我要作弄他。我知道他进入状态了。我又用激将法：

"怎么，怕输给我？"小耀不服气地说："放马过来。"于是，我缓缓说出："我与小辉发生矛盾时，动手的那一刻是冲动的，只是那个时刻控制不了情绪。这也不是天生就这样的，我可以通过后天的练习改变。而在其他方面我与同学们没什么两样，并不差劲。"就这样，小耀一字一句跟着我说出了这一段话。说完之后，神色放松下来。

我看着他，又问："你觉得体育老师对你有偏见，因为自己成绩不好，歧视你，所以要在同学们面前故意让你出丑。那试试不要说话，老师会提醒你吗？以本周四的体育课测试一下，好不好？"这时，小耀终于干脆地回复了一句："好！"

我和小耀都在期待与忐忑之中度过了周四的体育课，而结果呢，让我、体育老师和小耀都松了一口气：操场"无战事"！

小耀的性格受家庭塑造如此之深，解铃还须系铃人，还得动员小耀家庭成员一起来帮助小耀啊。如何改变小耀认为的"我与父母关系不好"的想法呢？我联系小耀的家长，和他们聊了小耀最近的改变，希望他们锦上添花。小耀父母听后，自然很高兴，表示愿意配合。我对他们面授机宜，说父母可以扮演小耀的角色，而小耀扮演父母的角色，进行对话沟通或模拟某一次发生冲突的事件。小耀的父母打下包票，说："一定试试，看看效果。"过了两天，接到小耀妈妈的电话："沈老师，那个角色互换的游戏，我和小耀玩了，感觉太痛苦了！小耀扮演我，我才发现原来我这么婆婆妈妈，一件事反复说，从早到晚，我都听腻了。本想吼几句让他停止，没想到他还来劲了，说什么我养你这么大，你翅膀硬了。让我哭笑不得。他还准备模拟我打他，我实在坚持不了，就退出了游戏。的确，我和他爸爸以前太暴力了。真的要改改了。"

班长小祺是一个热情开朗的女孩，处理人际关系比较有心得。不仅如此，还是武侯祠的小小讲解员，能说会道。而这些优点，是小耀身上所欠缺的。小祺是如何控制自己的情绪和行为、如何与社会上的人打交道、如何与班上的同学沟通交流的呢，她完全可以成为小耀的学习榜样嘛！于是，我让小耀拜小祺为师，让同龄人小祺教教他。起初，小耀是抗拒的，感觉没面子，不愿意。我就说："这样吧！不说拜师，就说你当班长助理，给你升官了。但是你要接受小祺的指导。"从未担任过任何班委干部的小耀，这下在虚荣心的驱动下，竟然答应了，因为这样让他觉得特别有面子。当然，小祺也欣然接受了这个特别的助理。我让小耀去观察小祺与班上同学如何沟通交流，小耀想象如果他在当时的情境下，会如何完成同样的交际和学习的任务。

攻心为上，激励组合拳也得跟上。各科作业均为小耀减少数量和降低难度，为他量身定制作业，并坚持一个月以上，只为要求他按时按质按量提交作业；在人际交往方面，要求小耀与同学、老师和父母保持良好的人际关系，不动手，不说脏话，正常交往半学期，就有奖励；在情绪体验上，制定情绪晴雨表，要求小耀每天对自己的情绪体验进行评分，如连续得分较高，则来找老师进行交流，领取惊喜小奖品。

为小耀，也为小耀一样的孩子，召开主题班会"合理管理情绪"，进行正面引导，让孩子们认识到情绪是可控的。在喜、怒、哀、惧四种情绪的分享活动中，我找了四个同学来扮演四种情绪，而"恰巧"就抽到小耀来扮演恐惧的情绪，而避开明面上的愤怒。在认识情绪之后，学习调节情绪环节，让小耀来演示用深呼吸缓解情绪。身体坐直，放松，然后慢慢地吸气，使腹部和胸部膨胀，达到极限后屏息几秒，然后慢慢收缩胸部、腹部，排出肺内气体。反复进行吸气、呼气，每次三至五分钟。在反复练习中，小耀学会了一招心理放松的方法。有时见到我，还会鼓一鼓腮帮子，学着深呼吸的样子，逗得同学笑，而这模样也被其他孩子称为小金鱼。

此外，我还想了几招：为了他找了一个帮扶小组，其中一名"彪形大汉"负责在他冲动时，给他一个"爱的抱抱"，抱住小耀，谨防他拿东西砸人或用拳头打人。

学校的春季社会实践活动，七年级学生去了彭州蝴蝶谷。可是，令人无比遗憾的是，那一周我要去外地参加一个学术活动，无缘与孩子们一同前往。我也担忧久不出门的小耀会不会虎归山林，玩野了，搞出什么事情。

那一周，我回到学校，拉开办公室抽屉，发现一只蝴蝶标本，黑色与绿色的翅膀，煞是好看。旁边还有一张小纸条，上面写着歪歪斜斜的"耀体"（我戏称小耀独具一格的书写字体）："沈老师，蝴蝶标本送给你。小耀。"看到此处，我脑海中浮现出杨万里的诗句：儿童急走追黄蝶，飞入菜花无处寻。想到小耀也是在春意盎然的田野中，追着蝴蝶，那一刻，他应该是快乐的，也不再愤怒。

愤怒的对话

成都巴德美际学校　苏天平

　　学校对面的河边，有一片宽阔的草坪，人们把它称作诺贝尔公园，这是孩子们放学后的乐园，可以追风筝、玩游戏，还可以聊聊天、读读书。这天晚上8:00，草地上还有一些不舍得回家的孩子，我在校门口和家长聊孩子学习、生活的情况，正聊得高兴，阿千和小龙气喘吁吁向我跑来，没站稳便焦急地喊道："苏老师！苏老师！小凌的妈妈骂我们，非说我们打小凌！还说要找人来打我们！可我们根本就没有打他。"小龙抢着说："就是！小凌妈妈威胁我们！说要找他家的大人打我们，还打我们家里人！"阿千激动地抢道："凭什么这样冤枉我们！还想打我们家人！我们才不怕，我去找一把菜刀，看谁厉害！"两个孩子喘着粗气，攥紧拳头，挥动手臂，小胸脯一起一伏，显得非常愤怒。

　　我立刻把两个孩子拦到身边，轻抚他们后背安抚道："先冷静冷静，听苏老师说好吗？我看到你们很生气，完全理解你们的心情。"孩子逐渐安静下来。我张望了一下诺贝尔公园的草坪，没有看到他们"控诉"的人。我接着说："现在，小凌的妈妈也回去了，天这么晚了，你们也要早点休息，我帮你们约阿姨明天到校来谈，一起解决这件事。你们回家可以把这件事情梳理一下，明天见面沟通，这样可以确保和阿姨平静地交流这件事，而不是吵架，吵架不利于解决问题。如果你们还是很生气，可以写下你们的愤怒，想出合适的处理方法，明天一早就来解决，怎么样？"两个孩子逐渐冷静，同意我的建议，都说今晚可以写出四五页的愤怒。

我想帮助孩子调节情绪，便抚摸着他们的头说："阿千和小龙非常棒，能够控制自己冷静地处理这件事，说明你们内心正在强大。"这时阿千和小龙眨巴着眼睛不明白地看着我，我解释道："其实越是不爱生气的人，内心越强大。因为许多令人生气的事，并不是这件事情让人生气，而是人对这件事情的看法、理解让你生气。人有选择不生气的自由，真正内心强大的人，会有很强的解释系统，不会轻易被他人激怒，把注意力集中在解决问题上面，然后就不生气了。所以，我觉得你们今天非常厉害，这么快就冷静下来，想出解决问题的办法，你们的内心因这件事情变强大了。"这时，两个孩子已经很平静了。"明天和阿姨沟通后，也许你们还会感谢她。"我说道。阿千疑惑地问："她这样对待我们，我们还会感谢她？""是的，因为这件事情帮助我们成为情绪的主人，也证明你们有一颗可以不断强大的心。其实，生气的内在原因可能有两个，一是因为无法解决当下的问题；二是内心深处觉得自己不够好。当你有了这个觉察，一定要提醒自己'我没有别人说的那么糟糕，我有办法解决现在的问题'。这样你就变强大了。"两个孩子若有所思。"我要和你们拥抱，很高兴看到你们能战胜情绪，表现出如此强大的一面。"我与两个内心逐渐柔软的孩子道了别。

翌日，在和小凌妈妈沟通过程中，两个孩子发现小凌妈妈当时护子心切，才过于激动；而小凌则因先天耳疾听错了同学的话，引发一场误会。阿千和小龙当时正在气头上，也会错小凌妈妈的话中之意。最终，他们在沟通后互相理解，以拥抱和道歉解开误会。事后，阿千若有所思地说："原来内心强大的人真的很容易解开心结。唉，都是一场误会，冲动是魔鬼！如果当时我们不冷静，就要一个进医院一个进警察局了。"我为孩子们生发出"自我教育"感到高兴。小龙也感慨道："真的要感谢小凌妈妈，让我们有了自我觉察，学会冷静地处理事情。"

如果没有对儿童的深入理解，没有对事件的细致调查、梳理，我可能会判断阿千和小龙说了谎，觉得这两个孩子内心太暴力，居然要找菜刀砍人；也可能觉得小凌妈妈太过分，蛮横不讲理，对别人家孩子如此凶狠。

其实，人们在还原事件真相时，往往会被情绪左右，只看到一部分事实，以偏概全做出判断。所以，孩子当时的感受是真实的，但是，感受往往会遮蔽事件真相，让人看到与事实不相符的现象，为了保护自己，被蒙蔽的当事人，可能会想象出各种偏激的方法应对冲突。我们要帮助孩子学会自我觉察，学会理解他人，学会控制情绪，学会用合理的方式与他人沟通，做情绪的主人，才能找到解决问题的最佳方案，更好地看待自己，避免二次伤害，成为内心有力量的人。

我相信，这两个曾愤怒到要拿起菜刀的孩子，今后会变得温和而坚定。与孩子们的愤怒对话，只需三步：理解共情——冷静觉察——解决问题。不要忽略孩子的真情实感，把自己当成十岁的他，理解他，尊重他，点醒他，与他协商解决问题的方法，儿童会跟着爱的节奏，慢慢走出心灵阴霾，抵达内心灿烂的家园。

老师，幸会！

成都棠湖外国语学校　王慧茹

因学校工作安排，我接手了初二（12）班的班主任工作。为了尽快了解班级各项情况，开学前一周我与上一任班主任杨老师通了近两个小时的电话。在通话中，杨老师提及最多的名字是晓竣。挂断电话后，我的脑海里不自觉地勾勒出了一张玩世不恭的脸，而这张脸的主人有着打架、早恋等各种违反校规的行为，是政教处的常客。我知道他将是我今后开展接班工作的"重难点"所在。

乐于助人的他

报名那天，我一眼就认出了眼前这个长着一张略有点黑，又带点"匪气"的脸的学生晓竣。但就在开学当天，我对他的看法就有了改变——班上转来两位新同学，他很积极地把自己的课桌让给了其中一位，又跑来问我还差一套桌椅怎么办。如此积极帮助新同学的他给我留下了一个乐于助人的好印象。

隔天晚上，晓竣妈妈给我发来信息询问娃娃开学这两天的表现，我将孩子这一次的暖心举动告诉了她。之后的一段时间里我总是想方设法地寻找他的亮点，并及时给予肯定。我也时常与他母亲交流该如何发现和肯定孩子的每一点进步。

扬善于公庭，规过于私室。我深知一个时常被批评、从未被表扬的孩子，如果在老师和父母那里得到了肯定该是多么地受用！面对这样的孩子，只要我们愿意拿着"放大镜"去寻找他的优点，及时肯定他的每一次进步，他就有可能越来越好，朝着我们期许的方向发展。

情感细腻的他

几天后，学校安排统一收看《开学第一课》，每当那些感人的抗疫画面一出现，以晓竣为首的男生就笑作一团。尤其当画面给到一个小女孩深情表达对医生母亲的爱和理解时，这群孩子更是哄笑不止。面对孩子们的冷漠，我无法抑制内心的愤怒，于是关掉了电脑，用余下半节课的时间给他们讲述了自己生孩子的难忘经历以及我是怎样爱着我的女儿，天下的母亲又是怎样爱着自己的孩子。说着说着，我的眼泪抑制不住地流下来，当我噙着眼泪说完最后一段话时，我看见了晓竣眼里的泪光。

我想那时的他可能想到了自己那时刻坚守在抗疫一线的母亲，他或许也意识到了母亲其实很爱自己，只是因为新冠疫情的暴发，母亲时常熬夜工作，才对他少有关注。由于父母都忙于工作，加之网课期间他对自己的要求有所松懈，才导致他变成了别人眼中的捣蛋鬼。课后，他特意跑到我跟前来说了句："王老师，幸会！"说这句话时的他眼里有光，这光照亮了我，让我意识到这也许就是他表达感谢的方式，他其实是一个情感细腻的孩子。

正如《傅雷家书》中傅雷对儿子傅聪所说："先为人，次为艺术家，再为音乐家，终为钢琴家。"学生也是如此，先为人，次为子女，再为学生……我们在教育学生时，首先应当教会他们做人，懂感情、知感恩，方为人。

能担重任的他

几周过后，我发现晓竣在课堂中想表现得很专注，但又忍不住要跟周边的同学说话，不过我也从不点名批评，只是会在他讲话时慢慢地走到他的身边，用眼神示意他，而他总是不好意思地抿嘴笑笑。通过与几位科任老师的交流，我了解到他上课的状态很差，爱说话，还会捣乱，难怪他初一刚入校时被选为班长后又很快被撤职。经过深思熟虑，我决定让他来管理课堂纪律，担任"纪律班长"一职。刚开始他干得不错，可后来时不时就会有学生来跟我反映，上课说话最多的就是晓竣，甚至有同学提出希望对他进行撤职处理。所以每过一段时间，我就会找他聊聊，一边肯定他的工作能力，一边旁敲侧击地提醒他："'身居要职'的人要注意言行，以身作则，否则无法服众。"虽然每次谈话只能管一阵子，但在我还没想到更好的办法之前，也只能暂时这样。

常言道："堵不如疏。"撤职容易，可一旦撤职就没人能管得了他。我思来想去，只能让他自己管理自己，期望能通过职位及责任给予他适当的约束。只要他还是班长，只要他还愿意在我面前"争表现"，他就还有希望。

"对不起"

一天，17班的班主任给我打来电话说晓竣把他班上的几个学生给打了，我赶忙把他叫到办公室，气急败坏地说道："烂泥扶不上墙！"他原本低着的头瞬间抬了起来，用极其复杂的眼神看着我。那一瞬间，我才突然意识到，我都做了什么啊，我怎么可以这样说自己的学生！事情还没调查清楚就冲他发火，即便他真的犯了错我也不该说这么难听的话。很快我就平复好情绪，然后起身跟他道歉。一番调查后，我才知道事情是由对方挑起，而且他是在被几人围攻很久后，为了反抗才将对方压倒在花坛，但从始至终他举起的拳头都没有落在对方身上。

班会课时,我当着全班同学的面再次郑重地对晓竣说了一声"对不起",并告诉同学们原因。当我把事情的来龙去脉讲给同学们听后,大家纷纷对他投以敬佩的目光,甚至有的同学直接对他竖起了大拇指,他却羞涩地挠着头,对我轻轻地说了句"没关系"。

子贡曰:"君子之过也,如日月之食焉。过也,人皆见之;更也,人皆仰之。"与其通过说教的方式让学生学会认错,勇于承担责任,不如身体力行,以身作则。

谢谢你

学期过半,冬季运动会如期而至。运动会前是几项教师趣味活动,参加了袋鼠跳的我一到终点就崴了脚。原以为不严重,可在脚触地的一瞬间钻心的痛感向我袭来,在几次尝试站立无果后,两位女老师架着我往医务室走。看台上的同学们看见了这一幕,纷纷向我跑来,正在操场闲逛的晓竣也冲到了我的面前,二话不说就背起我跑到了医务室。

之后的好几天,都是晓竣背着我从一个班到另一个班。想想那个还未见面就已经被我印在脑海里的"捣蛋鬼"如今的仗义模样,我就感慨万千。又一次班会课,我讲了关于感恩的话题,借此表达了对晓竣的感激,在二十多分钟的讲述中,我几度哽咽落泪。其间我不时朝教室里他坐的方向望去,但他看起来却异常平静,似乎丝毫没有触动,这反倒让我有些失落。

我以为这件事情就这样结束了,但一天早上,语文老师将一篇本周得分最高的作文给我看。令我惊喜的是,我读到了晓竣眼中的我。他在文中写道:"她看起来很凶,对大家要求非常严格,同学们都很怕她;她又很温柔,给了我好多士力架,还给我喝过自家炖的老鸭汤,真的很好喝;她会承认自己的错误主动给我们道歉,也会因为感激哭得稀里哗啦;她是刀子嘴豆腐心，总是说最狠的话做最温柔的事……"

语文老师说，晓竣的作文虽然没有什么华丽的辞藻，但很真实，深深地打动了她。是啊，这样真情流露的文章又何尝没有打动我呢？

过往皆为序章

经过一年的努力，初三时晓竣的成绩已经进入了班级的中上游，自上次17班的事件后也再没有和同学发生过矛盾。

后来由于某些原因，我不再担任这个班的班主任，也不再教他们班物理。当晚，晓竣妈妈给我打来电话，说孩子因为这件事在家号啕大哭。我有些心酸，但也感到温暖，我安慰晓竣妈妈："只要孩子们需要，我一直都在。"我离开后，这个班的孩子依然时常找我出谋划策，晓竣也隔三岔五跑来找我解决他的人生困惑。再后来晓竣妈妈欣喜地告诉我，与我离别后的晓竣就像变了一个人，他说不能辜负我对他的期望，要用行动证明我对他的付出都是值得的。暑假里，我收到了好多家长发来的喜讯，孩子们都有了不错的升学结果，晓竣也考上了重点高中！

前一阵子，在李镇西老师的影响与鼓励下，我开通了微信公众号，陆续发表了几篇名为《写给××的"情书"》的文章。前几天刚好写完给晓竣的"情书"，内心感慨万千。我把文章发给他，他说他是哭着看完的，还说一定要保存下来，反复看。

回想起与晓竣相处的四百多天，他点点滴滴的变化都历历在目，所有的感动还依旧温热。与他的离别，也是新的开始，我真诚地希望他能在未来的日子里遇见更好的自己！最后，借用李镇西老师的一句话真诚地祝福我所有学生：愿每一个人都能成为那个让自己吃惊的自己！

孩子，对不起

成都市武侯区教育科学发展研究院　王　兮

开学前，我临危受命，接手一个二年级的班，因为班里有个特别的孩子，他叫杰仔。

杰仔并不是一个调皮捣蛋"费头子"。第一次语文课，整整四十分钟，他端坐在座位上看书，可谓"两耳不闻窗外事，一心只读圣贤书"。我刻意走到他旁边瞅了一眼，好家伙，二年级竟然读少儿版的《资治通鉴》！看他那一脸痴迷样，这哪里是问题学生，简直是天才儿童嘛！

俗话说，新官上任三把火。看似聪明沉稳人畜无害的杰仔，很快先给我这个新上任的班主任烧起了"三把火"。

第一周他便在我的语文课上玩起了"失踪"。好不容易，我在操场上寻到正在看蚂蚁的他，他却无视我的劝导，最后只得被我和保安连拖带拽一路号叫着"请"回了教室。

很快，杰仔因为不完成回家作业再度惹恼了我。副班刘老师倒是一脸见惯不惊："杰仔啊，他从入学开始就不做作业。"我当然不允许他肆意妄为，当着众人的面，撂下狠话："杰仔，作业必须写完才能走！"面对我的威胁，杰仔根本不为所动，愣是一个字没写。等全班同学走完了，杰仔开始慢条斯理收拾书包。他把帆布包往肩上一搭，我三步并作两步，拽着他的书包不放："不许走，给我坐回去！写完了再说。"这下子杰仔急了，他眼看拽不过我，狠狠瞪我一眼，"砰"地一脚把面前的桌椅踢倒了，这下"哗啦哗啦"，教室里摆放得整齐的桌子像多米诺骨牌一样一张张顺势倒了下去。趁我目瞪口呆，杰仔拎着书包扬长而去。

还没有轮到我找杰仔"算账"，杰仔趁着去音乐教室上课又不见了。班主任就怕学生出安全事故，我连忙丢下改了半沓的作业在校园展开地毯式搜索，却一无所获。正当我寻思着要不要上报教务处，或者联系家长，或者再询问同学们获取线索时，突然，讲台上的电脑柜似有响动。我低下头，只听"嘎吱"一声，柜门开了条缝，一只胳膊伸了出来。我吓得惊叫一声，杰仔不慌不忙拿着书从电脑柜里爬出来，惹得全班同学哄堂大笑。

没有纪律观念，懒散随意，固执任性、特立独行，这几乎是教过他所有老师给他的一致评价。他就是班级那条滑不溜秋的鲇鱼，把班里搅动得乱七八糟，难怪没有老师愿意蹚这浑水。我翻看着开学登记表，杰仔父母那一栏写着两个字"离异"，心里便明白了七八分。那天放学，我专门留意来接他的家长，想了解一下杰仔在家里的情况。只见杰仔径直走到举着"托管"标识的阿姨身边。"你妈妈怎么不来呢？"我问。"那个老女人上班很忙。"杰仔答。

看来父母是指望不上了，为了寻求班级和平，我打算先和杰仔同学"搞好关系"。

从那以后，我对杰仔采取了"怀柔政策"。上课时，只要杰仔不干扰课堂，他看他的书，我上我的课。课间十分钟，我总会有意无意地转悠到杰仔身边，和他闲聊两句。"你看的什么书啊？""里面讲的什么？"好在杰仔也不记仇，有问必答。就这样一个多月过去，我俩井水不犯河水，倒是能友好相处。他似乎也摸透了我的脾气秉性，上课不闹腾，规矩了不少。

一天早晨，我照例在班上教孩子们晨诵。晨诵内容是我们班的班本课程之一，我选择了一些朗朗上口简单有趣的儿童诗，一是扩大识字量，培养阅读兴趣；二是希望保持他们那颗童心，用"诗"的眼光打量世界。那天读到"一缕风偷了春天"，我便延伸开去，在黑板上画了一幅图，问学生："你们认识这个字吗？"同学们都摇头说不认识。"这就是古代的'春'，我们称为甲骨文，它是刻在龟甲和兽骨上的文字。你看，字形是三个木，一

给一点时间，

让你长大

个日，中间夹一个'屯'。日，是指的春天阳光照在大地上，那么周围的树木就会发芽，中间有个'屯'，就像是草木要弯弯曲曲破土而出的样子……"我讲得兴致盎然，同学们听得津津有味。那节课，我发现杰仔竟然抬头瞅着黑板若有所思。一下课，杰仔生平第一次进了我的办公室，大大方方地翻看我办公桌上的《说文解字》《画说汉字》。

从那以后，杰仔便经常进出我的办公室。他从不叫报告，大摇大摆地推门而入。好在我跟他约法三章，上课时间不许来，其他时间随意。他似乎对甲骨文很是喜欢，拿着我的书蘸着唾沫星子翻过来覆过去地看，就像是一个从旧纸堆里钻出来的训诂学教授一样。若遇到心情好，他还会侧过头来考一考我某字的前世今生。再后来，杰仔又开始自己创造"文字"来，他问我，我当然答不出，他便指着这些"字"自圆其说，颇为自得。

自那以后，杰仔算是彻底"原形毕露"，一改过去的孤僻高冷，每天围着我喋喋不休，常常上课打铃了，他也非要把嘴里的话说完才心急火燎地一路小跑去教室。

就这样，我和杰仔关系一度非常和谐。我知道他缺亲情。他讲小时候爸爸成天把他关在家里，高兴了给他做饭，不高兴就让他饿着。他讲爸爸和妈妈在家里打架，那个"老女人"基本不管她，现在没有办法不得不把他要了去。我回忆起有一次他玩水打湿裤子，打去电话，父母说走不开，最后是爷爷奶奶来学校给他换衣服。两位八十多岁的老人，满头白发，佝偻着背，颤巍巍地从校门走进来递给我一条裤子。那算是我第一次见他的家长。我轻轻摸着杰仔的头发，不知道这个孩子童年有着多么斑驳的记忆创伤。

对于杰仔，我是又怜又恼。恼他从不听课不做作业不守规矩，让我束手无策，却又心疼背后的事出有因。难道就这样任由他一直游离于班规之外吗？怎样才能让作为监护人的母亲参与到对他的教育中来呢？

不久，机会来了。

学校一年一度的"一二·九"歌咏比赛快到了，这可是最近班级的头等大事！班级凝聚力需要活动去激发，学生的自信心需要成就来强化，家长也是对我拭目以待。我请音乐老师根据班级学生的特点选择了一首朗朗上口的歌曲——《蜗牛和黄鹂鸟》。四个乖巧的女孩扮演黄鹂鸟，孩子们边唱边跳，排练得有模有样，但杰仔却成了班里极度不和谐的音符。

他唱歌时面无表情，做动作也不到位，经常找不到节奏。我只好把他排在男生倒数第二排最右边，希望评委不太留意他。但这个位置却是歌咏比赛的入场和出场关键点位，杰仔要么站错了位置，让整排队伍偏离舞台中心，要么忘记转身下台，被同学推搡着出场。

我无奈，只得把杰仔从队伍里揪出来。"站在我旁边，好好看看大家是怎么排练的。"这下子，杰仔松了一口气，根本不管我想让他学习观摩的良好动机，趁着我指挥大家无暇顾及他的工夫，干脆蹲下干他的老本行——看蚂蚁。

没有杰仔的捣蛋，队伍安静整齐多了。"为了班级歌咏比赛的整体效果，是不是杰仔就不上场了？"音乐老师建议，"反正去年也没有让杰仔参加。"

可是，一个班的集体活动就这样在众目睽睽下特殊对待一个同学，岂不坐实了杰仔"问题儿童"的身份吗？我有点心虚。班级本就是一个小社会，是真实生活的练兵场，这样的做法只会把杰仔变得更加孤立，强化了他对自己特殊性的身份认同，不利于他在集体中学会交往，学会生活，融入班级。毕竟，没有一个人是一座孤岛。

应该怎么做呢？歌咏比赛一定要让杰仔参加，且还必须取得好成绩，不能让杰仔影响班级的荣誉。但杰仔确实无法与大家动作做到整齐划一，我想了一个好办法。

歌咏比赛那天，杰仔的妈妈禁不住我在电话里再三劝说，终于答应出席班级活动。她跟着杰仔身后走进教室，有些拘谨。"你是杰仔的妈妈吗？"我热情地和她打招呼，请她给杰仔化妆。她动作很生硬，反倒是杰仔十分配合，任由母亲在自己脸上涂抹。穿上大树的服装的杰仔很是兴奋,在同学里面窜来窜去,让大家看他的装扮,像只活泼的小猴子。那天杰仔扮演一棵树,他的两只手伴着节奏舞动,就像风中摇摆的树枝。配上花草的前景道具,四只黄鹂鸟的演唱和舞蹈,杰仔的装扮无疑让歌曲的布景增加了些许灵动与生趣。

杰仔的母亲坐在嘉宾席中不停给同学们拍照、录像,在班级群里分享,其他家长也纷纷向她表示了感谢。这是我第一次看见她在群里主动与其他家长互动。比赛结束后,主持人宣布我班取得了全年级第二名的好成绩,老师们、同学们、家长们都欢呼雀跃。我们凑到一起拍照留念,穿着大树服装的杰仔成了"团宠",大家都跟他合影,包括我。那天晚上,杰仔妈妈发给我一张照片,杰仔脸蛋红扑扑的,依偎在我身边,一脸幸福。

就这样,杰仔的母亲开始融入班级,杰仔也跟我建立了较深的依恋感,直到期末考试临近。考试前,我和杰仔再次因为作业和考前练习陷入了旷日持久的拉锯战。果然应了那句"不谈考试母慈子孝,一谈考试鸡飞狗跳"。他常常被我拎到办公室补作业,又时常偷工减料,一哭二闹。没办法,我只得给杰仔母亲打"预防针",要不不考了?

当然,结果还是很美好。在监考老师温和的鼓励、善意的提醒下,杰仔顺利完成了考试。数学考了95,语文考了83。语文分数虽然不是很高,但对于他来说,毕竟又迈出了一步。

那天家长座谈会后,杰仔母亲主动留下来跟我交谈。她表达了对我的感激,我对杰仔所做的一切她都默默看在眼里。她说我不像其他老师那样,对杰仔另眼相看,杰仔特别听我的话。自从我接手这个班级后,杰仔开朗了很多,愿意回家交流,他们母子关系缓和了很多。她谈及自己不幸的婚姻,坦言杰仔爸爸精神有问题,脾气特别暴躁。杰仔童年很不幸。现在她才争取到抚养权,但是对于杰仔的未来,她也是焦虑重重。

那天,我是倾听者,对杰仔母亲的处境表示理解和同情。临走时,我对她说,我们都是母亲,作为母亲,不能把养育杰仔只是当作一种责任,母亲和孩子之间需要建立深厚的情感,需要投入更多的精力,你付出越多，他感受到的越多，也能给你回应，有些问题也就慢慢改善了。

然而，那次谈话之后，我却因为工作岗位的变动很快离开了学校。等再次向他人问及杰仔时，被告知他又回到了之前的样子，一个人看书，玩泥巴，看蚂蚁，在操场随意游荡……听到这些，我内心里有说不出的滋味。

我当然知道原因。就像《教学机智》里说的，教师的含义就是他们必须不断地提醒自己留意与孩子之间的"替代父母"的关系。在某种程度上，杰仔曾经因为我对他的爱护建立了信任和安全感，杰仔的母亲也因为我的善意而向我敞开了心扉。然而，我却在关键时刻离开了他们。

我对杰仔的情感并不纯粹。我当然希望他好，但那只是我所谓的好。我强调班级的秩序与规则，为的是让杰仔不闹事，不出事，不给我惹麻烦；我逼迫他学习，是希望他取得良好的分数，不给班级拖后腿，而不是充分考虑他的需要、兴趣，让他获得更好的发展。在面对工作变动时，我也是首先想到自己的职业规划，没有顾及他对我好不容易建立的短暂的依恋关系。

教师的角色富有情感的价值，也担负着对学生成长的责任。每念及此，便想起杰仔，心生愧意。

休学归来的"小豆豆"

成都市科华中路小学 吴懿瞳

让我很受启发的图书《一线表扬学》中有这样一句话:"没有一个学生会坏得一无是处。关键是不要用分数这把唯一的尺子去衡量学生,他们的闪光点会有很多,不用分数去衡量了,学生的分数反而好起来了。一直抱怨学生的成绩不好,好比一直让学生看到自己的不足,他的生活质量可想而知,一个生活质量糟糕的人,怎么可能有好的学习成绩呢?"很庆幸,我从来没有用分数这把唯一的尺子去衡量我的学生。所以我才等来了许多孩子的变化,耀耀就是其中一个。

新学期开学前,学校教导处老师面露难色地告诉我:"你们班要来一个学生,让人头痛哟。"认识这个学生的老师谈到他都直摇头:"简直是太调皮了。"原来是一个休学的学生,难怪很多老师都知道他。

开学报到这天,我终于等到了这个孩子。他的脸圆得像用圆规画出来的,身体看起来特别壮实。他和妈妈站在我面前,妈妈对他说:"耀耀,你要听吴老师的话,以后就要跟着吴老师好好学习了。"

他的调皮,我也早有耳闻——妈妈曾在教室门口用衣架打他。据说衣架都打断了,就为了表明自己想要管教好这个孩子。

这到底是怎样一个孩子啊?

我把耀耀带进教室,让他坐到教室里的空位上。初次见面,他肯定是要好好表现的,正襟危坐,双手放在桌面上,背挺得直直的。我给每个孩子发了一个新本子,让他们随便写一写开学第一天的心情。我特意走到耀耀面前，看他工工整整地写下了自己的名字。我马上夸他："你的字写得很好呀！"他很腼腆。这哪里像个异常调皮的孩子呢。过了一会儿，我又看了看他写的内容：我要好好学习了。

难怪认识他的老师都说他实在是调皮。一个星期不到，他就和班上的同学大打出手。我一问原因，他流下眼泪道："他说我是留级生。"原来这么调皮的孩子也会哭的，我意识到他是个自尊心很强的孩子。再问了问矛盾的起因，原来是耀耀没有戴红领巾，被校值日生扣了班级分数，正好被同学看到了，说他影响班级荣誉，又特意指出了他的特殊身份。我安慰他："你看，就因为没有戴红领巾，你都着急哭了，说明你有很强的班级荣誉感啊，老师还要表扬你呢！"他只是流着眼泪不说话。我知道他为什么哭，三年级的孩子，是有自尊心的。"耀耀，别难过，我会向同学们说清楚你为什么到我们班来的。"

找了个合适的时机，我把耀耀因为没戴红领巾而被扣分之后，伤心地哭起来的事告诉了同学们，还当着全班的面表扬了他有很强的班级荣誉感，希望所有同学都能向他学习，要为班级荣誉争光。同时，也把他的"留级"原因告知了大家。"你们知道耀耀为什么来我们班吗？"大家议论起来。"是因为他的手臂受了严重的伤——寒假里因为自己不小心，把右手臂摔骨折了，你们想想，右手要用来学习、写字，摔骨折了怎么学习，怎么写字呢？为了能更好地学习，他才选择了休学。记住，是主动休学，不是留级！"我还特意强调——现在没有任何人可以留级，学校也根本不允许谁留级！就这样，算是把他的身份介绍清楚了。虽说接下来的日子，还是有同学悄悄议论他，但他再也没有特别伤心难过了。我告诉他："不管别人怎么说，我们就是因为手摔了休学而已，咱们身正不怕影子斜。"

相处一段时间后，我慢慢发现，他确实是个捣蛋鬼。不得不说，他的到来让班上的打架事件多了起来。他时常会和同学发生冲突，喜欢和别人打打闹闹，又没有分寸感，加上本身脾气不太好，就更容易和同学发生矛盾。我也很是头痛，对他的耐心也在慢慢被磨灭着。我不断告诉自己：

给一点时间，等你长大

"这么一个调皮捣蛋的孩子，怎么可能一下子就变得很好呢？再等等吧。"

耀耀妈妈坦诚地告诉我，她非常想管教好孩子，在家里经常批评教育他。惩罚孩子最严厉的一次，就是拿着衣架，当着全班同学的面揍了他一顿。必须马上纠正耀耀妈妈的做法。我告诉她：你这种做法严重伤害了孩子的自尊心，虽然他才二年级，但是面对那么多同学和老师，孩子也是要面子的。这件事已经过去了，虽然对他造成的伤害难以弥补，但是必须改变教育方法：变批评指责为鼓励表扬。耀耀需要的是表扬，绝对不是批评。他在学校已经被批评得够多了，如果还得不到妈妈的支持，他得多痛苦。"你希望孩子成为什么样的人，他就会成为什么样的人。"整天批评责骂，孩子自然没有信心，甚至自暴自弃。

《战狼》这部电影上映时，我看到耀耀妈妈的微信朋友圈："今天带儿子看他最喜欢的电影，一直想当特种兵的儿子，我是该为你骄傲，还是替你担忧啊……"原来耀耀的理想是当一名特种兵。我打心底为他的理想感到骄傲。后来我问耀耀："为什么想当特种兵啊？"他一脸自豪地告诉我："我要保卫国家！特种兵就可以。"看得出他特别骄傲，我真想看到他长大后穿上特种兵战士那身阳光帅气的军装的样子。我专门写了一篇关于他的文章《我的特种兵战士》，发给耀耀妈妈看。后来，耀耀妈妈给我回复了很长的留言。我才得知，他在原来的班上总是坐在特殊位置，只要和同学发生矛盾，老师总是批评他，班里的同学都不喜欢他。她告诉我，二年级最后一次家长会，她都不知道是怎么走出教室的，回家后哭了很久。看着这些文字，我也难过地流下眼泪来。我该怎么帮助耀耀呢？

耀耀也跟我提起过，以前的同学碰见他，总是嘲笑他，他觉得很难过，感觉自己比别人差很多，有时候碰见以前的同学都想躲着。看来他的确是个自尊心很强的孩子。

很快，学校运动会开始了。我询问他报了什么比赛项目。他特别骄傲地告诉我："跳远！我比班上其他同学都跳得远！老师让我参加跳远的项目。""那你可要好好表现哦，要让他们对你刮目相看！特别是原来那些同学们。"运动会比赛时，我特意去观赛，为跳远的孩子加油，帮他们拍了好些照片，也特意把耀耀的照片发给了他的妈妈，夸了他："这是为班级荣誉而战！"

运动会的颁奖在星期一升旗仪式后进行，不出意外的话耀耀的跳远成绩应该不错。这样一来，他就有得奖的可能，以前的同学也能听到他的名字，看到他上台领奖，这一定是个非常难得的机会。果不其然，他参加跳远比赛获得了第一名的好成绩，上台领奖的时候，他简直激动得跳了起来。等他拿着奖状回到班上，我告诉他："耀耀，这下不怕遇见以前的同学了吧？跳远第一名可不是那么容易的，你完全可以自信起来，你看你为我们班取得了多大的荣誉，简直太了不起了！原来的那些同学肯定会因为失去你这个运动健将而后悔的。"他只是笑笑，想必心里乐开了花。

四年级开学第一天，我抽查孩子们假期作业的背诵。耀耀按捺不住地举手。"他真的会背吗？"我既好奇又忐忑，"万一背不出来那就丢脸了呀，试试吧。"一连抽背了好几首古诗，他竟然背得滚瓜烂熟。我马上表扬了他，同学们也向他投去不可思议的目光。我踏实了："这下，他又获得了极大的成就感。"检查寒假作业，耀耀的字方方正正，无比工整，真的无法相信这作业是他的。我马上跟他妈妈联系，原来假期里妈妈监督着，他自己也特别愿意写作业。表扬，必须好好地表扬一番。在和妈妈的聊天中，我知道了，妈妈也在改变着。以前总是批评，甚至打骂孩子，现在已经很少打骂孩子了。在我的建议下，妈妈也会找耀耀的闪光点了，多了表扬，多了鼓励，孩子才愿意朝着更好的方向发展。

到了高年级，孩子们心思多了起来。耀耀也不例外，有喜欢的女孩子了，还是因为脾气急躁时不时和同学发生一些矛盾。然而在我看来，这都不是大事情。虽然他依旧调皮捣蛋，但在我眼里，他还真是个好孩子，是一个会"路见不平，拔刀相助"的男子汉，看到班上那个说话困难的女生被欺负了，他当仁不让地站出来帮助她；他是一个敢做敢说、敢做敢当的男子汉，看到班上有违规现象时，他从来不惧怕别人的眼光，正直地说出别人做得不对的地方；他也是一个有错不避、知错就改的好孩子，只要他有做得不对的地方，一定会马上承认错误，真诚道歉；他还是一个积极为班级争得荣誉的好学生，只要关系到班级荣誉，他一定极力争取。虽说一直以来，他在学习上比较吃力，但我一直鼓励着他，告诉他并不比别人差。

我们全班共读《窗边的小豆豆》时，耀耀妈妈也读了，她觉得耀耀就是那个"小豆豆"。我无意间看到她的微信朋友圈，说我就是孩子的"小林宗作"校长，让我颇为震惊，同时也有一点得意。

他来到我们班三年，因为他，我处理的班级事件比之前多得多，但无论怎样，我也始终坚持我的教育信念，一定要帮助他遏制自己"恶"的那一面，激发出他内心"善"的一面。不抛弃，不放弃，我始终坚信着，他是一棵参天大树，是一个栋梁之材，终有一天，他会穿上特种兵的军装，保家卫国。

心有所持,行之安然

成都市龙泉驿区洪安中学校　许　雯

与孩子们相处越久,越觉得"心有所持,行之安然"是一件微妙的事。"心有所持"在我理解来看是带着欣赏和尊重,走进学生的心里;"行之安然"则是带着理解和陪伴,引领学生找到自己想走的路;这也是为人师者,除了自身的成长收获的更为珍贵的幸福。

回看自己从教的这些年,无论我是作为班主任还是科任教师,为了拉近师生之间的距离,我最喜欢的方式就是让学生在一个安静的环境里写下自己最真实的想法,这个方法最有效果的一次是用在别人班上的一个调皮的学生身上。记得那天是在学校值晚班,当时有位班主任就告诉我要注意这个学生——陈同学,因为她情绪有些异常,所以我马上将她请到办公室。因当时还要巡视学校,为了能及时且有效处理这件事情,我就采取了这个比较简单的方式——让她写下自己的想法,不过我给了一个命题"我与老师的那些事"。当时孩子就提出了反对意见,并且不愿意写,后来在我的连哄带骗中,她才写下这两篇小文章——《作业》和《扔水果》。我的小心思:如果是我班上的孩子,估计不会这么乖乖地写出心里的感受,而我也在她面前再三保证,不会让她的班主任看到这篇文章,这里还是要感谢她小心翼翼的信任。现在,我再次细细品味这两篇文章,在这似调侃似恶搞的描述中,我们真的可以窥见一些孩子与教师的相处之道,从中反思一些对我们教育和教学有用的体会。

给一点时间，
让你长大

作 业

  早上到学校时，已经快迟到了，我赶紧把作业交了上去，可好巧不巧，万恶的语文作业从我的书包里溜走了。我想了三秒钟："我是不是要完蛋了？我肯定要抄题重写。"突然，天空一声巨响，班主任老师闪亮登场（注：班主任就是我的语文老师）。

  "早读啦，早读啦！"老师笑眯眯地跟我们说，听到这句话之后，我的心里害怕极了，拿出语文书装模作样地读了起来，我看看我左边的同学，噢，是我们班上的学霸，不可能没有带作业，正在大声地朗读。我又看看我右边的人，噢，我右边没人啊，我忐忑不安地读着课文。

  老师高坐在讲台之上，班长数了数作业本的数量，"老师，一共只有39本作业，缺5本。"我有些窃喜，太棒了，加上没来的3个同学，还有一个人和我一样没带作业。

  老师眉毛一挑："怎么有两个人没有交作业呢？想主动承认的就站起来。"我准备站起来时，发现另外一个人没有站起来，我也不准备站起来了。

  在讲台下面，有几个看热闹不嫌事大的同学，不停地在那儿喊："全体起立！"我默默地翻了白眼，心里抱怨着我怎么这么倒霉，老师又说了一遍："没交作业的同学站起来。"我只好心不甘情不愿地站了起来。

  另一个没带作业的同学看着我站了起来，也没招了，只好站了起来。我看了一眼这个同学，又看了看我自己，本来想感叹下这个同学的悲惨命运，然而，我自己都是泥菩萨过江——自身难保。

  老师开始问同学们："下节课是什么课啊？"那几个看热闹不嫌事大的同学，在那儿捂嘴偷笑，大声说："体育课！"真是倒霉，下节课竟然是我最喜欢的体育课。

没有办法，只得屈服于老师，然后，好好的早读课就成了我和那位同学的批斗大会。老师让同学们引以为戒，不出我所料，老师让我们去办公室写检讨。

写检讨这事，我其实并没有那么深恶痛绝，是因为写检讨这事，我已经习以为常，当作家常便饭，可是，和我一起去办公室的同学，就没有这么看得开了。在老师走之后，跟我抱怨"为什么要写800字的检讨"。一节体育课足够我写完检讨了，我比那个同学快了一点，但是没有快多少。不过没事，写完检讨后，我陈某人又是一条好汉。

可我看了一眼课程表，顿时又陷入了崩溃之中，下节课竟然是语文课……雪花飘飘，北风萧萧，我佯装淡定回到教室，翻了翻书包，为什么语文作业本好好地躺在书包里，我却看不到？我拿着作业本去找老师"沉冤昭雪"，我身旁的同桌直夸我勇敢，你这学霸也太假了吧！

虽然我表面看着非常勇敢，但看到老师的时候，就立马变得畏畏缩缩，"报告！"站在办公室门口，我喊了一声极其敷衍的报告。

老师大手一挥："进来，怎么啦？"看着老师有些愤怒的表情，我说话的声音更小了："老师，我作业带了的。"短短的一句话，我说得结结巴巴，看着老师的表情，她肯定不相信，我只好拿出作业本给她看，老师收下了我的作业本，我松了一口气，然后我就出去了。

我的感受：初看这篇文章的题目"作业"，不知道是孩子无意之选，还是有意为之，居然是当下社会都关注的热点问题，父母和孩子之间冲突的焦点，教师对学生每天的灵魂拷问："你今天作业做了吗？你今天的作业交了没？作业是不是已经改错？"从选题上看，作业真的是孩子们逃不脱的魔咒，也是他们怨念颇深的点，我怀着讪讪的心情，仔细地边研读边和她进行讨论，陈同学看似夸张的字里行间里，为我提供了一个既熟悉又陌生的视角——在孩子人格形成的关键期，他们眼中的老师是什么样子呢？孩子描写的是很普通的事情，但是当我们带着尊重和欣赏的心，其实可以从以下方面体会孩子不一样的想法：

透过文中陈同学对老师的描写——"天空一声巨响，老师闪亮登场"，读到这一句，我心里产生的疑问——为什么有"巨响"？还有"闪亮登场"？所以当即向她询问为什么要进行这样的描述，她给我解释："因为要营造出氛围，这种才能够写出我心底想要的感觉。"我心里却在嘀咕：这样的出场方式不是坏人特有的吗？而且安排在作业本消失后，班主任的出现无疑是危险的表现，这应该变相地反映出我们在孩子心中的地位，一个出现就自带气场的坏蛋。

然后，紧接着的描写——"老师高坐在讲台之上"。我马上否定了这个说法："上课的时候，老师不是不准坐着讲课么？这个应该是学校有规定吧？如果真被抓住，说不定还要罚款。"她脸露微笑，故作神秘回应我说："因为老师的腿骨折了！"话到这里，脑海里也浮现出很多老师带病坚持在自己的岗位上，颇有些感慨，所以实在忍不住问她："你觉得老师可怜不可怜？"对于答案，我想大抵不过是和网上所说一致，或者就是学生对教师无私奉献点赞，但是她却反问我一句："为什么生病了不休息？"这个我还真的不知道怎么回答，因为教室里还有学生？因为要赶教学进度？因为如果请假就要让其他老师来代课，所以不放心？其实，我自己也没有明白是什么原因，在不了解其他教师的情况之下，我回避了这个问题，毕竟生活中很多问题不是一句两句就能解释清楚的。

接下来，透过对自己心理活动的描写——"我是不是要完蛋了？""我心里害怕极了""忐忑不安"，孩子在行为上则表现为"装模作样""畏畏缩缩"，无论是心理的恐惧还是行动上的躲避，都让我们体会到她没有交作业（或者说是犯了错后）的愧疚和无可奈何。

我们再来看看，这件事情发生之后，孩子选择什么方式解决。随着老师的两次质问，这个孩子一开始还抱着自己有同伴，其他人不站起来我也不站起来的想法，到第二次终于扛不住，选择勇敢承认了自己的错误。此时，我还挺感动，毕竟这个时候，孩子选择了承担自己的责任，不管这个作业是没有做还是忘记带了，也不管周围的孩子如何看待她。当然，接下来迎接她的是什么呢？注意这个时候，孩子用了一个词语"不出所料"，她已经在心底预判了老师会采取什么样的方式去处理这件事情——先是对班上的其他同学进行思想教育，强调作业上交的重要性，并再次要求孩子们养成良好的学习习惯。然后，把没有上交作业的孩子请到办公室，让他们写了800字的检讨。我立马问了一句："写检讨有效果吗？"估计这也是老师心里最疑惑的，这个措施对孩子有帮助吗？有的时候，老师的目的并不是让他们体会到痛，而是想知道这个办法对他们有没有影响，对不当行为有没有改善。孩子并没有正面回答问题，但是文章后面一句话，也许是对这件事情最好的应答——"写检讨这事，我其实并没有什么深恶痛绝，是因为写检讨这事，我已经习以为常，当作家常便饭。"照以往的故事版本，这个故事就应该没有后来，但是她回到教室后发现语文作业本就在书包里，她拿着作业本就去找老师"沉冤昭雪"，本以为这里会和老师有一段激烈的理论，但是，故事就戛然而止在"老师收下了我的作业本，我松了一口气，然后我就出去了"。我也问过这个孩子："说完了？没有了？"她肯定地回答我："是啊，没有了！"

针对陈同学在描述与老师关于作业进行交锋这件事，从情感角度，我欣赏她勇于承担后果，不管这个后果有多么严重，她在犯下这个错误后，仍然坚定自己的选择——站起来；我体谅她没有带作业后而自责和忐忑，其实从我的角度看她，我还有点同情她，因为她的粗心大意，这个作业本有可能遗忘在家里某个角落，她也有委屈——我没有不做作业，不过是忘记放进书包里；甚至于有点高兴她知道是误会后的"勇"，带上作业本直奔办公室，估计是想找老师说道说道，但是看着愤怒的老师，她什么都没有做。这么简单的事件，我感觉到陈同学好几次妥协，无论对错，在师生的关系里面，孩子包容我们远远比我们想象的多，因为他们能感受老师心中那些焦虑，那么我们能否有效管理自己的情绪？我始终记得一位老教师对我说："无论你前一秒是在哭，或者受了再大的委屈，走进教室，走上讲台，都不要带着这种悲伤的情绪！"关于这点，我不知道自己有没有做好，面对学生频频发生各种令人抓狂的状况，我也会发火，或者出现一些不当言语，甚至当我感到悲伤，我还会在他们面前哭泣，他们这个时候还会以各种方式对我进行安慰。所以，我喜欢学生对我毫无保留的倾诉，尊重他们有时候难以言状的情绪，我也不敢保证我做错事情后会立马向学生道歉，有些遗憾到现在也没有说出口。

扔水果

今天下午，我拿着中性笔正准备前往美术教室，看着两个同学正拿着几个发烂的水果，我走上前去，问他们要干什么。他们却把手指放在嘴前，做一个"别出声"的动作，我一看就知道他们没干什么好事，我并不是什么正义的班级管理委员，就是单纯地想看热闹。

只见他们来到窗前，把那几个烂掉的水果，"欻"的一声扔在了乒乓球台上面，正在打乒乓球的同学有点生气，愤怒地骂他们没素质，可是他们却觉得十分好玩，咧嘴一笑，笑得极其丑陋，我翻了个白眼，接着去上美术课。

上完美术课，一个身穿西装的短发女人出现在我们教室中，没错，她就是我们的校长。不出所料，我们要挨两顿骂，班主任老师骂一顿，校长再骂一顿，唉，我为我多舛的命运叹了口气。"陈某在吗？是不是你看到了他们在干什么？"我弓腰驼背地来到了校长面前，结结巴巴地说出一个"是"。看着老师和校长愤怒的表情，我不敢再次抬头。

"发生什么事了？"我既想说，又不太想说，毕竟那两个同学是我比较好的朋友。"我看了他们俩走在走廊上，剩下的我就不知道了。"我说出了一个不太能得罪人的答案，老师戴着黑框眼镜，眼镜下的眼神像鹰的眼神一样锐利,我低着头,并不想去看老师的眼睛。

"真的什么都没有看到吗?"老师抬高了语调。看着她那锐利的眼神,我心中十分痛苦,十分纠结,老师把那两个同学叫走,似乎是看出了我的犹豫。我咬咬牙,狠狠心说出了他们俩干的邪恶坏事,说完之后,我就偷偷溜走了。事了拂衣去,深藏身与名。

这真是倒霉的一天啊!

陈同学也写了另一件事情——扔水果,这件事情的起因是他们班上有两个同学将烂水果扔到学校乒乓球台上。学校领导发现后,就要寻找知道情况的孩子了解整件事情的经过,或者更直接点,要找到做这件事情的罪魁祸首。就这样,作为"扔水果"事件的目击者,陈同学在美术课被校长和班主任堵在教室,也就发生了这段小插曲。

我们来看看陈同学对"扔水果"这件事情的态度。她认同这件事情不对,因为"我一看就知道他们没干什么好事",抱着看热闹的心情,并没有阻止他们进一步的行动,她觉得这个事情与自己无关。不过当校长和班主任带着两重压力走到她面前,询问事情发生经过,追问事件主谋,事情并不像她想象中那么与己无关。

没想到会遇到这种情况,陈同学敏感地观察老师的情绪,聆听老师的想法,忽然不知道如何选择,一边是教师严厉询问——"眼镜下的眼神像鹰的眼神一样锐利""老师抬高了语调",这让我想起我常常对学生说:"你们不说,我也大概知道是什么情况。"从这里看,我突然觉得这个时候的我有点令人讨厌,但是我还是会继续逼问,事情既然发生,我们当然要对当事人进行教育。另一边是朝夕相处的伙伴,虽然他们做错事情,如果陈同学指明他们做了坏事,会不会被说没有义气,或者其他同学不会和她做朋友?这个时候,陈同学经过反复的纠结和犹豫,选择了逃避,其最直接的反应为"不想去接触老师的眼神",并给出了一个两边都不会得罪的答案——没有看到什么!

给一点时间，等你长大

道德两难——孩子必须在正直和朋友之间做一个选择，这个时候，校长和班主任好像理解她"心中十分痛苦，十分纠结和犹豫"，并且本着保护孩子的考虑，把两个同学支开。最终，陈同学选择说出整件事情的经过。我们一方面希望孩子会有同情他人的同理心，并帮助自己的朋友改正错误，另一方面又希望孩子说出事情的真相，从而成长为一个正直的孩子。所以，这个时候孩子就必须做出一个选择，对此，老师的任务是带着理解和陪伴，引导孩子成为一个成熟的和具有社会责任感的人。

教育的故事，也许并不会让人激动不已，但是每天上演的平常事件，细细回味，藏着多少的快乐与温暖。迷茫的路上有人陪，成长的路上又有人相伴，相互理解是教师一路走来的通行证，平等的爱应该是我们不该忘记的信条。心有所持，行之安然。

孩子们教我当老师

成都金苹果锦城第一中学附属小学 虞 娟

"听我说谢谢你,因为有你,温暖了四季……"屏幕上正在播放的,是孩子们放学后悄悄聚在一起,录给我的教师节祝福视频。听着二年级孩子稚嫩的声音,看着他们并不太统一的动作,视频还没播完,我的眼泪早已夺眶而出。

"谢谢孩子们,是你们教会我如何做一名真正的老师。"当我说出这句话时,一件件往事又涌上心头。

惹是生非,我看见就烦

"虞老师,小健打我。""虞老师,小健在我的桌子上画画,他还在我的衣服上画画。""虞老师,小健和小霖又打架了,你快去看看……"曾经很长一段时间,这些话就像一个个魔咒,把我牢牢地困在里面。而"魔咒"的开启者,就是从同学们嘴里频繁冒出的那个名字——小健。

小健瘦瘦的,个头比较高。一张标准的瓜子脸上,大眼睛忽闪忽闪的。小健说话很特别:一年级学拼音那会儿,他总是"大舌头",类似平翘舌音、前后鼻音这些他似乎从来分不清。课堂上拼读,他一张嘴就结巴。你别看他说话不清楚,可打人、吐口水、乱涂乱画、撕东西的"本领"却是班里最强的。

给一点时间你长大

一年级上册，入学不到两个月，"小健"成了我的心病。有一天，班里七八个小孩又跑到我办公室门口，纷纷投诉小健，我赶紧冲到班里。只见美术老师正单独把小健留在讲台旁，看我进去，美术老师一脸无奈。美术老师告诉我，小健把同桌的家长信撕成了一堆小纸片。有同学说下课赶快去告老师，他便生气地连同学一起给打了。而事情的起因，则是美术课上，小健拿起彩笔悄悄地在前面一位同学的背上画画，同桌说了他。简单和美术老师交流后，再看着那一堆"物证"，我顿时火冒三丈。我大步上前，拉着小健的衣服，把他带到了办公室。

进入办公室后，我让小健站在一边，让事件的其他相关人先一一讲述事情的经过。轮到小健时，小健一直不说话。我更加生气："你为什么要撕掉别人的信？你为什么要拿水彩笔在别人身上画画？你难道不知道打人是不对的吗？"在我一连串的严厉斥责之下，小健也只是摇头。最后，我让他给同学道歉，并让他承诺要把信粘好。紧接着，我联系小健的家长。因为"人证""物证"俱全，家长也不好再说什么，一边承诺向对方家长道歉，一边表示要把信修复好。

从那之后，小健也成了我们年级的"名人"，他在我办公室的出现频率也是最高的。一旦他在班里惹了祸，很自然地，我会将他"请"到办公室，让他在办公室反省。

慢慢地，小健很怕我。就从那时起，小健无论怎样调皮，只要有人搬出"告老师"这几个字，他立即乖乖听话。同事打趣我，说我就像那镇妖镜一般，把小健给"镇"住了。而我也曾一度认为自己的这些方法很有效果，于是，在这条路上，越走越远。

真相揭开，我无地自容

三年级上学期，有天中午，小健突然爬上窗台，对着同学说自己要跳楼。这还了得！同学们吓得立马来找我，我又像个消防员一样冲进班里。

我看到小健正蹲在窗台上，后面有三个同学拉着他的衣服，周围还有几个人围着他。"你在干什么？赶紧下来！"听到我的声音，小健回头看着我，眼里满是尴尬。他从窗台上慢慢下来，走到我面前，解释道："我没想跳，我只是想看看窗外有没有我的书和本子。""原来是这样，那同学们都在乱说了？"我反问道。"不是的，他自己说的，我们都听到了。"旁边的同学立即附和着。随即，班里一大半以上的同学都在点头，表示大家都听到了。"我没有。"小健还是不承认。"你说了。"在班里的很多孩子都反驳道。另一个班委，也证实自己确实听到了。小健还想解释，又一次被我叫到办公室。

同时，数学老师也闻讯赶来。据老师反映，小健有好几天的数学作业都没有交过。每次问他作业，小健都说在家里，老师请他把作业带到学校，小健嘴上答应得好好的，结果第二天还是没有带。

这时，我也去翻自己的作业记录，发现他的语文练习本的作业也有两次都没有交。于是，我问他要作业。他告诉我，他作业本掉了，学校和家里都找遍了，全部都没有。我请班委去帮他找，大家找了他的书包和抽屉。书本都在，巧的是，凡是与写作业有关的练习本，全都不翼而飞。最后小健再次解释，他爬上窗台，就是想找一找自己的作业练习本。顺便就和同学们开玩笑，说了那句"我要跳楼"。我一边让小健继续待在办公室想，一边立即给小健的家长打电话，我把整件事讲述了一遍，并且请他们到学校把孩子接回家。家长也很配合，很快来到学校，把孩子接走了。

小健在家休息了一天，家长表示已经和孩子做了沟通，他以后不会再这样做了。作业本确实还是没有找到，于是只好给他复印了练习本。

小健返校了，看着他那些格格不入的练习本，我和数学老师私下也犯嘀咕：好端端的，怎么所有要写的作业本全部都没有了？准是自己给藏起来了！不然怎么会如此凑巧，别的东西都在，唯独与写作业相关的全部凭空消失？本来学习成绩就不好，"欠账"一大堆，现在这样直接说找不到了，那岂不是撇得一干二净？带着这样的揣度，当时的我认定小健就是故意为之。

直到学期末，班里一个女孩要转学了。走之前，女孩的妈妈给我打来电话。这时我才知道，自己到底有多愚蠢！女孩的妈妈告诉我，其实当时小健的作业本是被自己的孩子拿回家了，他们一开始也不知道，直到大概一个月前，他们在收拾花园时，才在花园的矮树丛里发现了一袋作业本，打开一看，里面竟然写的是小健的名字。后来问女孩，女孩才说因为小健在学校总是不爱干净，又太讨厌，还老是打人，所以她想惩罚小健，让他交作业时难堪，于是把小健的作业本全部背回了家。可是又怕被家长发现，这才偷偷藏在花园的矮树丛里……

听到这个消息，我大惊失色！一时间，脑子里满是当初自己怎样用严厉的语言批评小健，让他在班级出丑。任凭小健如何解释，我完全听不进去，脑子里不断闪过他一个人默默坐在教室补作业的画面……

女孩的妈妈最后请求我，替她的孩子保密，因为孩子不知道该怎样去面对同学，一旦事情被拆穿，她将无法想象孩子会遭遇什么，因此也选择了转学。在转学前，女孩妈妈在电话里向我把这件积压在心里的事说了出来。

我一边答应，一边慌乱地挂断了电话。震惊、愧疚、悔恨全都一拥而上，天呐！我到底做了什么！我这哪是在教书育人，分明是在荼毒别人！我压根儿不是一个合格的老师！一想到这里，我狠狠抽了自己两耳光！

"不能再这样！"我在心里对自己说。是私下和小健说，还是当着全班的面说？犹豫之后，我私下找到小健，向他道歉，同时告诉他，他的作业本已经找到了……"没关系。"小健轻描淡写地说。但是这三个字却让我更加无地自容，和孩子比起来，我感觉自己是那么卑劣！因为我连当着全班同学的面，向小健道歉的勇气都没有。

对不起，小健……

理解帮助，我曾是孩子

自那以后，小健似乎变了。或者确切地说，是我变了。

有一天早上，我在一边批改作业一边守着同学们读英语，全班同学都在听录音时，突然教室里冒出一个声音，那声音和教室的早读气氛比起来，显得极不协调。"是谁？"我严肃地问。同学们齐刷刷地望着同一个方向——小健。"大家继续读。"我一边说一边走到小健的位置上，我向他示意，请他到教室外面聊一聊。

经了解，原来是因为之前小健读英语不太认真，所以领读员就让他站着读，后来他读得好了，领读员请他坐下。可是此刻的小健并不服气，于是就想报复领读员，就发出了那种声音，是故意的。在得知事情的来龙去脉以后，我对他说："小健，首先，虞老师要肯定你的诚实，这也正说明你是一个通情达理的孩子。"听到我说这话时，小健抬头看了我一眼，眼神也平静了许多。于是我接着说："那你觉得这件事，你这样做，真的能达到你要报复她的目的吗？听到这个声音的同学，他们会有什么感受？"这时，小健似乎恍然大悟，"哦"的一声，然后嘴巴鼓鼓的。"再说，作为领读员，为何要让你站起来，你想过没有？"小健又是"哦"的一声，嘴巴再次鼓起。"她想提醒我吧。"小健的声音很小，又是一个抿嘴的动作。"小健，虞老师相信你，现在你已经意识到自己刚才的行为不妥，也影响了全班同学。那老师希望你能将这样的感受说出来，让大家都了解事情的经过，你愿意吗？"小健点点头。随后，他走到教室里，向同学们讲述了事情的来龙去脉，同时也向大家道歉。我趁机说："有时候，我们每个人都会有些小情绪，也会犯些小错误。这些都不要紧，在我看来，只要你意识到了问题，努力改正，那你就是我们的榜样。好样的，小健！"我对他竖起大拇指，全班同学也对他报以热烈的掌声。

那天中午，阳光灿烂。小健写完作业，我提议我们一起去走走，小健答应了。于是我拉着他的手，我们一起从侧门的花园走向操场，在主席台边，我们并排坐下来。和小健聊天的过程中我才知道，原来，小健一直想当一名英语老师。

"那你知道马云吗？"我问道。

"好像听过。"小健望着我点点头。

"就是淘宝网的创办人，你妈妈经常买东西那个淘宝网。"

"哦……"小健一边说，一边使劲点头。

"那你知道马云以前也是一名英语老师吗？"听到我这样说，我分明看到他的眼睛里多了一些惊讶，也多了一些亮光。"所以，小健，只要你努力，你将来有无限可能。"说着，我又拍了拍他的肩膀。他点点头，似乎突然明白了什么。

那天中午，我们还聊了很多。关于他最喜欢的人和事。那天的阳光，也仿佛照进了我们的心里，我们之间的那一堵墙似乎也没有了。

后来，我在班级里引入了新教育的儿童课程。晨诵、生日诗、期末庆典、童话剧……孩子们沉浸其中，不亦乐乎。而小健也在不知不觉间长大了。

四年级时，我们班要演出童话剧《犟龟》。因为角色数量有限，主角都需要参与角色竞选。小健也主动参与其中。同学们当时的暮省日记中这样写道：第二位上场的是小健同学，小健同学本来竞选的是乌龟陶陶的角色，可是，他在竞选时，因为笑场，导致竞选失利。后来他又去竞选蜘蛛发发，结果也落选了。要是一般的男同学早就气呼呼地说"我不参加了"，可是平常急躁的小健同学这一次却很有耐心，一个角色失败了，又去试另一个角色……

一学期后，班级里要演出童话剧《小飞侠·彼得潘》。表演的角色小健还是没有选上，可小健却凭借自己的绘画实力，成功地竞选上了道具组的组长。他在日记中这样写道：一开始，我根本不知道怎样做蘑菇。但当我走到一个盒子前，我突然就有了灵感，很快，一个蘑菇就出现了。几乎每一次做道具时，大家都要闹矛盾，这时我都会觉得道具组长难当。可当我看到我们制作的道具在台上演出时,我发现我的辛苦和努力没有白费,看着他们演出,我笑了。我的笑里含着我的眼泪。当演出结束,我慢慢地走回教室,走在路上,我想着做道具时的种种苦累,我想着演出时的激动和兴奋——我又哭了。

后来,我们班实行班长轮周制。小健凭借带着小组成员出色地完成道具制作工作,也选上了值周班长。他的考试分数有时依然不理想,但他不再粗鲁地对待同学,在班级里的人际关系也更好了。当上值周班长之后,他对班级的各项事务更积极主动,他从当初同学们眼中的那个"讨厌鬼""麻烦精"变成了一个积极劳动、主动帮助同学的"大红人"……

现在,小健已经毕业。当我回头再来反观当时的自己时,我才真正看到最初的时候,自己是多么可笑!那时候的我,无论是教学方法还是班级管理,只喜欢"一刀切"。一旦班里孩子达不到我的"标准",我首先想的不是去找问题,而是通过"责怪""示众""请家长"等方式来推卸自己的责任。所以那时候,无论学生还是家长,只要没有按照我的要求来做,我就会认为那是在挑战我的"权威"。因此,便会采取打击、指责等方式逼迫对方,直到对方作出改变。表面上看我很严厉,实际上是色厉内荏。我的内心充满了无力感,我不知道怎样让别人打心里信服自己,因此便通过"示众"等方式来控制对方。而这种一直想要控制对方的欲望或者说是冲动,其实是源于我骨子里不愿面对的自卑,是一种急于证明自己的懦弱表现,也是一块掩盖自己愚蠢的遮羞布。

谢谢小健,是他给我上了一节"大课"。他让我看到,孩子考试成绩分数高低,与孩子能否堂堂正正做人,真的没有那么大的关系。孩子不断地在挑战,尝试超越自己,这本身就是教育的意义。

"想要了解儿童心灵的秘密,想要揭示教育的技巧和教育学科学的秘密,先要把每一个儿童认作是自己的老师和教育者。"很早以前,我就读到过阿莫纳什维利的这句话,可是,直到遇到小健,看到他的成长之后,我才真正有点明白这句话的意思。曾经的我,就是一度忘记了自己也是那个正在接受教育的人。

开启课题，我喜欢"熊孩子"

现在，我又接手了新班，班里有了更多的"小健"。不过这次，我的心里不再是厌恶与恐惧，更多的时候，是打心底涌出的莫名兴奋。

亲爱的读者，也许你会好奇，为什么我会兴奋？我想这源于我从师傅那里得到的小锦囊。亲自实践之后，我发现效果非常好，在此，也分享给大家。

小江是一个很有个性的孩子。一年级的课堂上，经常是不到二十分钟，往往已经"人去凳空"。等你去找他时，如果你的运气好一点，他可能正在教室的某一个角落爬行；如果你的运气差一点，此时的小江已经悄悄溜出教室，在校园里游荡。同时，小江也很爱哭，有时候大家在写作业，他就莫名其妙地大声哭起来。除了画画，小江做事的动作都很慢，一年级上期，我连续喂了他一个月的饭。一整个学年下来，小江还是没有学会系鞋带……

批评、谈心、找家长，这些方法轮番上演，效果都不太理想。我知道要对小江更包容，然而在班里，别的孩子渐渐开始对小江不满。有一次上外教课，一个男孩下座位，当我批评他时，男孩直接反驳："为什么小江就可以上课下座位？"

男孩的这句话给了我当头一棒，我意识到必须把小江的行为和小江这个人剥离开。"对事，不对人"这几个字一直在我脑子里打转。循着锦囊里的思路，我逐渐找到了解决问题的办法。

锦囊一：借助班级氛围影响孩子

这个锦囊，指导我从两个方面入手：一方面，我抓班级的整体纪律，让大家意识到小江并不是故意为之，我们需要理解他；另一方面，我联动班级的孩子们，一起来帮助小江。

班会课上，我和同学们一起讨论、梳理，最后得出：小江不是我们的敌人，而是一个在不断犯错误的家人，我们要把小江这个人与他的行为分离开来。小江这个人是好的，我们要爱他，接纳他，但小江的行为是不好的，我们要帮助小江去改正。小江自己其实也是他行为的"受害者"，我们要更多地理解他。如果我们班级纪律严明，这本身对小江就是一种帮助。试想，如果小江每一次做怪动作，大家都被逗得哈哈大笑；小江不见了，大家用大喇叭大肆宣传；小江吃饭慢，全班都责怪他拖后腿，那么无形中，大家的这些行为就会从负面助长小江身上的不良行为。

因此，我和全班达成这样的约定：第一，班上有纪律问题时，老师会首先批评大家，而不是小江，我们要给小江一些改变的空间；第二，如果小江引发了大家的不良回应，老师也会批评大家，因为大家错误回应，会造成小江的错误认知。

这样一来，我们就切断了同学们和小江之间的"刺激—反应"模式，将"人"与"行为"分开。当小江在班里做出一些错误的行为时，同学们会互相提醒，让自己不受干扰。而且最重要的是，这样做让我们所有人的精力就聚焦于解决问题本身，而不是试图解决某一个人。

锦囊二：建立积极反馈提升认知

有了全班的协助，接下来就是帮助小江。我依然从两个方面入手：一是设立行为边界，二是建立稳定而积极的反馈机制。

后来我才了解到，小江的行为确实有先天的一些因素，同时，家人对他的教养方式也不当，这才造成了如今小江的样子。对于眼前的小江，我不能要求他马上和正常孩子一样。一开始我必须降低要求，随着小江的进步，再逐渐提高要求。

从课堂出发，我和小江达成了一个课堂底线——不干扰别人。课堂上，可以做最喜欢的事画画，也可以看书，但是不能满教室跑，或者发出

给一点时间 紊你长大

很大的声音影响周围的同学。同时，我们一起把这个底线要求告诉给学科老师和同学们，让大家一起用同样的标准来要求小江。

在为小江设立了行为底线之后，我开始着手解决小江的吃饭问题。我发现他吃饭慢的主要原因是饭进入嘴巴之后，他会过很久才嚼，同时，嚼的时候也一直不吞咽。于是，每天中午，我们俩都坐在一起吃饭。一勺饭舀到嘴巴里，我们约定用点头、手势的方式，提醒自己去嚼、咽。

渐渐地，小江有了一些变化，但他的行为还是一直处于反复波动中。为了让他稳定下来，我想方设法给他积极的反馈。比如，有一天，小江上英语课时又在教室书包柜上爬了两次。我找到小江，小江也知道自己违反了规则，低着头不说话。我把自己的记录翻出来，指着记录对小江说："小江，今天周四，这两周老师都记录了你的上课情况，我发现这两周你比之前又进步啦！你看，这两周你一共爬了六次，可是刚开学那会儿，你两天也不止这个数。"听到我这么说，小江抬头看着我，我们一起笑了。"你看，小江你是可以管住自己的，对吧？"小江点点头。

用正向的、积极的反馈代替负面的、消极的反馈，并不断向孩子传递出清晰的信息：老师相信我，我可以变成一个优秀的孩子。

除此之外，我还尝试过这样做：

1. 给小江的父母发信息，分享小江在学校的进步，表达对孩子的期待。

2. 每周给小江的家校本留言一次，对小江吃饭、跳绳等进步进行鼓励，同样表达期待。

3. 给小江一些在他能力之内的任务，并协助他做好。比如，让小江做书包柜的管理员。这样也强化了他的被需要感，有助于他与集体的联结。

4. 让小江帮我完成一些很小的私人的小事，比如拿个东西之类，然后表示感谢，以建立私人连接。我最常做的是请小江帮我接水。每当喝完小江递给我的水，我都会说："小江给我接的水比我自己接来的甜。"这时，他就会格外自豪。

以上这些，总结起来就是：将人与事分开，将孩子与问题分开。与孩子一起面对问题，而不是把孩子当成问题。

当然，这更是一个漫长的过程，因为所有的问题都不可能一次根除，而我们需要努力的，就是逐步地降低频率，直到将错误控制在可以接受的范围。是小江，他教会我用更科学理性的方法去面对"熊孩子"。

事实上，班上的每一个孩子，他们都是我的老师，他们让我理解了生命的多样性。在看到了一个个真实的儿童的同时，他们也让我时刻记得：自己也曾经是一个孩子。

我与我的每日悬念

成都霍森斯幼儿园 袁 媛

我深信，一个人想在某个好的方面表现自己的愿望越深刻、越诚挚，他在内心对自我纪律的要求就越高，他对自己身上不好的东西就越加不肯妥协。

——苏霍姆林斯基

把烦恼当作每日悬念

昭昭是在幼儿园中班下期转到我们班级的。第一次见到他是在我们班的教室门口，他爸爸带着他来见我，他站在爸爸身后，只露出半边身子，显得十分拘谨。当我向他问好时，他紧抿着下嘴唇微微牵动嘴角，十分腼腆，但看向我的一双大眼睛格外清亮有神，灵气十足。只是没想到，我以为腼腆内向的昭昭，竟然异常活泼，在接下来的相处中，每天都让我头疼不已！

仅仅上学第一天，他就让我受到了从教以来的第一次惊吓。

第一天放学时，我们正在校门口排队等候（放学顺序依次是小班、中班、大班，因此我们在大厅前的空地上等上一个班级放完学），因为打算和昭昭的家人交流他第一天上学的情况，于是我请保育老师牵着昭昭站在队伍的最后，等送完其他孩子后好与昭昭的家人一起交流。没想到的是，一个不留神，他直接混在正在离开的小班孩子与家长之间，跟着人群来到了校门口，好在被当时值班的保安师傅及时拦下。当昭昭被送回我面前的那一刻，我只感觉一股凉意从脚底蹿起——幼儿园的前大门就面向双向车道，车来人往，我简直不敢深想如果昭昭没被保安师傅拦下，会有怎样可怕的后果！

昭昭第一天给我的"惊喜"，可不止这一件。他仿佛在椅子上坐不住，总是坐着坐着就滑到了地上，或席地而坐，或干脆直接趴在地上；吃饭时总会脱掉鞋子，将饭菜撒得满桌、满地都是；不到一个上午的时间，就和班里的几个男生成了好朋友，每时每刻都要一起玩，却又"相爱相杀"，玩着玩着就会互相动起手来；和他好好讲道理时，他每次都用眼睛斜睨着我，一副满不在乎的样子；请他到旁边安静一会儿，他仿佛只是换个地方玩，照样能自得其乐……

原以为这是昭昭换了新环境不适应的缘故，但没想到一连好几天，他不仅没有丝毫好转，反而变本加厉，几乎每时每刻都有小朋友向我控诉他的"罪状"。

而让我最痛苦的是，软硬不吃的昭昭，将我这一年半以来为班里孩子建立的规则一一打破。中班年龄段是培养幼儿行为习惯的关键时期，面对屡屡打破班级规则的昭昭，我无比头痛，每天都不停想着究竟该拿他怎么办好呢。

恰逢昭昭转到我们班级时，我加入了新教育实验网络师范学院，开始在线上学习李镇西老师的"教育与写作"课程。第一节课上，李老师用自己的教学经验鼓励我们："亲爱的老师们，一定要感谢那个让你头痛的孩子。因为从此以后，你工作的每一天都会充满'悬念'，既是难度也是挑战！他就是你最好的研究对象！"

受到李老师的影响，我对他的教育故事产生了极大的兴趣，于是拜读了李老师的《爱心与教育》这本书。在李老师转化"后进生"的一个又一

给一点时间，像你长大

个鲜活的故事里，我受到深深的触动——他为自己的学生付出了整个身心，而我呢？我可以为昭昭做些什么呢？

这样一想，我决定让昭昭成为我的第一个研究对象，尽快帮助他形成良好的行为习惯。

第一招，当然是联系他的父母，他的爸爸在外做生意十分忙碌，第一次面对面谈话是昭昭的妈妈背着还不满一岁的小儿子来参加的。

在见到昭昭妈妈和昭昭弟弟的那一刻，我心里隐隐有些明白昭昭为何是现在这个样子。因为我的大儿子在弟弟刚刚出生的那段时间，也是极度缺乏安全感，总是无意识地做出许多反常的行为。

昭昭一定也是特别期望家长的关注吧，但弟弟还在哺乳期，妈妈自然会对弟弟关照更多一些。昭昭一定特别失落，他其实非常渴望大家的关注。

于是，谈话一开始，我当着昭昭妈妈的面表扬昭昭适应能力特别强，刚到班上就和孩子们很快交上了朋友。

说话的同时，我的眼睛不时地看着昭昭，想观察他的反应。就见他原本垂着头用脚拨弄地面的草，看似对我们的谈话漠不关心，但闻言表扬他，他立刻飞快地抬眼看了我一下，他的眼里写着微微的诧异。

我想他心里一定很奇怪：老师把自己和妈妈留下不就是要批评的吗？老师竟然还表扬我了。

昭昭的表情我尽收眼底，心里有小小的得意，于是俯身摸摸他的头，话锋一转："昭昭还有一个小习惯需要改变一下哟，吃饭不可以随便脱鞋，这是不礼貌的行为哟。"

我看到昭昭的表情立刻又变了，眉头微皱，嘴角微撇了一下。估计他此时心里想着：我就知道老师会告我的状！

看到他表情变化的那一刻，我立刻意识到我不应该当着他和他妈妈的面这样说，我便给他打气："昭昭加油，相信你会是最好的哥哥，可以给弟弟做榜样哟！"接着又请昭昭妈妈在照顾昭昭弟弟的同时，尽量多关心昭昭。

这一次谈话,我一直印象深刻。我原以为自己这样"先表扬后提意见"的效果会比较好,但我忘记了,无论如何当着孩子和妈妈的面提意见,在四岁半的孩子看来,不就是在他妈妈的面前批评他吗?那时我暗自决定,今后有孩子在的时候,当面进行表扬;提意见则一定避着孩子,单独和家长说。

那之后,我的心里一直觉得愧疚,决定一定要用合适的方法帮助昭昭尽快改正吃饭时脱鞋的习惯。

那天谈话之后,昭昭的确收敛了一些,但依然管不住自己喜欢吃饭时脱鞋的习惯。

于是,每次吃饭时,我都尽量在昭昭附近,每当他一时高兴准备脱鞋时,我都轻轻摸摸他的头以示提醒。

昭昭妈妈在家里也引导昭昭吃饭时不脱鞋,我们双管齐下,渐渐地,昭昭改掉了吃饭时脱鞋的习惯。

第一关攻克成功,但后面需要攻克的难题实在太多太难了!

因为只要不在老师的视线范围,昭昭可以和班上任意一个男生"互动"起来,他尤其喜欢把别的小朋友按到地上去;他爱在地上待的习惯还是没变;和班里孩子混熟后,他成了挑事的刺头,但凡小朋友来告状,几乎都与他有关。

我尝试过高度控制,让昭昭一直在我的眼皮底下,尽量杜绝一切危险的发生。但越是镇压,越会反弹,昭昭会抓住一切机会做他想做的事。

这一招,失败。

我又尝试激励制度,设立了专门的集章墙,每个小朋友有一个透明的小口袋,里面装着他们自制的集章册。每当有好的行为时,就用盖印章的方式进行鼓励,从而激励他们更好地约束和管理自己。

苏霍姆林斯基说:"教育的实质就在于使一个人努力在某件事件上表现自己,表现出自己的优点来。"

给一点时间，陪你长大

于是我仿佛时刻都揣着一个放大镜，想从昭昭的言行举止里找到鼓励他的切入点。

那时昭昭最明显的优点是午睡习惯好，能快速独立入睡。虽然不知是否由于每日上午"耗电"太快，急需"充电"，但他的睡颜就是一个安静可爱的天使，与睁眼后就会变成的小魔王判若两人。

于是，一连好几天我都表扬他有良好的午睡习惯，并在他的集章册盖上一个他喜欢的印章。

他收到第一个印章后非常高兴，我立刻抓住这个点，每当他有不好的行为时，鼓励他试着改正错误，并能做到更好。

然而这个方法效果甚微，并未起到实质性的改变作用。他只是为了想要得到自己喜欢的印章而暂时做一些老师希望他做的事，并未从内心认可老师的想法。在这时我也发现，幼儿园里他只稍微听我的话一些，别的老师他完全不放在心里。很多老师都向我抱怨昭昭的高冷、不遵守规则等等——我们每周都会有全园的混龄角色游戏和混龄体育游戏，昭昭所到之处，都能给该区域负责的老师留下深刻印象。

为什么昭昭总是无法管住自己呢？我百思不得其解。

"所有的困惑都是可以在书中觅得答案的。"

李老师也在"教育与写作"的课堂上鼓励我们一定要坚持做到"4＋1"——不停实践、不停思考、不停阅读、不停写作＋一颗爱心。

我开始每天下班后都挤出时间阅读《正面管教》，并在小打卡中记录我每日的所见所思。我相信每日的记录与反思一定会是送给未来最好的礼物。我知道，我一定会找到最适合的方法帮助昭昭改变的。

《正面管教》中说：最惹人讨厌的孩子，往往是最需要爱的孩子。

通过一番了解后，我才知道，原来昭昭之前已转学四次，可以想象他是多么渴望得到集体的认可，多么渴望融入集体呀！

善用集体的力量

现代实践派儿童心理学奠基人德雷克斯说,一个行为不当的孩子,是一个丧失信心的孩子。

也许,昭昭在转学前的集体里并未获得完全的归属感与认同感吧?

也许,他做的一切都是希望让班里的同学们接纳他,更喜欢他吧……

"一个受到鼓舞的孩子不需要行为不当。"我想我一定得帮助昭昭获得归属感与认同感。

苏霍姆林斯基与李镇西老师也都曾说过要"善用集体的力量"。于是我决定给班级每个孩子设置一个小岗位,让孩子完成一些他们每天都会接触并力所能及的事情。我希望每个孩子都能拥有归属感与认同感!

我连续一周每天都观察昭昭,伺机找到一个合适的切入点。

功夫不负有心人,我很快就遇见了契机。

我们每天是在三楼的草坪操场做早操,每次做完早操,我都会留五分钟给孩子们自由玩耍。这天,有个穿得特别臃肿的孩子在做早操的过程中脱下了厚外套,换了轻便一些的马甲,但是我们排队离开时,那个孩子玩得太投入,早已忘记了自己放在角落的外套。昭昭走在队伍末尾,东张西望不知在看什么,当他看见那件外套后,立刻过去拿起来帮忙带回了教室。下午上完足球课,又一个女孩的外套忘记拿,昭昭二话不说立刻上前帮忙拿起。

回到教室后,我和孩子们一起开了一个班会,将一天内昭昭做的两件事告诉孩子们,并称赞昭昭爱我们的班级、爱我们的朋友,并询问昭昭是否愿意一直为大家服务,做我们的物品保管员,帮忙提醒大家将我们班级的物品带回来。

昭昭看着我,眼睛里满是惊讶,他终于露出了第一次见面时的腼腆笑容,点头表示同意。

我询问班里的孩子们是否愿意相信昭昭,给他机会成为我们的物品保管员，孩子们用热烈的掌声表达了对昭昭的欢迎与支持。

接着，我请孩子们一起讨论了班里需要增设的岗位，并请愿意的小朋友毛遂自荐，于是孩子们都选择了适合自己的岗位。

班里的27个孩子，每人都有自己的岗位和职责。有负责帮忙整理椅子的，有帮忙整理图书的，有在队伍最后关注安全的，有在如厕洗手时提醒他们排队、卷袖子、水开小点的……

第二天我们在楼上做完早操，我本想请昭昭去帮忙收拾整理早操器械，没想到还未开口，他直接拿着两个小朋友忘拿的汗巾向我走来，很自觉地排在小朋友的后面。他对自己的"工作职责"比我还清楚呢，根本不需要我特意提醒他。

一切都在往好的方向发展。

其间，昭昭也曾有过反复，但我一直记得李老师的话："对于后进生的反复，一定要静待花开。"

他不过是不到5岁的孩子，能慢慢发生改变，已经非常不容易了，我愿意陪着他小步前行。

每当昭昭的进步需要进一步肯定和鼓励时，我会通过各种方式和机会让他去变好、去展示、去得到肯定和鼓励。我知道，昭昭现阶段最需要的是"被看见和被需要"，作为他的大朋友，我得第一时间给他支持和帮助。

一个多月后，我特意向昭昭妈妈表扬昭昭的巨大进步。昭昭妈妈说，昭昭最近在家里的进步也非常大，现在都会主动收拾整理自己的玩具，让家人都非常惊喜。

那天昭昭也悄悄对我说，他想一直做大家的物品保管员，帮大家拿东西。他还告诉我他现在整理"百变魔尺"越来越快了，每次都能很快变成长方形。小推车里的玩具是提供给孩子们午饭后自由活动中玩耍的，因为还有别的锻炼手眼协调的小玩具，因此只投放了五个百变魔尺。因为百变魔尺特别灵活轻便好操作，可以有无数种组合与变化，因此一直是最受欢迎的小推车玩具。但因为小推车空间小，因此小朋友每次玩过后需要尽量把它变成占据位置最小的形状，大家各种尝试后发现长方形占用的位置最小。昭昭经过无数次的尝试与练习，从最开始不会变长方形，到现在不到一分钟的时间就能变好。

他常常自豪地向我们展示他的百变魔尺的变化成果，为他的自信和开心，我发自内心地高兴。

意外的收获

后来，当其他老师再提到昭昭时，他已是别人口中"有礼貌的孩子""很遵守规则"，与以前的"小魔王"判若两人。

就如电影《阿甘正传》所说，人生就像一盒巧克力，你永远不知道下一块是什么味道。

人生也是，你不知道明天，甚至是下一分钟，你的人生将发生什么改变。

因为转变了心态，每一天都是新奇的，因为我永远无法提前知道第二天孩子们会带给我什么。这让原本琐碎又平淡的工作日常，增添了无穷的乐趣和悬念。

每个孩子只有一个3岁、4岁、5岁、6岁，时间的车轮从不回头，和孩子们在一起的每一分钟构成了我们共同的宝贵经历。

感谢我遇见的每一个孩子，虽然我不够完美，有许多地方亟须提升，但我们相处的每一天，都彼此尊重、信任和喜爱。

感谢你们给予我的每一个悬念，让我的教育生活五彩斑斓；感谢你们给了我一次次实践和成长的机会；感谢我们彼此成为更好的自己！

相信种子，相信岁月。

期待未来每一天的惊喜！

不被看见的孩子

四川省简阳市射洪坝筒车小学 袁志雷

一般来说,教师的教学精力往往花在两类孩子身上——一是特别优秀的孩子,二是后进生。前者会吸引教师更多关注的目光,后者几乎会让教师心力交瘁。这两类孩子通常不是班级的大多数。而班上的大多数则是表现平常因而默默无闻的孩子,他们在课堂上不乐于回答问题,课下也不惹是生非,也不善于组织各项班级事务活动。这些孩子常常容易被教师所忽视和冷落,因而成了不被看见的一群孩子。

小萌就是这一类孩子中比较典型的。她长着一双水灵灵的大眼睛,头发微卷,个子比同龄孩子要矮小一些。课堂上,她从不举手回答问题,但总能端端正正地坐着,总像在认真地听讲。下课时,她也常常一个人安静地在座位附近休息,偶尔会与好朋友交流几句。在我的印象中,她从来没有与同学发生过矛盾。她也会认真地对待作业,作业书写得很工整。

如果不是常常做错一些课堂上讲过的题,她真的很难引起我的注意。

一天,她又做错了几道讲过的题,于是,我把她叫到办公室进行单独辅导。询问她不懂的原因,她只是用那双大眼睛盯着我,嘴角闪过一丝不好意思的微笑,身子扭怩着,两手不停地搓着衣角,但就是一言不发。我也只好认为她都没听懂,于是从头到尾再给她讲了一遍。她也会边听边点头回应我,像是听懂了似的。可再次订正时,她的答案还是错的。

每当此时,我就会感觉到自己没得到尊重,心中有股不明之火要喷发而出。我想,自己讲解得如此费心费力,你居然没听懂,肯定是没有用心听。我提高嗓子严厉地说:"这么简单,你为什么还不会?为什么不动脑筋好好想一想……"一连串的为什么,她似乎被吓着了,身子往后缩,焦躁不安地咬着嘴唇,眼睛开始湿润起来。

我看她如此反应,突然意识到自己情绪有点过激了,赶紧停止责问,让她到一旁去思考。我开始反思:像这样的情况,记不得出现多少次了。起初,我给她讲解错题时,她好像还能听懂一部分,可是后来,她就越来越听不懂了,我也越来越急躁,最后不得不放弃引导启发,干脆直接讲答题过程才能了事。

后来,阅读阿德勒的《儿童的人格教育》一书,读到"追求优越感"部分,我深受启发。阿德勒说,追求优越感是源自人的自卑感,自卑感会使人产生想高人一等的欲望,以便获得心理补偿和完善自我。

我想,小萌是不是以某种方式在追求优越感呢?

我曾与小萌的父母沟通过,她母亲说小萌比同班孩子年龄小,小时又体弱多病,各方面都要比其他孩子要弱一些,希望老师能多给予小萌照顾。我想,小萌父母这样的观念势必会给小萌造成自卑感,因为同样的话,其父母可能在她面前也说过多次,这自然给小萌心理暗示——我比班上其他孩子要弱小,我学习能力自然不如别人,别人能弄懂的我不会弄懂的……所以,她上课用"认真"的方式获得教师的认可,以便追求优越感,从而达到心理补偿的作用。

当然,在给她单独辅导的过程中,我的言行也给了她暗示,使她更加相信自己不如其他孩子能力强,从而失去了学习的信心,以至于没有勇气面对学业上其实并不算难的问题。所以,在我给她单独辅导时,她用假装听得懂的方式,以便逃脱这让她感到紧张不安的陌生环境。这是人面对感觉到危险环境时的应急反应。在这种情况下,人的智商会直线下降的。她不深入思考面对的问题,只会想着如何尽快地逃离。这也就是她为什么在我讲解的过程中频频点头,而其实又没听懂的原因。

我能做到如此的分析,源自近期读了一些心理学的书,并能自觉地将所学到的知识用于自己的实践。如果是以前，我会将小萌的状态归因于她的能力和态度问题，这样反而陷入了死胡同——越批评越不会，越不会越批评。

由此我想到阅读与实践的关系。有些书读了可能不会马上起到立竿见影的效果，但会成为自己的底色，会在不知不觉中影响着自己的观念，成为自己不知道自己知道的知识。

继续讲小萌的故事。当理解了她行为表现的深层原因后，我对她便有了更多的理解和宽容。辅导她时，我的语气自然也温和了许多。

一次，她又遇到不懂的问题了。我对着她微微一笑地说："来！哪里不懂？我再给你讲一讲。"她先是神情一愣，迟疑了一下，然后瞪大眼睛惊奇地看着我。见我和颜悦色的，她僵硬的身子慢慢松弛了下来，不好意思地回了我一个微笑。

心态变了，我感觉可以更有智慧地教育她了。和过去相比，我能更快地找到她错误的关键点了，重点给她讲解。她也边听边若有所悟地发出"哦"的回应声。这是我辅导她最顺畅的一次，也是最有成就感的一次。订正完后，她还高兴地说："谢谢老师！"然后一蹦一跳地哼着歌消失在走廊的尽头。

要改变她自卑的状态仅仅靠一次成功的辅导是远远不够的，我还要对她进行更加深入而全面地分析。小学低段的孩子对事物的看法主要受成人影响，他们的言行表现往往是对外在环境的自然反应。我们要从孩子的角度看他们的行为，才能深入理解其背后的原因。小萌之前在课堂表现的"认真"是她在身边成人暗示其能力弱的情况下，为了引起教师的注意而选择的捷径——只要坐端正就行。我以前也常因她这一行为表现而表扬她，这也不断助长了她这样的行为。所以，她有这些行为表现，不是她想如此，而是身边的人促成她有这种追求优越感来掩饰自卑的表现。那么，如何能持续地给予她关注，并把她引导到正确的追求优越感的道路上呢？

丑小鸭中学的校长詹大年说："好的关系就是好的教育。"我和小萌之间也应该建立一种良好的教育关系。这种关系的本质是平等与尊重。所以，每次上课前，我会主动走到她旁边笑着问她在玩什么。在操场上看到她，我会假装与她偶遇，然后与她交流一下。她与我的关系开始亲近起来，有时，她看到我也会主动跑过来与我打招呼，然后在我身边笑着转几个圈跑开去……我渐渐地感觉到她对学习如枯木逢春一样重新有了活力。她来办公室接受辅导的次数减少了许多，并且有时在办公室订正完后，我还会让她帮助其他不会的孩子，她也基本能把问题讲解清楚，因此增添了不少的自信。

课堂上，她还是像往常一样静静地坐着，也不愿意举手回答问题。不过我发现她眼里有光了，我会不时投去鼓励的目光。当然，她有时目光也会游离，但我也不会直接提醒她，我会看着她讲课。每当我提出一些相对简单的问题时，就会用期盼的眼神看着她。她会不好意思地微笑着低下头去。一次，我看到她将一只手慢慢从桌子下举到胸前，我赶紧请她来回答问题。她紧张得满脸通红，回答得吞吞吐吐的，答案并不准确。如果是以前，对她这样的回答不说批评，至少不会表扬，但这次，我兴奋地抓住她回答得有价值的一小部分，大张旗鼓地表扬了她，同学们也给她送上了掌声。

如寒风中含苞待放的花蕾需要小心的呵护一样，对小萌这来之不易的一次突破，我决定乘势而上。我一如既往地在课堂上用眼神鼓励她，只要她一有回答的意图流露出来，我不管她举手没举手都会请她来回答。她只要能回答，我总会发现其回答中的闪光点，不断地表扬她。渐渐地，她举手的次数也多起来，有时小手也能举过头顶，我也会尽可能多地给她发言的机会。当然，有时我只给她投去赞赏的目光，故意不抽她回答。这样，她有时也会像其他孩子一样把手举得很高，甚至也会站起来摆动手叫着："我来！"尽管她这样的时候并不多，但在我看来，她能这样自信地参与，比她答对多少个问题都意义重大。

每个班都有一些这样中规中矩的孩子。他们生活在自己相对封闭的小环境里，很少与外界发生冲突，也缺乏与外界连接的主动性。他们容易被教师漠视，成为"消失"的一群人，这对他们是一种无形的伤害。虽然造成这种现象的原因很复杂，但肯定有教师的因素，因此我们要反思自己面对这些孩子的言谈举止。有时，我们暗含否定的一个眼神，一个表情，一次表扬都可能会不自觉地暗示这些孩子——你不行！你不能正确地回答这个问题！你只要这样坐好听就好了……这自然会使他们越来越没有信心，越来越不主动。所以，班级上的这部分孩子也需要我们关注和引导，需要我们更多的理解和宽容。让他们敞开胸怀，拥抱学习生活，让他们也向阳而生，对自己的学习乃至将来的人生都能充满自信而灿烂的微笑。

家校共育为孩子的成长奠基

成都市科华中路小学　赵雪飞

刚开学不久，各科老师都不约而同向我反映，小华最近情况不佳。英语老师说他最近不在状态；音乐老师不管对他说什么似乎都没有效果；道德与法治老师发现他其实还是想上进，但就是管不住自己；美术老师说他是烂泥扶不上墙，说他作业一次都不做，还说看都不想看他一眼……在我的语文课堂上，他也极易走神，想必其他科目的学习自然也不会很好。

在同学们的日记里，断断续续发现他在家过得不幸福，父母离异，他判给父亲抚养，因为在成都上学，目前还是跟着母亲一起生活，父亲每个月给固定的抚养费。假期里还听其他同学说，小华母亲在家不给小华做饭，也拒绝和小华父亲联系。

于是我单独找他聊了聊。小华自尊心很强，一听我说到他状态滑坡，立刻低下头去，不一会儿抬头，脸上满是泪水。可聊完回去没两天，他又开始放纵自己。

不久，小华又因为不交作业和美术老师闹得不愉快。美术老师气愤地说要请家长，他表现出一副谁也不怕的样子——在家母亲不管，父亲在广州，就算老师请了也来不了学校。

我先安抚了美术老师的情绪，并立即联系小华母亲，想和她当面聊聊孩子最近的问题，得到的回复是："老师，我不会来学校处理他的事情，我和他爸离婚了，孩子归爸爸管，他在广州，有事您找他。"以我之前对小华母亲的了解，她不是这样不关心孩子的人，小华的父亲又不能随叫随

给一点时间,家你长大

到,想来母亲这边应该有很严重的情绪问题,还是得先想办法和孩子母亲取得有效沟通。于是我就暂缓了联系小华父亲的事,并再次安抚美术老师的情绪,把处理计划告知美术老师,取得他的谅解与支持。

小华和母亲的住处离我家不远,我决定先找小华母亲聊一下小华的问题。当天晚上我又拨通了小华母亲的电话,想问问到底是什么原因让母子关系紧张到如此地步。她突然崩溃大哭,说所有人都指责她不给孩子做饭,指责她不管孩子,可是从来没有人关心过到底是为什么。听她哭到吐字不清,我只好暂时中断电话,让她喝点水平复一下情绪。

挂断电话,我又微信约她在附近的小路上见面。在路边安静的地方找了把椅子坐下,听她慢慢说。原来多年来,孩子母亲一直在各方面严格要求孩子,比如在外要有礼貌,玩具玩了要收好。可是孩子父亲周末一从广州回来就各种放纵孩子,让她对孩子的辛苦教导一次次白费,这也是她和小华父亲离异最主要的原因。

小华母亲在生活中对小华也是足够的开明,比如性方面的话题很多家长回避不谈,可她能够和孩子毫无避讳地聊。一次她发现小华在看一些黄色书刊,并有手淫的行为,也是平静地告诉孩子,他有这个行为是正常的,但是次数不可以太频繁,不然会伤害身体。

事情的转折是不久后她又发现孩子床单湿了一片,情绪上来了,半带威胁地对小华说:"你既然这么喜欢把你的床打湿,你干脆先把我的床打湿吧!"小华难堪又生气,二话不说,便拎来一桶水,站在她面前,往床上泼。不光是床,连同她的全身,都湿透了。那一刻,她看着自己面前的孩子,觉得无比陌生,失望透顶,多年来的教育信仰全部崩塌,于是,退出了孩子所有的班级群。

尽管如此,小华母亲也没有完全不管他。还是尽自己最大的努力,希望做孩子的榜样。当了多年全职太太的她,又重新回归职场,不断被解雇,又不断寻找新的工作。坚持学习,提升学历,坚持每年献血……白天上班,晚上出去学习,下午抽空回来给小华做饭,后来不给孩子做饭是发现小华不爱吃蔬菜，偷偷把她做的菜倒进马桶，却骗她说自己都吃了……

她聊到最近小华说自己长大了也要去献血，她心中还是感到挺欣慰的。但一回想起孩子向她浇水那个瞬间，便如鲠在喉，始终过不去。

解铃还须系铃人，我终于知道了症结所在。第二天我又单独找小华聊天，结果他说前一晚妈妈跟我聊天后，也跟他讲了这么久以来不想搭理他的原因，母子俩抱头痛哭了一场，把心结都解了。他现在很后悔，知道自己的行为多么不敬，不孝。不等我说什么，他脸上已经挂满了内疚的眼泪。

我告诉小华，现在我知道了他所犯的错误，就不能让他再继续承担学校各类学生事务了，是为了让他的心静下来，让他有更多的时间反思自己。眼下最要紧的事是给美术老师道歉，因为这是他自己冲动犯的错误，他也点头表示同意，并跟我保证今后要洗心革面。考虑到他犯的错误给母亲造成的伤害很大，我联系老师们，跟老师们大致说明了小华的情况，暂停了小华的一切学生工作。

在气头上的孩子不一定知道自己的行为有着怎样的影响，尤其是六年级的孩子，有的已经进入了青春期，易怒、敏感等都是比较容易出现的情绪。小华感觉自己只是发了点脾气，完全没有想到自己的行为给母亲带来的伤害竟然是如此之大。

处理好母亲和小华这边，我又单独联系了小华的父亲，他父亲用最快的时间处理好手上的工作来到了学校。

我给他讲明为什么非要他回成都和我面谈：一是给孩子心理上施加压力，让孩子知道，如果老师需要请家长到校处理，父亲即使远在天边，也一定会马上来到学校。以免让孩子觉得父母都不来学校，自己在学校就可以无法无天了。二是这次回来要跟孩子说清楚，来回是有路费伙食费误工费的，有一半的费用是应该大人承担的，子不教，父之过。剩下一半的费用是应该由孩子承担，因为他不能管好自己，所以给家庭造成了经济损失。这些费用需要给孩子算清楚，且不能动用以往的压岁钱来还，必须给他记一笔账，让他捡废纸来还债也行。

除此之外，我还给小华父亲提出两个建议，一是把孩子生活费标准降低。六年级的孩子会做饭是基本的生活技能，一个月完全花不了一千多元钱，按照买菜等采购生活用品的标准给他预算每个月的生活费。二是给孩子补充精神食粮——买书，尤其是一些优秀作品。读书可以帮助孩子有更宽阔的视野，更广阔的胸襟。小华阅读能力落后，假期里要求读的几本名著都没有读。

最后，我跟小华父亲讲了小华和老师的冲突，这种事情最好能及时处理，遗憾的是现在已经过了最佳时间了。当时，小华母亲不愿意到校处理，父亲又来不了，这事就搁置了，值得欣慰的是孩子已经跟老师道过歉了，老师也表示不跟他计较。

孩子父亲非常配合学校的工作，孩子母亲这边我也在继续保持沟通。偶然看到一段话：那些顽皮的熊孩子之所以能够那么精力旺盛，往往是因为他们身上的那些"坏"，比如贪玩，比如逆反，比如打架，等等，实际上是排解压力的渠道，是自我救赎的方式，是生命的活力迸射出的小火苗。这些话，多么像在说小华，我当即分享给了小华的母亲。

联想到小华把菜倒进马桶，他妈妈从此拒绝给他做饭，这个行为对一个12岁的孩子来说有些残忍和冷漠了。于是，我又加了一段话劝孩子母亲：小华的人生还很长，他才12岁，价值观还没有完全成型。我在想或许是你们的家庭状况，给他造成了一些潜在的压力，你认为的叛逆也许是他自救的一种方式。千万不要揪着他的一次错不放，要给他爱，给他温暖，给他无条件的接纳。不要排斥他的"坏"，在错误中成长也是一种成长方式。当他没有按我们想象中那样去成长，作为成年人，我们要帮助他，纠正他，相信时间的力量。

这一次，小华母亲没有再回复有事找孩子父亲，而是对我表达了感谢，感谢我还没有放弃她的孩子。有改变就好，哪怕只是一点点。

后期我不断观察小华，不敢说他做得有多么优秀，比起以前自暴自弃的样子，现在好了太多。同时，我也不断和各科老师沟通，老师们都说他状况在好转。在他毕业前，我利用课间操时间随机采访了班级同学，小华最近表现如何，孩子们不约而同地说他的进步还是很明显的。

从作业中也可以感受到小华的点滴进步。连续几次日记抽查，他都没有带本子。后面我就问他有几次没写，他老老实实把该补的全补上了。一次考试作文，要求写一封信给未来的自己，小华写到，将来一定要好好对待父母。他内心明白，自己最近的表现太让父母失望了。这就是我们的孩子，多么可爱的孩子啊。

于是，我联系大队部老师恢复了他升旗手的岗位，让他在离开学校之前，再为同学们升一次旗，算是给他的小学生活画上一个完美的句号吧。

小华从小学毕业后，又专门从自己的课外书里清理出比较适合一年级同学看的送到学校给学弟学妹。我看到他又出现在了他母亲的微信朋友圈，说明母子关系在慢慢变好。在这之前，他已经从母亲的微信朋友圈消失很久了。

每个孩子出生的时候，都是一张白纸，即使有反社会人格障碍，在正常人群中也仅占 $0.2\% \sim 3.3\%$。很多孩子尽管天资平平，通过正确的教养方式都会成为一个合格的公民。

有很多所谓的"问题儿童"，他们的问题其实算不上是太大的问题。如果我们大人认为孩子有问题，首先应该反思自己的教育方式是否正确，是否真正了解自己的孩子，是否尽到最大努力去学习研究教育方法，陪着孩子一起成长。谁都会有冲动的时候，但人间美好的真情，终将抚平这些创伤。

"买卖"风波

成都市武侯实验中学附属小学 郑 燕

"孩子们再见！路上注意安全！"

"老师再见！"

下午，我像往常一样与孩子们相互道别。正准备回办公室，一位家长叫住了我。她神秘地问："郑老师，你还不知道吧，这两天你们班上出了件事！"听她神秘的语气，我猜是不是班里调皮的男生欺负谁了，是不是女生之间发生了什么矛盾。

"我女儿这两天回家，头一件事就是清理自己的物品，天天琢磨着把家里的东西拿到学校来卖！"家长担忧地说。

怎么会这样呢？家长看我一脸疑惑，就滔滔不绝地说起来。"刚开始，两个女生把一些小玩意带到学校，有的同学看见了觉得很喜欢，本想向她们讨要，谁知那两个女生看到了商机。于是干脆把这些小玩意卖给别人，本子、橡皮、笔、手机链……一应俱全。班里买东西的人还不少，我女儿天天想着这件事，很影响学习啊……"

刚听说这件事，我觉得挺新鲜的，这些孩子真不让人省心啊！马上面临期末考试了，怎么还这样呢？真没想到，如今又弄出个新花样！看着家长一脸的无奈和着急，我意识到问题的严重性。因为我是班主任，平时比较严肃，孩子们这次又是秘密在交易，所以完全不知情啊！

送走了家长，我立即找到留下打扫卫生的孩子了解情况。虽然家长的话有些夸张，但是在班上还真存在做买卖的事哩！按理说，学生处理自己不用的东西，也无可厚非，买卖也是本着自愿的原则。可听了孩子们的讲述，我隐隐感到这种买卖有点变味！我感觉到卖东西的学生和买东西的学生都抱着占小便宜的想法。学校是一方纯净之地，可孩子们这么赤裸裸的金钱交易，让我觉得有种说不出的滋味！

我的学生大多来自外来务工人员家庭，他们从农村来到城市，金钱观也悄悄发生着一些变化。家长们大都收入不太稳定，文化程度低，个人素质不高，平时也不太注意言行对孩子的影响，形成了一种"小市民"观念。比如：乘公交车有意逃票，随便索要别人的东西，不排队，贪小便宜……而这种风气直接影响着孩子们，恐怕才有了今天这场风波。

怎么教育学生呢？靠严厉的批评是可以迅速禁止此事，但很难说在学生中的影响。或许学生们的交易会更隐蔽，只要老师不知道，买卖照旧。不批评又怎么平息这场风波呢？甚至怎么让这次突发事件成为我教育孩子的一次契机呢？与"熊孩子"的每一次智斗，都考验着我的教育智慧，考验着师生之间的情谊。

我决定与这些孩子正面交锋！第二天，我把几个为首的孩子请到办公室。原来，买卖始于两个女生把自己不玩的玩具卖给同学，价格是五角、一元不等。但很快其他女生发现了这里的"商机"，迅速加入"老板"的行列。说是正面交锋，其实我一晚上都没想好怎么平息此事。本来我只想教育几个为首的孩子，但是很快事情发生了意想不到的变化：卖家虽然只有两三个女生，但是买家还不少，有的商品甚至被转手了六七次，一下子牵扯出了二十多个孩子。势成骑虎，不可能只教育几个为首的孩子了。没办法，我一一把"众商贩""众买家"请到办公室。孩子们怯生生地走进来，几个胆小的进办公室后身体就死贴着墙，头埋得特别低，好像做了什么十恶不赦的事。看着这群可爱的孩子，我一下觉得他们不再是那些幼稚、懵懂的小娃娃了。他们已经六年级了，长大了，有自己的主意和想法……我的头脑里也迅速盘算着正面交锋的策略。

同办公室的一位老师打趣道："郑老师，你们班的孩子还真有经济头

给一点时间，

让你长大

脑呀!"听了这话，被我请到办公室的孩子们一下子放松起来，忍不住都笑起来。看着孩子们有点得意的样子，我茅塞顿开。就在他们略微得意的笑里，我找到了解决此事的方法。为什么我不顺水推舟，索性就让他们把想卖的、想买的念头变成事实。来个光明正大的以物易物，这样不仅满足了学生的主观愿望，我还可以就学生买卖的观念、行为做正确的引导，达到教育学生的目的。想到这里，我不禁沾沾自喜。于是，我就像包青天的样子挨个询问了孩子们的买卖情况，并一一点评他们的"生意"。

"我在校门口小卖部卖了两个本子每本 2 元，但是卖给班上的同学，每本才 1 元钱。"一个孩子委屈地说。

"你这样做生意亏大本啦! 当老板，你还得再学学!"我说。孩子害羞地笑了笑，本以为我要批评她的。

"我卖了两瓶水得了 10 元。"一个女生说。

"你的水比超市还卖得贵呢!"我点评道。

……

点评完每一笔买卖，我故意停了停，办公室里二十多个孩子一下子安静了。我挨个看了看这些小鬼的眼睛，分明透露着一点儿沾沾自喜，一点儿胆怯含羞，又怕老师责骂的意思。好几个小鬼瞅瞅我，又迅速地交换了一下眼色。见我没有发火，好像心情很好的样子，个个贼贼地笑了起来……看着他们可爱的样子，我故意发难道："你们在我的地盘卖买东西，办营业许可证了吗? 得到我的允许了吗?"

话声刚落，孩子们你看看我，我看看你，有的"嘿嘿"傻笑两声，有的咬着嘴唇思量着我的话，迅速偷偷瞄了一下我的表情。

"你们的产品经过质检部门的审核没有? 卖歪货没有?"我继续发难。

"没有……"又一阵笑。

我漫不经心地问："你们随意经商，给我们班集体交税了吗?"

"呵呵……"短暂的笑声后，办公室一片安静。

我故意等着学生笑完，才悠悠地说："要做生意可以呀，得办营业许可证，还得让质检部门审核商品的质量过关了没，可不准卖假货哟！"孩子们一个劲地笑着，完全没有料到老师会是这样的态度。见此情形，我问他们："你们真想做生意？"

孩子们想都没想，就异口同声地说："想！"

我知道，教育契机来了。于是到班里宣布，这周的班会主题——做买卖。这个消息一宣布，引来了全班一阵欢呼。

怎么开展这次活动呢？肯定不能流于形式，更不能放任孩子这样赤裸裸地金钱交易，因此班委们确立了以物易物的形式开展活动。既然是做买卖，我还可以在这节班会课上教孩子们怎样科学理财，树立正确的经济观。

第一步，我让孩子整理可支配的物品，用来做生意的"商品"必须征得父母的同意，于是在家校联系本上布置了这道特殊的作业，想看看家长的反应。全班55名孩子，53名家长同意；一个孩子的父母出差，没能及时反馈，另一个孩子的父母担心孩子说谎，电话问明了情况，也十分乐意班级开展这样的活动。物品有了，可怎么把它们变成商品呢？

第二步，我安排这次事件的"始作俑者"（雨蝶、梦思）担当"商品质量把关员"，检查商品有无破损，再次确认用于交易的物品，是否征得家长的同意，定好一旦交易成功，不得反悔的规定。如果以上条件都符合，就算是一件合格的商品，可以进入流通领域。然后郑重地在这件物品上贴上"玩换证（合格证）"的标签。安排这两位同学当"质量把关员"是有我的用意的，我想用有别于说教的方式告诉她们，东西是不能随意拿到班上来买卖的，没有规矩不成方圆，要树立规则意识。还别说，两位质量把关员从承担任务以来，特别尽心尽责，哪样物品有破损，哪样东西没有取得家长的许可，都逃不过她们的火眼金睛。

第三步，要进行交易需要到老师那里申请一张"贸易许可证（营业执照）"，并把它装饰起来，先后有36名"店主"到我这里申领了营业执照。看着他们激动地接过我颁布的"营业执照"，仿佛真的做了老板一样。孩子们颇有建设性地提出,执照有限,可否联合开店?我欣然接受。

最后,我特意邀请了班上有挣钱经历的孩子给全班分享怎样理财,怎样记账。所有的准备工作已经就绪,就等着班会的召开了。

"丁零……"六三班孩子盼望已久的班会课铃声终于响起。

"全体起立!整理红领巾!"主持人宣布。

学生们齐刷刷站起来,认真地整理着胸前的红领巾。

"整队,报数!"每一次班会课都是这样开始,这样的形式告诉孩子们,我们是一个集体,我们是一个有规则、有纪律的班级!

主持人:"我宣布,六三中队——'我是理财小能手'主题活动现在开始!"话音刚落,围坐在一起的同学们不约而同地鼓起掌来,仿佛在庆祝节日一般。

主持人邀请两位质量把关员向全班介绍商品审核情况,雨蝶说:"首先,我要对老师和同学们说声对不起,因为我和梦思的任性,才让买卖的事影响了全班。这件事,让我懂得没有规矩不成方圆。即使事情再小,也要充分考虑对别人的影响!"

"没关系的,谁都有任性的时候。"

"知错能改,就是好样的!"几个男生鼓励道,全班孩子为雨蝶鼓起掌来。

她的眼圈红了,但脸上露出会心的微笑,接着说:"这次活动共征集到258件商品,每一件商品我们都精挑细选。商品的花色品种齐全,有书籍、饰品、学习用具、玩具……请同学们一会儿理性选购。交易时,本着自愿原则,买卖一旦达成不能反悔。"看着她如释重负的样子,我知道她明白了我的用意,我想这件事一定会是她小学生活中一段美好的回忆。

"同学们,商品有了,做买卖可不能开黑店呀!前些天有的同学开黑店,就被火眼金睛的郑老发现啦!现在有请大队委为大家颁发营业执照。"

大队长郑重其事地向每一位"老板"颁发营业执照,并帮着"老板"拉生意,"千千的贸易许可证色彩亮丽,介绍详细。希望大家在他的小店里买到称心如意的东西。"千千激动地接过"营业执照",好像捧着什么无比贵重的东西。

"错过这个村,就没这个店!这是谁家的广告词?"大队长问。

全班大声回答说:"范姐,范姐。"范范大步流星领到"营业执照",还不慌不忙地说:"同学们,不要错过难得机遇哟,我的店,买得多送得多!"同学们听了,哈哈大笑起来。后面的同学受到范范的启发,都在上台领证的短短几十秒钟里为自己的店打起了现场广告。

安排颁发"营业执照"的环节,就是要帮助全班同学树立规则意识,做生意并不简单,需要付出努力。

鑫玉分享了自己体验打工的经历,教大家科学理财。她不时在黑板上板书,讲到重要的地方还停下来画图讲解。比如收入、支出、结余三者的关系,列出"收入-支出=结余"的公式。全班同学一边听,一边饶有趣味地点头,时不时做上笔记,生怕错过了哪一句重要的生意经。

"支出中要记录清楚单价和数量。每隔一段时间可以对消费行为进行评价,考虑一下哪些是必须消费的,哪些是不必要的,要节约用钱。"同学们听得特别认真,我也停下了拍照,生怕打扰他们。鑫玉的演讲稿是我和她商量讨论过的,借鑫玉之口讲道理,起到了意想不到的效果。

最后,也是最激动人心的时刻到了。同学们在主持人的一声令下后开始买卖商品。有的孩子按捺不住内心的激动马上跑到了心仪已久的"店门"前和店家谈起了生意。

"你这个玩具跟我的笔换,好不好?"店家接过笔仔细端详了半天说,"你这笔好写吗?让我试试。"说着在纸上画了两笔。

还有的孩子机灵得很,先按兵不动,把所有的"店铺"扫视一番,迅速挑选好自己喜欢的东西,还顺便向周围的同学打听了一下店主的喜好。因为他思量着自己的商品对别人有没有足够的吸引力。

还有的孩子见人家的生意红红火火,自己门前却冷冷清清便大声吆喝起来:"大甩卖啦,买一送一!走过路过,千万不要错过!"

给一点时间，，，让你长大

……

经过一番讨价还价，好多孩子都换到了自己心仪的"商品"。当然也有生意做得亏本的，不过这并没有影响到孩子们的热情。

活动告一段落，主持人让同学们交流自己的感受。

"今天我很高兴，我换到了小千的大蘑菇玩具。同时我感受到父母挣钱不容易，以后我要节约用钱。"朔凡说道。

雅茜说："每次我们用父母的钱总觉得理所当然，从来没想过挣钱不容易，今天模拟开店，看到别人的店生意兴隆，我的小店没人关注时，心里真难受。我真想对爸爸妈妈说对不起，平时我太任性了还要他们给我买这买那！"

时俊说："我发现同学们更多的关注小饰品，而对书籍不怎么感兴趣，我觉得大家还是得提高自己的品位，树立良好的消费观念。"

……

活动结束了，孩子们恋恋不舍地告别了这次班会，一场买卖风波总算告一段落了。

与小汤"斗",其乐无穷

成都高新区锦晖小学金融城分校　周　强

初识小汤

认识小汤,还得追溯到 2010 年 8 月 28 日,那是我刚刚踏上工作岗位的第一天,我以初生牛犊不怕虎的心态对即将展开的教育生涯充满了美好的憧憬与幻想。

那天是一年级新生开学报到的日子,小汤蹦蹦跳跳地来到教室,只见他虎头虎脑,身材敦实,个子比一般同学高出小半头,手里拿了一个玩具,走路东张西望,嘴里不时地喃喃自语。在和小汤面对面交流的时候,我发现他语言表达能力很强,但是思维很跳跃,注意力不太集中,手和脚随时在乱动。

平心而论,对于一个教坛新兵而言,当时的我完全没有意识到危机已经到来,反而觉得这个孩子特别大方、自信、有灵性,是一个值得期待的好苗子。

9 月 1 日,正式开学第一天。小汤同学一整天嘴巴基本上没有停过,从上课说到下课,从教室说到操场,从操场说到食堂……即使一个人的时候嘴里也喋喋不休。课堂上,老师的每一句话他似乎都能接上,但基本上是你说东,他说西,你说南,他说北,反正就是牛头不对马嘴。同学发言时他更加肆无忌惮,随时进入抢答和辩论的状态,高兴时还手舞足蹈,夸张的动作和诡异的表情不时引得全班同学哈哈大笑。更夸张的是，在全班同学都在安静听课的某一个瞬间，他突然发出一声狂叫，两手学着大猩猩的模样不停地拍打自己的胸口，整个教室顿时像炸开了锅似的。

因为小汤的存在，刚刚踏入职场的我感觉度日如年，几乎每天都在教室严阵以待，就像一个消防队员一样，随时准备灭火。

尽管如此，我还是不断给自己打气：小朋友都喜欢说话，刚刚来到一个新的环境，抑制不住内心的激动，等他们适应了小学生活也就好了。我心想连一个6岁的小毛头都不能征服，以后还怎么混下去呢？

打遍"天下"

如果说小汤只是好动，管不住自己的嘴巴，我觉得也没有什么大不了的，但小汤动手打人这事儿却让我伤透脑筋了。

开学才几天的时间，我前后接到了不下10起关于小汤与同学打架的投诉，有时候短短的10分钟课间就会发生两三起，打架的结果往往是小汤自己毫发无伤，同学身上却是青一块紫一块。刚开始还有几个不服气的男生要与他理论，但是在受过几次皮肉之苦以后也都变得沉默不语，以至于到后来同学们对小汤避之唯恐不及，看到他就像是老鼠见了猫，撒腿就跑。

除了和班上男同学大打出手，女同学他也不放过。课堂上，小汤趁人不注意用彩笔在女同学脸上画一笔；写字时，他用手肘故意使劲碰女同学一下；下课了，女同学为了躲避他的追踪，不得已逃到了女厕所，而小汤同学不管三七二十一，竟然大摇大摆地跑了进去，随后就听见厕所里传来几声尖叫……

兴许是小汤觉得在班级称王称霸还不能显示他的威力，于是他把破坏范围扩大到了其他班级的同学，有时在背后拍人家屁股，然后迅速逃离现场；有时做鬼脸吓唬正在低头看书的小朋友，把小朋友吓得哇哇大叫；有时在操场玩耍，高年级的同学正在踢足球，他跑过去把人家的球踢飞，然后一溜烟逃走，偶尔不幸被逮住，他还要和人家一较高下……

那段时间我的办公室真是热闹非凡，同学们经常哭丧着脸跑来向我诉苦和告状。还有其他班级老师把受害的同学带到我跟前，我每次对同事和受害者只能赔礼道歉，愧疚的同时气不打一处来，有时感觉心脏病都快被气出来了！长期的"折磨"让我形成了条件反射，无论在忙什么，只要听到下课铃声，我就会第一时间赶到班级找小汤。为了防止小汤闯祸，我有时在教室一待就是半天，直接把教室当成了办公的地方，丝毫不敢大意。

"问诊"寻根

该怎么办呢？难道我就此认输？不，绝不！于是，我开始一面反思，一面行动。解铃还须系铃人，我决定从小汤的家人着手。

通过家访，我了解到小汤是加拿大籍华人，在武汉和加拿大两个地方长大。爸爸和妈妈已经离婚，现在妈妈又有了第二段婚姻。妈妈长期在加拿大生活，小汤从小就由外公和外婆照顾。平时外公负责小汤的学习和思想，对小汤的教育有一套自己的方法，而外婆负责照顾小汤的生活，特别溺爱小汤。由此，我初步判断小汤之所以行为失控，就是因为从小缺少父母的陪伴，家庭教育理念不一致。

两年的时间里，我和小汤的外公外婆保持了持续不断的沟通，其中既有当面谈心、电话联系，也有短信交流和电子邮件等。不管小汤如何调皮捣蛋，在沟通过程中我始终保持对两位老人家的尊重，也给予了他们许多建设性的意见。正是这种良好的家校沟通氛围，使两位老人能够坦然面对小汤的许多问题，在处理这些问题的时候我也能够获得最大的支持。

绘本突破

虽然开学时间不长，但小汤已经成了众矢之的，同学对他产生了厌恶之情，科任老师对他头痛不已。必须改变了！考虑到一年级孩子的身心特点，我决定借力绘本故事。

小汤最大的问题就是不会处理自己的情绪，喜欢用暴力解决问题，所以我专门挑选了《生气汤》作为突破口。

通过讲述故事、小组讨论、代表分享等，我们达成了约定：当与同学发生矛盾而生气时，第一步要用自己的右拳狠狠地击打自己的左掌，第二步狠狠地跺脚，第三步大声地告诉对方"别惹我，我生气了"，第四步转身去告诉老师。我非常高兴的是第二条约定竟然是小汤同学想到的，我想通过这样一个读绘本的交流，小汤同学已经受到启发并有所思考。此后，我就经常让他不断练习这几点处理情绪的方法，同时也提醒全班同学互相监督。

当然，想让孩子学会情绪管理和控制，并非一日之功，需要一个漫长的过程。所以我把情绪管理做成了一系列课程，每隔一段时间就会和同学们共读一本情绪绘本，比如《生气的亚瑟》《菲菲生气了》《野兽出没的地方》《卡夫卡变虫记》《我变成一只喷火龙了》……从《生气汤》开始，孩子们在短短几个月的时间里，一起学习了近十本与处理情绪相关的绘本，其中最大的受益者显然就是小汤。尽管小汤打人事件依然偶有发生，但发生的频率已经下降了不少。

班会加持

班会课是德育的主阵地，针对小汤的情况，我专门为他量身定制了相应的主题班会。

我记得第一节班会课的主题是"你，可以变得更好"。首先用《大卫，不可以》这个绘本故事作为引子，在孩子们看到一个调皮、淘气、邋遢、爱搞恶作剧、让老师和家长头疼不已的大卫的时候，也必然会对照自己的行为。然后大家一起讨论自己该怎么做，并依此建立班级规则，这就使孩子们从被动变成主动，从班级规则的执行者变成了制定者。

当然，班会课的主题有很多，根据不同的时间节点，班级内部发生的不同问题，我会开设相应的主题班会，比如"改变，从一滴水开始""习惯决定命运""有话好好说""做一个仰望星空的孩子"等。总之，针对小汤身上出现的规则意识不强、情绪管理不当、理想信念不高等问题，我都一一为其私人定制主题班会，让他慢慢感知、慢慢改变，全班同学也因此受益良多。也是通过对小汤的接触，我明白了：教育是慢的艺术，在静待花开的道路上，我们可以慢一点，再慢一点……

拓展体验

为了让大家接纳小汤，让班级变得和谐温馨，我决定在班上开展体验性更强的拓展活动。

在拓展活动中，小朋友要学着和不同的同学当队友。一开始小汤非常不受欢迎，只要听到小汤被分到他们组，整个组都大受打击，而且在整个过程中也确实发生了不少矛盾。但这恰恰就是拓展活动的意义，就是让大家在活动中发现问题、思考问题，从而解决问题。

每一次拓展活动都有一个主题，而每一个主题侧重训练孩子们的某种能力。比如"解开千千结""坐地起身""障碍寻走""履带竞速"……两年的时间里，我们利用中午休息、大课间以及体育课的时间开展了十几次主题拓展活动，大家也从中学会了团结、包容、信任、坚持等。至此，班级积极向上、和谐团结的氛围已经基本形成，而小汤的集体意识也在逐渐增强，诸如课堂上乱叫、集体活动中不听指挥的现象少了很多。同学们也意识到小汤是团队中不可或缺的一员，不管他的表现如何糟糕，都要对他"不抛弃，不放弃"。

因"病"得福

11月，小汤得了肺炎，必须住院治疗。一开始，我还有一点窃喜，心想终于暂时摆脱了这个"定时炸弹"。可没过几天，看着小汤的座位空着，我的心也感觉少了一块。我忽然灵机一动，这对于小汤来说可能是一次因"病"得福的好机会。于是，我请同学们把想对小汤说的话写下来，由我带去医院。

11月14日，我带着同学们的祝福去医院看望小汤。看到我来了，小汤特意拿出了自己在医院做的作业交给我批改，看着他认真的样子，我忽然对小汤好感倍增，觉得之前在他身上付出的所有汗水和心血都是值得的。聊天的过程中，我把同学写的话读给小汤听，小汤边听边笑，开心极了！

离开医院时，小汤外公把我送到楼下，我特别叮嘱他，等小汤病好以后，请他给同学也写几句话，到时我们给他搞一个欢迎仪式。听了我的话，小汤外公把我的手握得紧紧的，连连道谢。

周一的早晨，我提前在班级黑板上写下了"欢迎回家"四个大字。当小汤推开门的一瞬间，同学们一起喊："欢迎回家！"小汤显然没有心理准备，显得有点尴尬，我见他手上拿了两张A3纸，知道这是他提前准备好的。我故意当着全班同学问他："小汤，你手上拿的什么呀？"同学们也都好奇地望着他。"这是我送给大家的画，另外我还给大家写了一段话。"他用手边指边说。"谢谢小汤同学，大家想不想听听小汤写了什么呢？""想！"同学们发出震耳欲聋的声音，于是我请小汤读给大家听。"非常感谢一年级三班全体同学对我的关心和祝福。现在我康复出院了，今天回到老师和同学中间，我感觉很温暖，我又可以和大家一起学习，一起玩儿了。"等小汤读完，我带头鼓掌，同学们的掌声也此起彼伏。

掌声持续的时间很长，对于小汤而言，这应该是开学以来全班同学第一次给予他发自肺腑的掌声，掌声代表了对他过去种种行为的原谅，更多的则是对他的信心和希望。

一次意外的生病，让小汤同学体会了爱与被爱的全过程，也让全班同学试着去进一步了解小汤，去感受他的善良与美好。这既是一次很好的集体主义教育的机会，更是一次难得的表达爱的契机。

爱的馈赠

12月中下旬，班级搞了一个捐书活动，要求每个同学捐1—5本图书到班级书吧。到了捐书的日子，同学们纷纷拿来了自己的图书，绘本、小说、漫画、笑话、谜语等各类图书应有尽有。我留意到小汤没有捐书，以为他忘记了。下课以后，小汤却找到我："周老师，我发现很多同学带的书都是在幼儿园看过的书，好幼稚啊！""那你想怎么办呢？"我随口问了问。"我想回去让我外公买些新书捐给大家。""新书？新书不符合要求，我在班上说的是以前看过的旧书哦。谢谢你，小汤。"小汤一脸不悦地走出了办公室。

当小汤离开办公室以后，我转念一想，既然小汤有这样的想法也可以支持他，说不定同学们每天都能看到小汤捐的新书，对小汤也是一种鼓励和激发。于是我把这个想法给小汤外公说了，小汤外公正愁没机会给班级出力，听到这个消息真是喜出望外。

没过两天，小汤外公把书送过来了。为此，我专门在班上召开了一个"新书发布会"，并且请小汤做了一个发言。发言完毕，全班同学不约而同地响起了掌声，我注意到小汤同学眼睛里闪耀着以往从来不曾有过的光芒。通过这次捐书，全班同学对小汤的看法有了极大的转变。教育的精彩往往在于一个不经意间的细节，就像罗丹说的那样，生活中不是缺少美，而是缺少发现美的眼睛。很多时候老师都会在无意中抹杀孩子天生的善良和纯真，特别是那些平时不怎么招人待见的孩子，有时候给他们一次机会，说不定就是给自己一次机会。

给一点时间，

你长大

峰回路转

和小汤相处的两年时间里，他没少给我添麻烦，很多时候想起他脑海里就会自动闪现出五个字——恨铁不成钢。当然，也不乏美好的记忆，最让人骄傲的事情莫过于他在运动场上的表现。小汤天性好动，精力旺盛，身体强壮，运动能力超强。我努力创造机会让他发挥自己的优势，以此赢得大家的信任。

2011年4月28日，那是孩子们进入小学以后的第一次运动会。运动会的项目以趣味游戏为主，其中拔河和接力赛跑是重头戏。小汤每一项比赛都报名参加了，但是很多同学都表示不同意，他们的理由很充分，尽管小汤的体育成绩很好，但是他总是不遵守规则，万一运动会上又出一点什么岔子，那损失的可是全班的荣誉。

怎么办呢？我思虑着这又是一次教育的契机，我先说了我的看法，"小汤力气大，跑得快，这是公认的，但是大家的担心也很有道理，所以他能不能上场我说了不算，我们先听听小汤怎么说。"给了他这么好一个台阶，小汤自然是心领神会，他立马站起来发表他的宣言："以前我是有些做得不好的地方，但是这次我保证不影响大家，请大家相信我！"小汤说完我立马接话："知错能改，善莫大焉。听了小汤的话，大家还有什么意见吗？"结果可想而知，几乎全班同学都同意让小汤参加所有比赛，毕竟他的实力摆在那里，我心里暗暗得意计谋的得逞。

拔河比赛我们赢了两场输了一场，最终名列第三名，小汤站在队伍的最前面，为比赛的获胜起了至关重要的作用。最激动人心的要数接力比赛。比赛的最后一棒是小汤，我们班稍微落后于其他两个班级，只见他甩开膀子，弯下腰，用力一蹬，像一只猎豹一般冲了出去。跑道两旁的啦啦队沸腾起来了，从来没有见过小汤如此拼命，看来他今天是豁出去了。随着裁判一声哨响，比赛结束，最终我们班名列第二，小汤同学起了关键作用。

当小汤冲过终点线时，全班同学疯狂的呐喊声和欢呼声回荡在整个操场。大家围着小汤，走着，笑着，闹着……

从那以后，每当开运动会的时候，小汤就成了全班乃至全年级最耀眼的明星。这也成了小汤改变形象、收获同学信任的转折点。

委以重任

刚进入小学那会儿，几乎每一个孩子都想当班干部，小汤当然也不例外。我试着让他当过放学管理员，但是他实在管不住自己，更别提管同学了，所以没过多久就"下岗"了。

随着时间的推移，特别是经历了那次捐书的事情以后，小汤已经有了一些人气，我琢磨着是时候给小汤一些锻炼的机会了。二年级开学不久，我们重新竞选班委干部，在自主报名的阶段，小汤并没有主动申报。我知道他是对自己没有信心，于是专门找他谈话，并鼓励小汤竞选体育委员。

由于小汤在竞选前做了充分准备，所以竞选当天不仅演讲内容十分精彩，而且表现力也极强，再加上我点评时的推波助澜，最终小汤如愿以偿当上了体育委员。

自从当上体育委员后，小汤非常珍惜这来之不易的机会，每次整队都用尽全身力气，生怕有人没有听到自己的口令。每天最期待的就是上体育课，如果哪次遇到下雨没有上成体育课，他会埋怨半天。至于他的体育课表现，据体育老师反映，再也没有发生过在体育课上和同学大打出手的情况了。

除此之外，只要有机会，我会鼓励小汤参加学校的各项活动。比如学校足球校队，我就鼓励热爱足球的小汤积极参加，但是必须约法三章：一是按时完成学习任务，二是每天的纪律扣分不能超过5分，三是不能打架。只要这三个条件中有一条没有做到，当天就不能去参加足球训练，如果累计次数超过5次，就自动退出足球队。小汤毫不犹豫，当即答应。有了这个约束条件，小汤自觉了很多，而且每天非常关注自己扣分的情况，动手打人的情况更是少了许多。

为了鼓励小汤，我趁热打铁，那时正好碰上成都电视台"乐豆斗逗堂"节目组到我们班级招募小选手，我毫不犹豫地把这个机会给了小汤。小汤的家人也非常重视这次机会，小汤妈妈还专程从加拿大赶回来陪同小汤参加节目录制。结果不负众望，小汤在节目中代表小组获得了第一名的优异成绩。我带着全班同学在教室一起观看了小汤参加节目的视频，相信那一定是小汤进入小学以来最难忘、最美好、最幸福的时刻。等小汤参加完节目回来，俨然已经成为班级的小明星。

每个孩子都有自己的闪光点，关键是我们为师者能否俯下身去发现他的长处，同时创造一切可能的条件，让孩子去尝试、去参与、去体验、去成长，惊喜就在不远处等着你。

2012年9月，我因为工作调动离开了原来的学校，离开了曾经让我头疼的小汤。回顾那段与小汤"斗"的日子，有苦、有乐、有泪、有笑，更多的是普通、平凡、朴素、真实的每一天，真是回味不尽，其乐无穷！

爱上"熊孩子"

成都市武侯区第十三幼儿园　朱伶俐

皮皮是我大学毕业后带的第一届孩子。他是一个曾让我每日祈祷一定不要来园，又让我每夜失眠、做噩梦的"熊孩子"，但毕业后却成为我天天朝思暮想的小天使。每每提及他，我脸上总会情不自禁地流露出幸福的微笑。

初次相识

2014年9月1日，我满怀憧憬和喜悦踏入教育生涯中的第一个班级，那是一群已经上了一年幼儿园的中班孩子，是一群即将与我朝夕相处、共同成长的孩子。就是在这里的第一天，我遇见了皮皮，小家伙穿着不是很讲究但却很干净，靠近一些还能闻到一股肥皂香味儿。圆圆的脸上长着一对黑葡萄似的眼睛，就这么一个活泼可爱、古灵精怪的男孩，却在相处的第一天便给我的职业带来了重重一击，让还在拼命记忆全班幼儿乳名的我，将其大名与小名全都深深刻进了心里。

开学第一天，盥洗室传来告状声："老师，皮皮在玩水，还弄在我鞋子上了。"我正准备上前了解情况，没想到小家伙顺势向我泼来一杯水。游戏时间，洋洋委屈地说："老师，皮皮对着我吐口水！"我刚拉住皮皮的手，不承想却被"熊孩子"咬了一大口。午休环节，又传来告状声："老师，皮皮一直在拉我的被子！"于是我坐到皮皮旁边陪着他，想尽快哄他睡着，可没想到他却悄悄地将鼻屎往我衣袖上抹……从早到晚，关于皮皮的告状声接连不断。

而接下来的日子里，他似乎乐此不疲地在向我发起挑战——从上课随意说笑扰乱课堂秩序到提问时故意跟我作对使我下不来台；从午休时在床上伸腰抬头到处张望到站在床上对着我大笑、大叫；从早锻炼的不参与到满操场的自由活动不听召唤……这一幕幕让刚入职的我夜里伤心流泪，不禁思考自己是否适合做一名幼儿园老师。

其实，皮皮不仅这样对我，学校里的其他教职员工也毫无例外地被他困扰过。如：保安师傅给他送来裤子，一叫他名字他就冲上前去对着保安师傅吐口水；就连园长妈妈都会被他戏弄……这一切让我对他产生了极大的好奇和想要帮助他改变的冲动。

于是接下来的日子里，每当爷爷来接皮皮，我都喜欢跟爷爷聊一聊宝贝在幼儿园的表现，也听一听皮皮在家的情况。后来我才慢慢了解到皮皮爸爸妈妈在他很小的时候就离异了，并且父母从来没有回来看过他，家里只有爷爷照顾他。爷爷说自己也不懂教育，反正让他吃饱、穿暖、穿得干干净净就行。爷爷希望皮皮将来能有出息，也信奉棍棒底下出好人，所以只要皮皮不听话就会用棍子揍他。在村里也没有小朋友愿意跟皮皮一起玩，每天他都是自己在家瞎折腾……我慢慢理解了皮皮，他在幼儿园表现出的调皮举动只是为了吸引老师的注意，他希望得到老师的关注，哪怕是批评！他希望有朋友，渴望和小伙伴一同游戏，但因为缺乏交往技能，他的社交总以小伙伴的生气告状而结束，所以才会在幼儿园独来独往。爷爷的教育方式也让皮皮无形中模仿到了"武力解决问题"的方法，使得他与同伴相处时常发出攻击性行为，对待他人极度不信任。

了解到这些情况后，我开始不由自主地怜爱起这个曾经让我每夜做噩梦的"熊孩子"。而这种心态也让我在每天的幼儿园生活中发现了皮皮调皮行为背后的可爱之处。

意外收获

记得有一次在开展《大树,你好!》的教学活动时,我将课堂从教室搬到了室外的菜地,也许是出于新鲜,皮皮在这次活动中关闭了以往上课的"挑衅模式",开启了认真听课并积极回答问题的"学习模式"。而这次活动刷新了我对皮皮的认识,这个"熊孩子"居然这么爱思考问题,还乐于分享自己的发现,分享时充满了自信与难以言表的喜悦。

也许这次活动中受到的鼓励、表扬与赞美让他尝到了甜头,在接下来的教学活动中,皮皮慢慢表现出了不同以往的专注、积极和投入。但是"熊孩子"本性的他,也总会免不了在课堂上让我下不来台,如一次餐前故事分享活动,故事刚讲到一半,他便理直气壮地站起来对我说:"你讲的故事不好听,一点儿也不好玩。"于是为了更好地吸引他参与活动,避免再次在课堂中出现让我招架不住的尴尬场面,活动前我总会不断地改良课件和教具;每一节语言活动课我都会一遍遍地练习自己的语气、语调,对着镜子不断调整自己的动作、表情;每一个提问都会努力猜想他可能说出的天马行空的答案,而对于每个预设问题的回应也都会查阅相关资料做足功课。俗话说:有付出就会有收获。果不其然,我变得越来越能驾驭课堂,以及课堂中总是出"坏点子"的皮皮。

与老师交朋友

很快又到了秋收的繁忙季节,皮皮的爷爷就是秋收忙碌人群中的一员。我记得那些年学校是没有延时服务的,每天下午四点半就放学了,为此幼儿园每天都会有老师轮流值班看管放学后未能被及时接走的孩子。也许是由于其他班的老师管不住皮皮,也有可能是我和皮皮已经成为好朋友了,每天放学他不愿意去门卫值班室找值班老师和其他小朋友玩。我看穿了他的小心思,于是那段时间每天我都会陪他在学校一同等爷爷。

我们一起看书、聊天、做游戏，在彼此的欢声笑语中，等待的时间总是过得特别快，每次爷爷来接皮皮时，他还依依不舍地不愿离开。于是我给了他一张小纸条并告诉他："想我时，可以随时给我打电话！"

通过这段时间的亲密相处，我发现我慢慢地从曾经的恐惧、怜惜到真正地发自内心地爱上了这个孩子。

都说爱是相互的，在成为好朋友之后，皮皮变得特别听我的话，还很会照顾我。如喝水时刻，总是不忘将我的水杯倒满水递给我；一次看表演时，见我没有椅子坐，很认真地对我说："朱老师，你坐我的椅子。"在我好意拒绝后，还再次争取说："那我抱着你坐！我肯定抱得起你！"面对这样的童言童语，总会让我强烈地感受到身为一个孩子王的幸福与美好。

成为大家的朋友

"我借蜡笔给你，那你愿意做我的好朋友吗？"来自美术活动中皮皮的声音。

那时的美术课孩子们是自己准备彩笔。记得有一次班里的雅雅忘记带蜡笔，她询问了同桌的几位好朋友，都没有成功借到笔，这时皮皮将小姨才送他的炫彩棒主动借给雅雅，还说出了那句让我至今都会触动心弦的话。在2014年的乡村幼儿园，很少有孩子用过那样的炫彩棒，大家都纷纷说愿意做皮皮的好朋友，皮皮也将炫彩棒全部分享给了班里的孩子。在这期间一位男孩不小心将炫彩棒弄断了，皮皮没有哭闹，没有生气和责备，而是找来双面胶想要将两者重新粘黏到一块儿。虽然后来没有修补好，只是将断的一头放了进去，暂时掉不出来，但他显露出了非常开心的神情。

在这一次美术课中，我又一次刷新了对皮皮这位小天使的认识，让我看见了他更多优秀的品质，也让我发现他除了老师，还需要更多的朋友。

于是我开始在一日生活中创造各种机会促进他与同伴的交往、合作。巧妙利用皮皮"大力士"这一特点，在游戏中故意设置困难，引导小朋友去找皮皮帮助。果然，皮皮是一个热心肠的好孩子，很快我便发现他身边出现了一些形影不离的伙伴。皮皮除了爱帮助同学，还特别愿意帮助老师，我便开始放手让他担任小组长、值日生，帮助保育老师发毛巾、分勺子……在这个过程中，小朋友们慢慢地改变了对他的看法与态度，他不光成了老师的得力助手，更成了孩子们心中的贴心大哥哥。

晚间的神秘来电

2016年，一个仲夏之夜，躺在凉椅上看书的我，突然接到一个神秘电话。电话那头传来熟悉又亲切的声音："朱老师，我是皮皮，这是我小姨的电话，我好想听你给我讲故事！今晚能不能给我讲一个《小红帽》的故事。"在这次通话中，他跟我分享了很多升入小学后的新鲜事和自己的小秘密。他说，一年前我给他留的小纸条，他一直保留着，并告诉我以后千万不能换电话号码，不然怕有一天会找不到我……每当想起那晚的对话，总会让我湿润眼眶，我也一直遵守着我们的约定。现在的他已经是一名初中生了，而他一路的成长从没让我失望过。

曾经的"熊孩子"，已经脱胎换骨变成了我心中的小天使。

我记得皮皮爷爷当年一直对我表示非常感激，说我教会了皮皮很多本领，使他变得越来越开朗、越来越懂事、越来越热情了。其实这何尝不是一场师生成长旅程中的相互陪伴、相互影响、相互促进，让彼此成为更好的自己，让彼此都点燃心中对未来的美好期望。

用一束微光照亮心灵

成都市树德小学　何　娟

那双大大的眼睛里，充满了对世界的好奇，粉扑扑的小脸蛋可爱至极。刚上一年级的小梦，活泼开朗，总能带给人邻家女孩的亲切感。从没想过，到了三、四年级，小梦的表现竟会让人大失所望。

几乎每节课小梦都会迟到一两分钟。上课时，注意力很容易不集中——不是蹲在过道上捡东西，就是在书本上画画。有一个中午，午休都已经开始了，她竟然独自在操场上翩翩起舞。一、二年级的学习内容相对简单，小梦的坏习惯似乎没有对她的学业产生太大的影响。

慢慢地，到了三年级，坏习惯不仅影响到了她的学业，甚至还影响到了她和同学们的关系。班里好些同学用异样的眼光看待她，不愿意和她玩。课间休息时，能和小梦玩到一起的，也都是班里行为习惯稍差、成绩稍落后的同学。

一次，小梦和其他同学发生了矛盾，她直接掀翻了桌子。我上前劝阻，她居然瞪大了眼睛，凶狠地看着我，像是要把我吃掉。我很难想象，如此澄清的双眸竟会流露出这样的恨意。当我把小梦这次的行为和她平时的学习情况告诉小梦妈妈后，小梦妈妈眉头紧锁地对小梦提出了灵魂质问："你今后想要过怎样的人生？"

但这个宏大的人生拷问并没能触动小梦，她内心可能连一丝涟漪都没泛起。她还是像从前一样沉浸在自己的梦境中，学习懒散而懈怠。不仅上课不认真听讲，就连自习课上也不自觉完成作业，有时还悄悄地从座位走到讲台，轻声对我说："老师，我好无聊啊！"我表面上劝她快去完成作业，心里却想：哎……这孩子以后可能只有靠漂亮的脸蛋做"网红"了。

不出所料，小梦的成绩一落千丈。到了四年级，小梦的数学成绩总是不及格。小梦的妈妈很贴心，让孩子不参加期末考试，以此捍卫全班同学的平均分。在期末考试后不久，我却在小梦妈妈的朋友圈里看到了一张截图。图中小梦戴着眼镜，伏案答题。图片左边有四行大字：小梦的全名，语文46分，数学58分，英语34分。图片右边还显示出了该视频有好几千的浏览量。显然，这张截图来自一段恶搞视频。当我真正看到小梦以这样的形象出现在网络，并以此吸引流量时，我的心里很难受，甚至为自己曾经的想法而感到羞愧。无论这段视频的作者是小梦的妈妈还是小梦自己，这样低的期望值完全没有办法撑起小梦未来的人生啊！那一刻，我很心痛，我希望小梦能够正常地在班里参加期末考试，即使可能会影响到平均分，但至少不会让她觉得自己和班里其他同学不一样。

我决定多和小梦交往，以走进她的内心。新的学期开始了，我和小梦接触的频率多了起来，慢慢地我们甚至还像朋友那样聊起了天。从她的嘴里，我了解到了她的家庭情况、兴趣爱好和内心世界。原来小梦很擅长画画，而且热爱小动物。她在家养了一只小兔子，还会因为一只小狗受伤了而流泪。

记得五年级的一个早晨，我在教室门口帮忙晨检，小梦过来对我说："何老师，美术老师告诉我们现在有一个美术比赛，好多同学都参加了，我也想参加，但是要交报名费……"我已经做好了借钱给她的准备，爽快地说道："多好的机会，去参加啊！"小梦接着说："但是我怕我画得不好，交了钱也得不了奖……""怎么会，你画得挺好的啊！去参加吧，不参加的话一定没奖，要自己给自己机会嘛！"我这样鼓励她。

小梦果然好像受到了很大的鼓舞，留下了一句："好，我去参加！"

原来小梦差的不是钱，而是一句鼓励啊！后来听小梦说，这次比赛她拿到了二等奖，她很高兴。小梦的语文老师也告诉我，小梦在一次作文

给一点时间，让你长大

中，记录下了我对她的鼓励，写得真情流露，很打动人。

冬奥会过后的又一个新学期。小梦送了我一张画，这是她的一份美术作业，画的是谷爱凌和雪容融，得了93分。我把她的作品贴在了办公桌上显眼的位置，小梦很高兴。从此，她来我办公室找我聊天的次数就更多了，甚至还用她最喜欢的卡通小狗胶带帮我装饰办公桌。她还经常跑到办公室问有没有什么能帮我做的事。最后，我把办公室里烧开水的任务交给了她，她很乐意地接受这一光荣而艰巨的任务。有一次，我问小梦："我们是不是好朋友？"她回答说："当然是！"

但是我并不满足于我和小梦之间仅拥有朋友一般的亲密关系，我更希望我的这位小朋友能在学业上有所进步。所以，我鼓励小梦有不懂的问题，就去问班里的同学小熊。小梦也因此渐渐养成了不懂就问的习惯。在评讲练习题时，如果一道题只有小梦一个人举手表示需要讲解，我就会问全班同学，谁愿意帮小梦解答这道题，班上好多同学都会举手。我就是希望用全班同学的热情，让小梦感受到来自同伴的温暖。我还让小梦、小恒、小淞和小羽同四位中等生结对，成立"奋斗小分队"，鼓励他们互帮互助。渐渐地，小梦几乎每天下午都要来给我报喜，说她的口算过关了，还得到了小印章，《课堂精练》也完成了！有一次，她兴奋地拿着她的语文书过来给我看她当天完成的作业。工整的字迹和之前形成鲜明的对比，让人简直不敢相信这两种字迹居然出自同一个人之手。

小梦对待学习的态度和以前有了天翻地覆的变化，上学几乎也不再迟到了，这让我和她的语文老师都非常高兴。虽然在课堂上有时她也会走神，考试成绩有时也不太理想，但我还是鼓励小梦，让她正常参加期末考试。因为我始终认为，一个学生的自尊心比一个班级的平均分更加重要。如果小梦能一直保持现有的学习状态，她一定能取得更大的进步。

"网红"绝不会是她唯一的出路。愿小梦在未来的成长中坚韧不拔地向阳生长。

我与齐齐的约定

成都市第十幼儿园 梁成丽

在与孩子相处的时光里，我们是陪伴者、引路人、朋友，更是追随者。面对班级几十个孩子，面对不同的事件我们都会有相对的比较性。例如：吃饭时会有对比之下最慢的孩子，睡午觉时总会有个别睡觉"困难户"，跳绳时总会有掌握不好方法的孩子，游戏时总会有个别孩子成为其他同伴告状的对象。那我们该如何面对这些孩子呢？又该如何给予引导呢？大多数时候我们是不是只盯着他们那些相对的不足呢？

齐齐是大班时新加入班级的孩子，在入园第一天齐齐给我最大的感受就是热情。他对于新的环境没有表现出陌生感，反而在入园时就很大方地与老师、同伴打招呼，但是到了午睡时却发现齐齐迟迟不能入睡，给予安抚后还是没有睡着。对此我们猜想齐齐或许是因为换了新环境需要适应的时间。但是第二天、第三天直到周五齐齐都没有睡着，还出现了在午睡时会发出小声的咕噜声，或者用手去摸旁边小朋友的头发，有时还会去敲床。同时我们观察到齐齐自控能力较弱，比如活动时总喜欢离开位置到处走动，平时动作幅度比较大，经常会撞到小朋友。在交往方面齐齐也习惯性地用手去拍同伴，因此会有很多孩子前来告状说齐齐"打"了自己。

面对齐齐的睡午觉、自我管理、同伴交往情况，我们很重视也感到头疼，因为这需要我们花很多心思去引导去改善，齐齐无疑成了班级的"顽童"。但是"顽童"身上就只有缺点吗？"顽童"就不可爱吗？面对班级的"顽童"我们应该给予的是引导而不是责备。于是我们与齐齐展开了

"顽童"萌化的五部曲。

赋予爱心，获得信任

（一）与妈妈的坦诚交流

在周五的时候我与齐齐妈妈进行了全面的交流，反馈齐齐一周的情况，从表扬齐齐的热情到交流齐齐的午睡、自我管理、同伴交往情况。在交流中客观陈述，带着分享和引导去沟通。妈妈反馈我提到的这些也是家长所头疼的，并感谢老师的坦诚。妈妈原话说："本以为老师会去责怪齐齐，没想到还表扬了齐齐。"通过与妈妈的交流，我更加全面了解了齐齐的情况，也意识到齐齐的这些问题不仅需要一个长期的引导过程，更需要家庭的大力支持和配合。只有家园合力才能达到"1+1>2"的效果。于是我与齐齐妈妈达成了共识，在家调整齐齐的作息时间，同时全家也时刻提醒齐齐动作小一点，与他人交往时尝试用语言代替动作。

（二）与齐齐的悄悄话

齐齐是新加入大二班的孩子，在学习和常规活动上都需要去适应新的环境，因为很多要求与以前幼儿园不一样。对此在前期需要教师更多地关注齐齐，给予齐齐足够的爱，让齐齐在心理上接受新的环境和新的老师，更快地适应新环境。所以我采取了一个方法，就是每天面对齐齐打招呼时我会很热情地回应齐齐，同时跟齐齐分享一个小秘密。比如："老师昨天发现你想帮我做事情对不对？"被猜透心思的齐齐开心地连忙点头，也凑到了我耳边说起了悄悄话。虽然齐齐的悄悄话有点大声，其他小朋友也能听到，但正因为这样的悄悄话时刻，我与齐齐明显亲近了不少，我也成功获得了齐齐的信任。

巧用共情，给予力量

（一）我睡不着也很难受

在与齐齐建立起信任感后，我开始尝试改善齐齐的午睡情况。午睡前我会走到齐齐身前，用拉钩的方式，鼓励齐齐尝试闭眼睛，并采用共情的方式，与齐齐聊天，告诉他如果我睡不着也会很难受，也会悄悄玩。这样让齐齐明白老师是理解他的，同时反问齐齐："假如你在睡午觉时，有小朋友发出声音，或者碰你的头发，你会有什么感受呢？"以此让齐齐明白睡午觉时不应该打扰其他小朋友。在齐齐答应要好好睡午觉后，我鼓励齐齐一步一步地来，先尝试闭眼再尝试慢慢入睡。就这样齐齐在午睡时比之前有了很大进步，这也意味着齐齐跨出了最关键的一步。

（二）打到小朋友会很疼

针对齐齐喜欢下座位、动作幅度大的情况，我通过故事的形式进行引导和强化。故事具有很好的情景性和代入感，通过听故事、分享感受能让孩子们在愉快的过程中体会到一些道理，这比单一说教更有效果。例如故事《好动的小兔》《走路过快的菲菲》等。其中就提到小兔活动时总喜欢离开位置，影响到其他小动物，菲菲因为走得太快总是容易撞到其他同伴，听完故事后请小朋友分享自己的感受从而侧面提醒与引导齐齐，帮助齐齐意识到自己的行为与小兔、菲菲的类似之处。同时还利用餐前活动时间引导孩子们讨论如何更好地交往，来帮助齐齐习得正确交往的方式方法，比如打招呼时尽量用语言代替动作，以免引起同伴的误解，认为齐齐在打自己。

（三）老师红肿的眼睛

好的习惯养成不是一朝一夕形成的，因此在齐齐改善与进步的过程中，更需要足够的时间去强化。在一次离园整理环节，齐齐又飞快地跑到我身前，转身时一胳膊肘撞到了我的眼睛，我的眼睛立马红肿起来。最开始齐齐还笑着看着我，显然没有意识到自己的危险行为。我严肃地看着齐齐，一言不发。过了一会儿眼睛开始流眼泪，齐齐看到我流眼泪以为我哭了，于是小声地说了一句："老师对不起！"一向大嗓门的齐齐这一次声音这么小，我想他一定是感受到了我的难受。在齐齐道歉后我把齐齐请到一旁，告诉他不管是老师还是小朋友被撞到都会很难受，并提醒齐齐走路时一定要慢一点、轻一点。第二天齐齐来园时拿了一个飞机玩具，对我说："老师我把玩具拿给你卖了当医药费。"我当时很感动，因为我没有给齐齐妈妈分享眼睛被撞的事情，这完全是齐齐自发的行为。年仅 6 岁的他能把自己心爱的玩具拿到幼儿园，说明他是一个纯真、有爱的孩子。我欣然接受了齐齐的玩具，并告诉齐齐如果他以后可以做到不随意下座位、能轻轻走路、认真睡午觉，老师就原谅他了！

扬长补短，激发自信

（一）老师的小帮手

在与齐齐的相处中，我发现齐齐虽然自控能力较弱，喜欢下座位，但是特别喜欢帮助老师和同学做事情，因此我安排齐齐做我的小帮手。睡觉前请他帮大家拖床，起床后为大家搬鞋架，放学前请他整理班级的小椅子。就这样齐齐每天积极做着老师的小帮手，在劳动中获得成就感，并在得到表扬后变得更加自信，也会更愿意去改善自己的行为。

（二）接受特别的爱

齐齐喜欢当小帮手，有时会在得到表扬后开心地抱一抱我，面对齐齐的拥抱，我也会及时和齐齐击个掌以回应齐齐。有一天放学前我在给孩子们整理衣物时，突然有一双小手给我捶背，力度比较大但很舒服，我转过头看到居然是齐齐。我对着齐齐说了一句："齐齐进步真大，我爱你！"齐齐也回应道："我也爱你！"就这样齐齐时常会抱抱我或者要给我捶背，我也欣然接受了这份特别的爱。我想这份爱，更加拉近了我们的距离，齐齐内心也会拥有更多的能量。

合理鼓励，促进坚持

（一）爱心卡片促动力

在幼儿日常活动中习惯的养成需要一定时间，想要改善更需要时间和坚持。因此在齐齐不断变化的过程中，我们应该给予合理的鼓励来激发齐齐的动力。对此结合齐齐拿飞机玩具来幼儿园的契机，我与齐齐约定，当齐齐进步很大时可以获得一张爱心卡片，卡片积累5张以后就可以换回自己的飞机玩具。齐齐开心接受了约定，并表示会努力获得爱心卡片。

（二）集体力量给坚持

经过不断引导、鼓励以及家长的配合，有一天中午齐齐睡着了，到了起床时间还没睡醒，所以孩子们都知道齐齐睡着了。下午餐前活动时，我当着全班孩子表扬了齐齐，并奖励了齐齐第一张卡片，齐齐看起来很激动也很羞涩。第一次看到这么羞涩的齐齐，孩子们哈哈大笑起来！这时我趁机引导全班孩子："你们该怎么办呢？"小朋友们很默契地开始为齐齐鼓掌。第一次得到大家的肯定和鼓励，齐齐很开心也很自豪，就这样齐齐在慢慢坚持着也在进步着。

给一点时间，

陪你长大

建立约定，携手共进

（一）妈妈的密切配合

在引导齐齐的过程中，我也会定期与齐齐妈妈分享齐齐的转变。齐齐妈妈也在积极配合着，在家也不断提醒齐齐慢慢走路，通过亲子阅读提高齐齐的专注力，并慢慢调整齐齐的作息时间。所以在齐齐进步过程中最大的功臣，除了齐齐自己还有妈妈。

（二）不断更新的约定

就这样，在开学两个多月的时间里，我们能明显感觉到齐齐的进步。虽然齐齐有时还是睡不着，偶尔也会离开位置到处走动，但是我坚信齐齐会变得更好！我也会不时地与齐齐达成新的约定，请齐齐说一说自己最大的进步和还需要改进的地方，给予齐齐更多的力量并激发齐齐的内驱力。6岁的齐齐明白了自己努力的方向，也在慢慢地成长着。

（三）教学相长的幸福

在和齐齐约定的过程中，齐齐给了我很多的惊喜和幸福。最令我意外的是大大咧咧的齐齐内心却藏着萌化人心的爱。我每天享受着来自齐齐大声的悄悄话时刻，也享受着专属的拥抱和捶背时光。齐齐在这个过程中也开始对自己的行为有分辨、有选择，这对齐齐来说无疑是最大的进步。我感受到了"顽童"只是一个代名词，它不是标签，我们应该用一个全新的视角和心态去看待班级里对比之下的"顽童"，因为他们也会变成那个萌化人心的孩子。经常听到李镇西老师说：要把孩子当自己的好朋友。是的，当我们真正与孩子建立起平等友爱的关系后，孩子们也会给予我们很多的惊喜很多的幸福。愿我们都带着爱对待班级里的每一位孩子，愿他们幸福地成长！

我和我的 BOY-3

成都市新津区外国语实验学校　秦钟文

C大爷如逛自由市场

政治课的袁老师，我好像第一次看到他在九班发那么大的火，生动形象的描写就是：头发都快烧起来了。原因：C大爷如逛自由市场。那对深陷的酒窝里全都塞满了"汽油"，他好像一直在对老师说："来骂我呀，来打我呀，让我出去呀，让我去玩呀，让我回家去玩呀。"这种情况其实并不是第一次发生。我也只能说："如果一定要评价，人并不是坏到极致的人，甚至连坏人也不算是。分析一下就是：自我放弃，自己觉得好玩，追求想怎么样就怎么样的自由（我猜的）……"

——摘自《班级日志》

我打开原来的《班级日志》（值日生记录每天班级情况的日记本），看到这篇，那个短头发、大眼睛、一脸倔强的小伙子C和他的两个死党以及他们的点点滴滴一下就在我的脑海里涌现出来。

不贴标签，获得信任

那时的我第一次当班主任。虽然知道三个来自小学部不同班级的孩子

"鼎鼎大名",所谓初生"班头"不怕事,当时懵懵懂懂的,并没有什么特别的烦恼。

第一周风平浪静。

大概是第二周的周一,有同学告诉我说,C和班上的一位同学打架。同学陈述"案情"时,C将头转向一边,不说话。当时他的眼神——我现在都有很深的印象——迷茫而平静。另一位同学说:"我惹都没惹他,他就打我一拳。"C还是没有说话。我没有轻易下结论,又调查了好几个旁观同学,但来龙去脉都说得不是很明白。调查就这样陷入了僵局。我让他俩在办公室等着我,走进教室,想再问一问其他同学。有同学告诉我说,C小学就这样,想找别人说话,就先给一拳,为此产生了很多纠纷。

我心里大致明白了是怎样一回事。这是一个不懂得怎样合理表达自己意愿的孩子,当然,也可以说他很自我。若没有切身体验,这样的孩子是不容易认识到自己行为的不妥之处的。我没有说打架的行为是错误的,而是先与另一个同学复盘了当时的情况,确定了这次事件是一个没有主观恶意但"翻车了"的交流事故。C的情绪也缓和了不少,但仍然将头偏向一边。看到了这种情况,我决定再与C好好谈谈,就先让另一个同学回到教室。

我先说话:"刚才你也看到了,听到了,虽然你没有说什么,但我相信你也明白我的意思:秦老师在想办法更好地解决这个问题。"我没有点出他做得不妥当——现在,他应该会认为自己的方式还是没有问题的,首先应该表达我自己的诚意。他还是不说话。我又说:"你与秦老师打招呼,会不会先打我一拳呀?"他摇摇头。有了互动,这是一个好现象。我又说:"你在家与家里人交流,会不会先打一拳呀?"我继续问道:"如果别人每次和你说话,打你一拳,你会高兴不?先不要回答我,要想一想。"过了一会儿,他还是不说话。我又说:"其实你就是想与他说话交流。虽然你的初衷是好的,但是你也要明白,自己的方式显然有问题。当然,我们也可以换过来说,虽然你的方式有问题,但是你的初衷是好的。所以你可能觉得没有什么错误。"他将头转过来,看着我。我又说道:"交往是一件好事,说明你认可他,愿意和他交朋友,但是,你的方式也要别人能够接受才行,这是一种尊重。就像别人想与你交朋友,也要用尊重你的方式才可以,对不?"我在表述的时候,将"尊重"二字说得更重一些。他点了点头。这个时候,我才说:"那你觉得今天自己的方式合适吗?""不合适。""那就该道歉。""好。"

道歉后,我们又进行了进一步的交流。其实我们之间的交流进行得很困难,我更主动一些。他不大说话,感觉反应也慢一些。他的父母离婚,他跟着父亲生活。父亲是一名商人,应酬特别多,所以他是爷爷奶奶带大的。后来的情况也可以看出来,他个性倔强,以自己的感觉为行事准则,朋友自然不多。后来,他真的在班上交了两个朋友:X 和 Z。这就是与我周旋了三年的"Boy-3"组合。

第一次处理这样的问题,孩子的状态特别是眼神给我留下了深刻的印象。但我没有给 C 贴标签,没有根据表面现象急于评判对错,为探寻问题背后的真相做了最大的努力。这种努力为 C 对我的信任打下了坚实的基础。虽然后来 C 在班上给我出了无数次的管理难题,但他一直都信任我,都愿意将自己的心里话说出来。

1500 米长跑比赛的激励计策

X 个子瘦小,喜欢凑热闹,是个擅长察言观色的小伙子。他一说话,就会伴有一个标准的动作——无可奈何地皱眉,转头,加上懊恼的微笑。"老师,我不想这样,是他们先做的。"

这是一个喜欢跟当"小跟班"的初中生,也是一个让老师恨铁不成钢的学生。

这个在别人眼中觉得有点"扶不上墙"的学生在初二的时候干了一件牛气哄哄的大事:主动报名参加校运会 1500 米长跑比赛。那一天中午,我

给一点时间，象你长大

在教室看书，体育委员告诉我："老师，没有同学愿意报男子1500米项目。""没有人愿意？是不敢吧。"我笑着说。当然，我又在班上做了一番动员。正在沉默阶段，X举起手来，看着我，笑嘻嘻地说："我报名。"此时不表扬何时表扬？当即，我的表扬之词滔滔不绝，什么"长跑是意志和技术的完美结合"，什么"举手就是最大的勇气"之类的话脱口而出，也着实让他风光了一阵。

比赛开始，同学们在运动场四个转弯的地方安排了啦啦队，不管男生还是女生，都在为他加油。在起点，他转头看了看我，我也握紧拳头为他加油。发令枪响，一圈下来，他就慢慢地落在后面了。我看他要放弃——不行，一定要让他坚持下来。只有亲自动腿了，我陪他跑了一圈又一圈，不停地鼓励，他终于坚持到了终点。

运动会结束后自然要总结一下。对于X同学参加长跑比赛的总结，我又费了一些心思，毕竟他要放弃的时候全班同学都看到了。我先讲了一个关于我的故事。"其实我很佩服X，我读高中的时候参加5000米长跑，完全能体会到他的状态，太难了。你们知道我是怎样坚持下来的吗？"学生都很好奇。"跑到后来，我感觉腿都麻木了，我就在每个转弯处定一个目标，这个弯立了一根电线杆，那个弯有一堵墙。我就盯着目标跑，超过一个目标再跑向下一个目标，就这样才坚持下来了。坚持到底就是好样的。"

其实，他毛遂自荐后我就准备了他可能会放弃的预案。陪跑，当然不是我心血来潮，甚至我还预设到他可能会在我陪跑的情况下放弃。如果他放弃了，我的总结内容自然就由"不抛弃、不放弃，坚持就会胜利"变为"接受失败，因为你已尽了最大的努力，但坚持下来，也可能拥抱更大的胜利。谢谢你的努力"。

总的来说，这件事皆大欢喜。也许，朋友们会说，这次经历会激励X做得更好。确实，事后X的做事态度有了些微的改变，但事实是当时这件事对班上其他同学的激励效果更大。

何谓"教育担当"?

如果说,前文描述的那些师生互动体现了一个新班主任朴素的教育理念,那么,这个不成功的教育案例让我对"教育担当"有了更深的理解。

相较于 C 和 X,Z 的学习基础更好一些。所以,我和他家长都认为如果再努力一点,Z 是可以考上普高的。也正是如此,Z 的家长对孩子的学习状态更担心。

初三下期备考阶段,急在心中的家长和我商量,是否给孩子请一段时间的事假。他们给孩子找了一个辛苦的工作,让他"体验一下生活的不易",以改变学习态度。但很快,孩子就回到了学校。随后,我与他有过一次长时间的交流。原来,两天后 Z 坚持不下来了,开始强烈反对这个计划,提出要回到学校读书。父母之间自然就有了分歧,计划被迫提前终止。

说实话,这次尝试带给 Z 的积极影响并不大。对这样的结果,我也早有准备。但 Z 父母事后的沮丧和孩子的无奈却让我难以忘记。我的孩子还小,我并没有感受过一个家长在孩子学习状态不好时那种失落的心情。但当时,我一下就明白了——这时,我根本不能站在一个教师的角度去看待家长的行为——所谓的"待优生"的改变肯定要经过一个艰辛的过程,但在这个过程中,父母何曾放弃过对孩子的教育期望?孩子又何尝不知道家长和老师的努力?这些"待优生"和他们的父母在磨合过程中所经历的困难不是我一个教师所能想象的。对于教师来说,我的、我们的"不抛弃、不放弃"就是对孩子伸出的一双有力的大手,就是最大的教育担当。

一些片段,我现在感觉那么清晰,又那么模糊。

记得他晚上偷偷溜出去上网时,家长给我打电话的焦急语气;记得他主动担起管理学生就餐排队的责任时的专注;记得中考前某项资料需要家长签字时,他带着哭腔说没人管;记得很多次中午我留着他们在办公室午休;记得体考时他们的相互加油声;记得他们每次拖累小组得分时候的无

给一点时间，宠你长大

助、愤怒和痛苦的复杂情绪；记得投诉他们的科任老师怒其不争的样子；记得当这三个孩子发生矛盾时，我复杂的心理状态；记得看《一个都不能少》时，包括他们在内的同学们跟着我一起哭；记得他们背着我给我写毕业留念卡；记得我在黑板上写着允许他们毕业……

回忆的温度，让我在写这几个教育故事的时候，被浓浓的暖意包围。

这三个孩子最后都就读于职业高中。Z 在毕业留言中对我说，高中要更加努力，他后来通过单招考上了职业学院。C 尝试着自己经商。高考后一天，同学群里有同学在讨论问题时发生争执，C 的发言平和而理智。X 后来参军，成了一名军人。那年正月的一天，我还在别人家里做客，中午吃饭的时候，接到一个陌生的电话号码打来的电话，是 X 打来的。他说："秦老师，我今天要到部队去了，我专门给您打个电话，谢谢您。"我很激动，说："这是我听到的最好的新年消息了，加油，加油！"我们又聊了一些过去的事情，浅浅地想象了一下部队生活。挂掉电话后，我回到桌上，举起酒杯，忍不住地说："好，好！"

很多时候我们都会提到李镇西老师的《爱心与教育》等著作——书里那些感人的教育场景回放让我们受益匪浅——可能有读者想从里面找到治班的技巧，处理问题的经验，但就我个人而言，我的阅读感悟是：李老师书中一个个教育故事的主人翁都受到李老师的呵护和尊重，正因为有这样的教育前提，才有一个个大写的人（学生）的情感、态度和价值观的转变，才能激起读者的情感共鸣。这就是李老师的教育担当。回想参加工作以来，我遇到了太多的"问题学生"，我相信，他们能够信任我，是因为他们感受到我的真心，这就是建立在我对他们的尊重的基础上的。我有一个朴素的观点：因为他们是一个个鲜活的个体，他们的未来只能他们做主，作为教师，我也只能与他们共同成长。这就是我的教育担当。我展示着作为一名合格公民的生长状态，来激励我的学生能做到明辨是非，能尽力激发出自己的潜能，以实现自己的人生价值。正如李政涛在《教育常识》里说："教育常识的根源是人性的常识。"沐浴着爱的教育关系必然是建立在对学生人格的尊重的基础上的。

我坚信，学生的每一个行为都是自己观点的显性体现，我尊重他们个人行为背后的人性呼喊。所以，我应该在处理相关问题的时候慢一步，以找到解决问题的真正的钥匙。如前文写班级日志的同学所说——"分析一下就是：自我放弃，自己觉得好玩，追求想怎么样就怎么样的自由（我猜的）……"对于她的观点我持保留意见。但，一个学生都能尝试这样分析同学的行为，作为一个老师的我又有什么理由不担起这个责任呢？

> 感谢您，陪我走过了这三年。三年里，哭也哭过，开心也开心过，谁知道这三年一晃就过去了。当您看到这封信时，我们大概也都毕业了吧。真的很感谢您陪我走过了这三年，是您让我懂得了很多道理。感谢您！
>
> ——您最不听话的学生C

其实，孩子们，我也感谢你们这三年的陪伴。还有什么比你们的成长更能带给我如此幸福的教育人生呢？

从"乱玩"到"慧玩"

成都市武侯区第二幼儿园　王　莉

2021年9月1日,是新学期开学的日子,也是我园迎来新一届小班小朋友的一天,在这天我认识了尧尧,他像一只小老鼠穿梭于班级中,桌上、床底、钢琴下,无处不在的身影,不难看出这孩子对上幼儿园的兴奋之情。

孩子第一天进入幼儿园,家长迫不及待地想要了解孩子的情况,尧尧妈妈说:"老师,尧尧今天在学校表现怎么样呀?"为了让家长真实地了解孩子的情况,我毫不保留地把尧尧在园表现告知了家长,听完我的描述,尧尧妈妈不由自主地摇着脑袋,克制住内心的怒火对我说道:"莉莉老师,他平时在家四处攀爬,动个不停,还会做一些危险的行为,辛苦老师多费心了。"

毕竟第一天接触孩子,了解和观察还不够深入,与家长简单的交流后,我给予了家长一些建议,家长也愿意倾听并配合老师的工作。

老师眼中的顽童

2022年3月迎来了小班下学期,很不幸经过了一学期的小班生活,尧尧成了全园的"名人"。教室里时常都是告状的声音:"老师,老师,尧尧又惹祸了!"尧尧在幼儿园里惹祸的事时有发生,不是倒坐椅子翻跟头,就是用水杯泼人，打人。

不难看出尧尧是我们日常教学中司空见惯的"顽童"，现在的孩子是家庭中的小皇帝，骄横跋扈，因此常常出现"抢小朋友玩具、玩具四处乱飞、欺负小朋友等"现象。过分的宠爱、娇惯使孩子有着很重的"私心"，就会出现喝水、上厕所时，常常把小朋友往旁边推，自己插队挤进去，不遵守有序排队的规则等现象。孩子在生活中没有养成良好的行为习惯，就会常常出现把椅子靠背放在前面倒着坐，有时把椅子当跷跷板，跷着跷着就连人带椅子摔在地上的现象。

给顽童一份关爱

有一天晨间，小朋友开始跟着老师一起做早操了，老师点数着人数："1、2、3、4……29"。"差一个，尧尧去哪里了？"

攀爬区的攀爬架上有个爬上爬下的身影，正是尧尧。

我走过去喊着："尧尧，做早操了。"

我话还没有说完，尧尧拔腿就跑，他跑到滑滑梯下面藏了起来。

我不紧不慢地走了过去，蹲在旁边说："我们一起去做操吧。"

尧尧说："不去，我还没有玩户外游戏呢！"

我接着问："你为什么没玩游戏呢？"

他回答："我来的时候，你们都收材料了。"

我恍然大悟，原来是尧尧最近上学晚，他来的时候已经结束户外游戏了，他正好错过了户外游戏时间。

我继续问："那怎么才能玩到户外游戏呢？"

他似乎已经理解到我的言外之意了，于是他说："还不是我的爸爸，送我来幼儿园的时候总是很晚。"

当然孩子上幼儿园晚，不能完全怪孩子，这与家长的时间观念有着很大的关系。要想孩子养成按时上幼儿园的习惯，家长自然应该按照作息时间按时接送幼儿。

　　常言道，一个好的教育者就是一个好的心理师。当"顽童"发生状况时，首先要分析幼儿的心理，了解尧尧不做早操的原因，分析动机之所在。认识到淘气是这个年龄段正常的行为表现，不给孩子乱贴标签，以免让孩子受到负面的心理暗示。

　　尧尧从刚进入小班适应能力就很不错，经过几个月的幼儿生活，我发现了他平时话很多且非常调皮，时常发出奇怪的尖叫声引起大家的注意，甚至还会对老师的存在视而不见——你说你的，我做我的。针对这一情况我采取了一系列对策：在一日生活中多加关注他，和他玩互动游戏。晨检时我总是主动和他打招呼，并摸摸他的头，让他感受到老师的关爱；在生活上对他无微不至地照顾；上课他做小动作时我巧妙地运用教育机智转移其注意力。时间长了，他和我变得很亲，每次游戏都会主动邀请我参与，虽然爱讲话的习惯依然存在，但再也不大声尖叫了。爱的力量是无穷无尽的，一份小小的关爱也许会影响孩子的一生。

　　苏霍姆林斯基曾说过："教育技巧的全部奥秘就在于如何爱孩子。""顽童"期望得到老师的关爱和鼓励，他们想通过自己独有的行为来引起老师的关注，进而获得老师的爱。因此，对于"顽童"，作为教师一定不要吝啬自己的语言和表情，而是要通过各种形式向他们表达爱。即使只是一个会心的微笑，一句关心的话语，一次亲切的抚摸，都会使他们感受到"老师是爱我的"，"我应该听老师的话。"

教育顽童要有语言艺术

　　一天我带领班级幼儿进行体育游戏时，突然哇的一声有人放声哭了起来，随着哭声，我连忙过去，只见一个紫色的牙印深深地印在子瑜的手臂上。

　　我问是谁咬的，子瑜小手一指："尧尧！"我生气地问："尧尧，你怎么咬人?"

"谁叫他不把玩具给我玩的。"尧尧一副理直气壮的样子。

尧尧其实是一个非常有灵气又有独特个性的孩子,小脑袋里装着许多有意思的想法,但他就是以自我为中心,稍不如愿就会动手打人或捣蛋。如果简单地对他说你不可以这样,你不可以那样,或批评他都是没有用的,反而使他产生抵触情绪。那应该怎么办呢?

我灵机一动想出一个好办法,我对尧尧说:"莉莉老师心里住着一朵美丽的小花,如果你能和小朋友们做朋友,小花就像浇了水一样,开得更漂亮了;如果你做了那些不友好的事,小花的叶子就会变枯萎。"尧尧睁大眼睛,非常认真地注视着我。

第二天游戏后尧尧跑过来问:"莉莉老师,今天我和小朋友一起玩飞行棋了,没有打人,你的小花会不会开得更漂亮了?"此时的我心里面有一种说不出的欣喜,难道是我的方法对他有作用了?我赶紧在胸前比了一朵盛开的小花:"让我看看,啊,小花今天真的开得更漂亮了!小花还说,尧尧,做得好。"尧尧一听乐了,转身与旁边的小朋友分享着:"我变乖了,小花都开了。"

通过一段时间的观察,不管是小朋友的反映还是尧尧的变化都可以看出,尧尧最近进步了。游戏后,他会快速地收拾整理积木;小朋友遇到困难了他会主动帮助他们;看到水台上的积水时,他会主动清扫。一天午睡时,他悄悄地问我:"小花会不会死啊?"我轻轻地说:"只要给小花浇水,它就不会死,所以你要努力浇水,知道吗?"他用力点了点头。现在的尧尧比以前进步很多,有了一定的自制力,我知道是那朵盛开的小花帮助了他。

"顽童"的逆反心理特别强,当他做错事时,如果教师只是一味地训斥和责骂,效果只能适得其反,这就像一位妈妈对着大哭的孩子歇斯底里地吼叫,只会让孩子越哭越大声一样。所以,我并没有责骂他,而是运用语言艺术与他交谈,让孩子认识到自己的不足,并坦然接受老师的意见。

也许有的老师每天都是在用同样的"台词"批评孩子,"常常批评"没有效果也就理所当然了。有关研究表明,一直持续一种相同的刺激,在心理上很容易产生一种"不敏感",到后来也就感觉不出那是一种刺激了。所以当孩子在顽皮时,我们可以因势利导,将孩子顽皮的能量导向更理性的轨道。

给顽童设立规矩

"没有规矩,不成方圆",教育幼儿亦是如此。在规矩的约束下,让幼儿明白什么是正确的,什么是错误的。

尧尧的逻辑思维能力和表现力都很强,除此之外最大的特点就是好动、顽皮。我通过观察采取了相应的对策:他非常爱搭积木,每次的自主游戏时间就是他大显身手的时候,不可否认他的搭建作品非常有创意,但就是常常和小朋友抢积木,或者是故意破坏小朋友搭建的作品。于是我告诉他:"积木宝宝用完以后一定要送回家。"而且我把这个"艰巨"的任务交给了他,他负责督促小朋友收拾整理积木区的所有材料。这样的"委以重任"使他感到自豪,责任感也增强了,规则意识也有了。现在他每次看见积木跑到了地上,总是能自觉地捡起并送其回家。

以前每次户外体育游戏活动的时候,他总是满操场跑动,这里撞撞,那里碰碰,总有释放不完的体力与精力。针对他精力充沛、表现力强的特点,我故意创造机会让他做游戏的"主心骨"。比如:在"老狼与小羊"的游戏中让他当老狼,但是老狼必须按照规定路线,安全地抓小羊。在"老鹰抓小鸡"游戏中让他当老鹰,但是老鹰必须围着圆圈抓小鸡等。这样他横冲直撞的机会就少了,规则意识也有了明显的提升。

善于发现顽童的闪光点

尧尧思维非常活跃,总爱抢先回答问题,但是上课时经常不举手突然提问题,打断老师的话,造成课堂秩序的混乱。虽然提醒过他好多次,但还是没有多大效果。我经过仔细观察,发现他有较强的表现欲,但由于不善于控制自己,常常事与愿违。在一次评选"有序宝宝"的教育活动中,我当着全班幼儿的面表扬了他,并对他提出了要求:"你很聪明,反应快,老师很喜欢你;如果你能当个有序宝宝,老师讲完后再举手提问题,老师就更喜欢你了。"此后,他真的改掉了这一坏毛病。因此,在饭后阅读活动中,我请他当"图书管理员",他认真负责管理班级图书,小朋友对他的表现给予了很高的评价,使他体验到了战胜自我的愉快。我们充分做好扬其长、避所短,促进了尧尧的成长与进步。

著名美学家罗兰曾经说过:"对于我们的眼睛缺少的不是美,而是发现。"我们要相信每一个孩子都有自己的闪光点,作为老师要善于发现孩子身上的闪光点,以平静的心态、平等的眼光看待这些"调皮的孩子",有的放矢地进行教育,才能取得良好的教育效果。

对于"顽童"的教育,我们更应注重家园联系这一重要环节。从家庭入手,了解幼儿的家庭环境,家长的素质,以及教育孩子的方式、方法。通过多种渠道与家长共同探讨教育调皮儿童的办法,在此基础上做到有的放矢,优势互补,形成最佳合力。

在幼儿园教育实践中,"顽童"面临着令人担忧的困境。作为教育者应用宽容的心态、欣赏的眼光去看到"顽童"可贵的另一面,用耐心和睿智善待顽皮儿童。在"顽童"成长的十字路口,放上一个指南针,指引我们的儿童从"乱玩"到"慧玩"方向发展。

瑞楠的变化

成都市第三十八幼儿园 汪小婧

瑞楠又生事了

当从中一班老师着急的来电中听到瑞楠又生事了的消息时，我已经不再觉得稀奇。作为下班行政我常驻该班级，从小班开始，瑞楠就常常担任"惹是生非"剧目的男主角，从最开始和小朋友小打小闹小摩擦，到后来常常出现推、打小朋友的情况，所幸都没有出现严重的后果。瑞楠这次冲突是和班级另一个男生因为玩闹引起的，有丰富"战斗经验"的他，在对方的眼角留下了一道深深的破皮伤口。即使有好几个在场的小朋友都指证是瑞楠动了手，但被问到事情是怎么发生时，瑞楠还是一副拒不配合的态度，多问了几遍才无所谓地说："他先惹我的。"我们立即把受伤的孩子送到医院进行检查，同时与双方家长进行沟通。

瑞楠哭了……

由于瑞楠之前和班级里好几个小朋友都交过手，家长们对这个名字已经有了很深刻的印象。当我们和双方家长沟通事件发生的具体情况时，受伤孩子的家长情绪特别强烈："他不是第一次打我们家的娃娃了，这次还把他的脸抓烂了，太过分了！"受伤孩子的家长气愤地说要联合其他家长一起把瑞楠赶出班级。

瑞楠的爸爸妈妈工作非常忙,平时都是由外婆代为抚养,班级老师每次请家长到园配合沟通情况,爸爸妈妈总是以没有时间为由拒绝,常常都是外婆到场。当我们在电话中把事态的严重性和瑞楠妈妈讲清后,瑞楠妈妈请假到幼儿园,当瑞楠看到妈妈时,他满脸无所谓的样子没了,突然就眼眶红红的,还一边哭一边委屈地说:"我不是故意的,我只是不想他和别的小朋友玩。"

在妈妈面前,瑞楠终于说出了打人的原因。原来,瑞楠认为这个小朋友是他在班上为数不多的朋友之一,但他和其他小朋友一起玩,瑞楠就觉得很生气,就想去教训这个朋友,结果在争吵中不小心伤到了他。所幸被抓的小朋友伤情没有大碍,事情最后在瑞楠妈妈的诚恳致歉和保证中暂告一段落。

走近瑞楠

这次事件中,瑞楠看到妈妈后态度的巨大转变让我有了思考:这个平时在幼儿园里看起来调皮捣蛋、处处和老师作对的孩子,在妈妈面前却坦露出了难得的委屈,原来他还有这一面。

于是我和班级三位老师坐下来开了一个主题是"走近瑞楠"的班务会。我们一起放下对瑞楠的情绪和看法,回顾他从小班入园时的点滴,我们一人一句,很快就描绘出瑞楠在园的成长变化图。

刚刚入园时的瑞楠其实是一个很招老师喜欢的小朋友,语言表达能力突出,情绪很稳定,很喜欢表现自己,对老师的每一个指令都会及时回应。但是渐渐地,他突出的语言能力变成了和老师唱反调的工具,老师在活动中每一句话,他都会迅速接嘴,并且还会引导其他孩子和他一起唱反调。班级老师有一位是刚刚毕业的新手老师,最开始被他气得偷偷哭了好几次。很多次老师和他谈话,他都是一副嘻嘻哈哈油盐不进的样子。慢慢地，班级老师为了不影响班级整体活动开展，只能选择忽视他的捣蛋，他的位置也被安排到离小朋友更远的单独位置。由于老师批评过他几次，班里的好多小朋友也因此疏远了他。

细细想来，最初的他并不会唱反调，只是如果老师请其他小朋友回答问题而没有请他时，他就会在座位上接嘴。而且，他每次接嘴、唱反调之后都会观察老师的表情，这样做是不是为了引起老师的关注呢？

结合瑞楠家里的主要抚养人是外婆，爸爸妈妈工作忙，几乎很少有时间参加家长活动的情况，我们更加肯定他的大部分举动都源自这一个内在需求，希望得到老师、同学、爸爸妈妈的关注，当得不到关注后，他就转而通过出格的举动来引起大家的注意。

瑞楠原来很好

分析原因后，我和班级老师开始主动调整，试图走近瑞楠，引导瑞楠。

首先，多肯定他身上的闪光点。比如，他在活动中一如既往地接嘴，但我们不再批评他，而是请他来说说他的想法，并在他说完后，肯定他的积极主动；在游戏中我们也鼓励他来讲讲游戏计划，表演活动中给他更多的表现机会。他对建构游戏很感兴趣，我每次看到他在建构区都会和他聊一聊他的建构作品，有时候还会给他一个小任务，让他知道我在关注他。

其次，鼓励家长多和孩子沟通。我们和他的家长沟通，让爸爸妈妈无论有多忙，每天一定抽出至少十分钟听瑞楠讲讲他的心里话，说说他在幼儿园一天发生的有意思的事。

最后，老师也用绘本、游戏的形式让瑞楠知道怎么样和小朋友相处，除了动手之外，可以用让小朋友喜欢和接受的方法来相处。

不到一学期，瑞楠就有很大的变化，虽然偶尔还是会调皮，还是会有捣蛋的情况，但老师没有点到他回答问题时，他不会再接嘴和唱反调，因为他知道老师是关注他的。他爸爸妈妈依然很忙,但也会重视和瑞楠的沟通,让他感受到爸爸妈妈的关注。他学会了和小朋友和平共处,突出的语言能力再次让他成了班上受欢迎的小朋友。

瑞楠的故事,起源于儿童被忽视后想要被看到,转折于老师的观察反思,得益于老师和家长的配合改变。其实每一个生命都渴望被看见,相对于成人来说,儿童的主张经常是没有人代言的,也很难发出自己的声音。所以作为教师,更加有必要去看见儿童内心的真实需求,走进他们的世界,再用适宜的方法去支持儿童,让每一个生命在爱意环绕下成长。

左手孩子，右手家长

北京第二外国语学院成都附属中学　李　杰

亲子关系是家庭教育中最重要的关系，也是家校共育能否成功最核心的一环。家长对孩子的性格、品行有着最直接的影响。随着孩子的成长，亲子关系也会发生一系列的变化。在孩子12岁之前，大多数的家庭属于绝对依赖型亲子关系。因为孩子还小，很多事都是家长在帮着做决策，孩子对父母有着较大的依赖性。到了中学，特别是青春期的到来，很多家庭开始转变成对立型亲子关系。孩子的成人意识开始逐渐彰显，他们不再完全听取家长的意见，很多时候还会和家长对着干，成长中伴随着强烈的叛逆思想。当家长和孩子有分歧、闹矛盾，作为班主任的我们该怎么办呢？

了解事情原委，作出冷静判断

很多时候，家长和孩子闹矛盾之后，家长或者孩子总有一方会直接找班主任寻求帮助。此时我们首先要做一个耐心的倾听者，从交谈中了解亲子矛盾产生的原因。而不管是哪一方的过错，都不能急于打断家长或者孩子的倾诉，更不可轻易作出判断。我们要从一个旁观者的角度冷静分析，厘清矛盾产生的根源，判断分歧是认知层面造成的，还是客观存在无法避免的，矛盾是属于临时性的冲突，还是长久理念不合留下来的顽疾。

一天晚上，大概十点过了，G家长给我发了一条长长的微信。大意是说他和孩子最近的关系特别不好，每次交谈总是会闹得不欢而散。还说孩子回家就开始做作业，做得还特别快，不到九点就都完成了。然后就开始弹吉他或者上网查阅曲谱练习，要么就是写小说。他认为孩子这是不思进取、总想着玩的表现，希望孩子能够自觉地练习更多的习题或者看书复习。

家长认为只要是孩子的学习问题，老师就要全权负责到底。孩子在家里的时间只要没有全部用于学习就是老师的问题，甚至是老师的水平问题，家长一点责任都没有。我知道，我要保持冷静，他需要我的帮助。

第二天，我第一眼看到 G 同学时，他满脸都是焦虑不安的神情。我和他坐在班级走廊的椅子上聊了很久很久，他是家里的独生子，父母对他寄予了很大的期望。家长希望他能够不断进取，最终能够考上市里的一流名校。但是他并不这样想，他觉得自己在学习上已经很努力了，并不想为了所谓的多几分而整天过着不开心的生活。他喜欢弹吉他，喜欢编曲，梦想着今后也能唱着自己写的歌，开一场属于自己的演唱会。

我从一个旁观者的角度来看，好像都还蛮有道理。家长觉得孩子还有提升空间，能够再拼一把，考上更好的高中。而孩子呢觉得自己学习也还不错，想保住自己的爱好，并有所进步，将来有所成就。

寻找最佳时机，助力亲子双赢

作为班主任，在处理亲子矛盾的时候，绝不可只顾全一方的感受。这样既不利于问题的解决，也不利于亲子关系的缓和。我们需要做的就是寻找并发现最佳切入时机，找到双方都能接受的平衡点。同时要多从双方的角度出发，多从长远的利益出发，争取达到双赢。

就像这件事一样，如果我应了家长的诉求，给孩子布置两倍的作业，不仅违背了"双减"政策，更是于心不忍，除了增添学生对学习的厌恶，根本达不到提升成绩的效果。如果我完全站在学生这一边，让他尽情地没

给一点时间，等你长大

有边界地把爱好"发扬光大"，想必也会影响孩子的学业。那我是如何做的呢？

下个月是我们班负责升旗仪式，这样难得的机会我又怎能放过呢？G同学是我们班的文娱委员，于是我找到G同学，希望他能选一首歌作为班歌，如果再能改编一下歌词就更好了。说者无心，听者有意，又过了一周，好像是周二的晚自习，大家唱着歌给G同学过生日。也许是高兴，也许是预谋许久，G同学说自己写了一首歌给自己过生日，如果大家不嫌弃，他愿意把这首歌送给班级作为班歌。教室里顿时欢呼雀跃，掌声不断。我们也有幸第一次听到了班歌的清唱小样。此时我想，这也许就是最好的突破口。于是第二天，我又和G同学聊了许久，我把他父母寄予他的期望一五一十地告诉了他，他表示认同，但又有些不甘心。我说要不这样，在不影响日常学习的情况下，你把班歌修改好，然后再自己谱上曲。如果得到了全班的认同，我们就在升旗仪式上唱给全年级听，就当你的演唱会了。要不你就知难而退，咱们就把精力更多地放在提升学习上。他点头说："好。"回答得挺干脆，眼神里却若有所思。

又过了两个星期，他果真把班歌写好了，词曲都是自己原创的。当G同学点开录制好的词曲时，全班惊呆了。充满活力的旋律，朗朗上口，高潮部分更是唱出了所有初三学子的心声。听完班歌后，教室里安静了几秒钟又响起了雷鸣般的掌声。之后我们班用一周的小班会时间学会了这首歌，并在年级升旗仪式上倾情演唱。那一刻，我们班收获了来自同学和老师的高度赞扬。我把班级演唱视频发在了家长群，群里顿时沸腾了，当所有家长和老师都在为G同学的才华疯狂点赞时，G家长的喜悦早已溢于言表，不住地在群里答谢。

从此以后，我再也没有听说G家长谈及孩子弹吉他耽误学习的事，我也再没看见G同学焦虑不安的表情，成绩也稳中有升。我想，这应该就是最和谐的最完美的双赢结局吧。

诚心化解矛盾，尊重赢得信任

作为班主任要明白"堵不如疏"的道理。不管是帮助家长也好，帮助学生也罢，我们都要带着一颗诚心去。我们始终要明白解决问题的核心是把准问题的症结。只有尊重家长的同时，也尊重孩子，最终才能取得双方的信任，解决问题。

复盘这次亲子矛盾，我们不难发现，亲子双方都是站在自己的角度思考问题。为何 G 同学能够接受我的建议，那是因为创作班歌这件事对于他来讲就是一次很好的证明自己才华的机会。他有激情，有能力，更有动力，关键是得到了足够的尊重。为何家长也认可了孩子？一是因为孩子确实做出了成绩，而且是在不耽误学业的情况下。二是家长在班级群里得到了前所未有的赞誉，他看到孩子的才华得到了大家的认可，很有力地化解了自己的担心与忧虑。

詹大年校长说，好的关系，才有好的教育。其实就是要告诉我们，处理任何问题，首先就是要建立良好的关系。

融分歧为良机，化对立为共育

左手是孩子，右手是家长，我们要做的只是帮助孩子和家长厘清矛盾的关键，引导双方从对方的角度思考问题产生的根源，以最大的诚意与智慧期待最好的效果。

家长需要反思，是不是自己缺乏科学的教育方法，比如平时属于冷漠型教育方式，很少关注孩子成长，缺乏深度陪伴。或者是严厉型教育方式，控制欲很强，凡事都要孩子顺着自己的意愿，不自觉地就否定了孩子的想法。这样背离孩子成长规律，缺少系统科学方法的，似懂非懂的教育方式往往会让亲子关系陷入僵局。成长路上，要学会理解孩子，尊重孩子，不能绑架孩子的未来，只为满足自己的欲望。对于子女的教育，要从物质层面，上升到情感层面，最终达到精神层面，真正帮助孩子塑造健康的人格。

学生也需要反思。我们尚未成年，心智也没有完全成熟，考虑问题往往比较浅显，不知道背后的可能遇见的困难与危险，怎样合理地向父母表达自己的意见显得尤为关键。当机遇和挑战摆在自己面前的时候，要学会竭尽全力去把握，证明自己往往能够赢得父母更多的肯定与理解。

我们要做一个智慧型班主任，客观科学地认识亲子之间的冲突就显得非常必要。叛逆其实也是孩子生理成熟、思维能力提高的表现，也是孩子自我同一性发展的需要，他们渴望建立和成人一样的自我意识，完成从孩童到成人的转变。

"融分歧为良机，化对立为共育"，当家长和班主任都明白了这一点，很多时候问题也就不那么难解决了。

跟着名师，与孩子一起成长。